POLEN – POUVOIRS, LETTRES, NORMES
sous la direction de Bernard Ribémont
et Pierre-Yves Beaurepaire
10

I0737507

Autour des *Assises de Jérusalem*

Ouvrage publié avec le soutien
du Conseil régional Centre-Val-de-Loire, programme *Juslittera*.
Ce volume présente une version remaniée des communications prononcées
lors de deux journées d'études présentées à l'université d'Orléans
les 21 et 22 mai 2015,
dans le cadre du projet *Juslittera* et soutenues par le laboratoire POLEN
et par le Conseil Régional Centre-Val-de-Loire.

Autour des *Assises de Jérusalem*

Sous la direction de Jérôme Devard
et Bernard Ribémont

PARIS
CLASSIQUES GARNIER
2018

Jérôme Devard est docteur en histoire médiévale, spécialiste de la parenté. Ses travaux portent essentiellement sur la représentation et l'influence du droit dans la littérature de fiction particulièrement dans la production épique française et européenne. Il étudie, par ailleurs, les grands corpus normatifs médiévaux européens et leurs relations avec le système normatif français contemporain.

Bernard Ribémont est professeur d'histoire littéraire du Moyen Âge à l'université d'Orléans. Ses travaux portent sur les relations entre savoir savant et littérature médiévale ainsi que sur les encyclopédies du Moyen Âge et les auteurs didactiques, essentiellement Christine de Pizan. Il se penche notamment sur la représentation et l'influence du droit dans la littérature de fiction.

© 2018. Classiques Garnier, Paris.
Reproduction et traduction, même partielles, interdites.
Tous droits réservés pour tous les pays.

ISBN 978-2-406-07836-4 (livre broché)
ISBN 978-2-406-07837-1 (livre relié)
ISSN 2490-8460

PRÉFACE

Ce volume réunit les communications de deux journées d'études qui se sont déroulées à l'Université d'Orléans les 21 et 22 mai 2015, organisées dans le cadre du projet *Juslittera* et soutenues par le laboratoire POLEN et par le Conseil Régional Centre-Val-de-Loire. Elles s'inscrivent dans un programme de recherche plus vaste intitulé *Medievalis Eurôpè normatis* qui a vocation à centrer les travaux sur des monuments normatifs médiévaux européens avec une approche pluridisciplinaire et comparatiste. En effet, jusqu'à une période récente, la recherche française s'est peu intéressée aux phénomènes transnationaux et à la circulation du droit. La prise en compte de ces questions est liée à la problématique de l'existence historique d'un *jus commune* transnational européen fondé sur la diffusion du droit savant.

Parallèlement à ce premier courant, un autre axe de recherches a pris de l'ampleur ces dernières années : celui qui s'intéresse à la circulation à l'extérieur des frontières des règles de droit, des concepts de la science du droit et des modèles représentés par des systèmes de droit[1]. Or, si la recherche française est plutôt encline à étudier l'exportation du droit français à travers le temps et l'espace (comme l'exportation des codifications napoléoniennes, ou l'impact des idées des Lumières sur les règles juridiques étrangères, ou encore la réception des droits nationaux dans les colonies), celle-ci s'intéresse encore trop peu à l'importation des transplants extranationaux dans le corpus normatif interne. Pourtant, comme l'explique J.-L. Halpérin, une telle approche : « est susceptible d'enrichir la perception de l'histoire de notre "propre droit" » en conduisant « à discuter et approfondir les notions de "pensée juridique" et de "culture juridique" au-delà de nos frontières, avec des outils utilisables dans différents contextes spatiaux et temporels[2]. » Dans cette

---

1 *Cf.* A. Padoa-Schoppa, « Verso una storia del diritto europeo », *Le droit par-dessus les frontières, il diritto sopra le frontiere : atti delle Journées internationales*, Turin, Naples, 2003, p. 1-36.

2 J.-L. Halpérin, « Histoire comparée du droit », *L'Histoire du droit en France – Nouvelles tendances, nouveaux territoires*, Paris, Garnier, 2014, p. 200-201.

perspective, la comparaison entre les systèmes normatifs devient une comparaison dynamique qui tient compte des phénomènes de l'existence ou de l'absence de transplants juridiques. Mais, le droit étant également une science sociale, cette comparaison révèle également la présence ou l'absence de transplants culturels, sociologiques, voire anthropologiques entre ces différents systèmes. Or, ce domaine de recherche nécessite une démarche comparative qui se développe progressivement et dont le programme *Medievalis Eurôpè normatis* se veut un moteur, avec la participation de *Juslittera* (en particulier, dans le cadre de ce dernier projet, avec la publication des grands procès politiques de la fin du Moyen Âge).

Ainsi, en France, quelques travaux adoptent seulement pour le Moyen Âge une approche comparatiste 'traditionnelle', la plupart se limitant à l'étude de la réception et de l'influence du droit romain et du droit canonique. Certes, tout le monde reconnaît l'existence de spécificités pouvant être considérées comme des transplants pour certaines régions frontalières (comme c'est le cas pour la Normandie dont la destinée fut liée à celle du royaume d'Angleterre pendant de nombreuses années), mais seulement un petit nombre d'études se sont intéressés à la nature même de ces différents transplants. La raison de cette rareté vient du fait que peu de personnes se sont intéressées à l'histoire de ces différents systèmes normatifs frontaliers, et singulièrement leurs principaux corpus normatifs contemporains respectifs. Devant cette méconnaissance, toutes tentatives comparatives semblent vouées à l'échec.

C'est en partant de cette carence que fut organisé, le colloque intitulé « Autour des Assises de Jérusalem... ». Cette rencontre pluridisciplinaire réunissant des chercheurs internationaux est née d'un besoin : lorsque les *Assises de Jérusalem* furent redécouvertes au XIXe siècle, ce corpus normatif a été considéré comme un droit d'importation d'origine française. Les érudits de ce temps ont cru que ce texte avait la faculté de livrer le secret de nombreux problèmes complexes sur le droit médiéval français, et plus globalement sur l'histoire de la féodalité. Partant de cette opinion, on a voulu voir dans ce document une reproduction du système normatif féodal français contemporain. Cependant, les chercheurs se sont vite rendus compte de leur erreur et ont brusquement mis de côté ce texte important. Dès lors, les *Assises* sont quasiment tombées dans un oubli généralisé. En France, de nos jours, même les spécialistes passent sous silence cette source essentielle. Les dernières études françaises entreprises sur ce corpus datent quasiment toutes du début du XXe siècle. On déplore le même silence quant à l'édition du texte même des *Assises*, la seule édition complète est celle établie par le comte Beugnot en 1841 qui ne répond plus aux exigences de l'édition critique contemporaine.

Toutefois, si les *Assises* apparaissent comme quelque peu dépréciées dans les limites de l'Hexagone, l'intérêt pour ce texte semble avoir connu un regain de vigueur chez les chercheurs étrangers, particulièrement chez les Anglo-saxons, à la suite des études menées par Joshua Prawer qui a suscité un nouvel engouement pour la matière. En effet, dès 1962, ce grand spécialiste des royaumes latins s'est intéressé à la question en analysant les *Assises* pour ce qu'elles sont, c'est-à-dire une compilation à vocation juridique qui prend corps avec l'histoire des royaumes latins. Par la suite, nous avons vu fleurir un nombre assez conséquent de publications, particulièrement de nouvelles éditions de ce texte[3]. Face à ce nouvel engouement et aux nouvelles approches proposées, l'organisation d'une rencontre devenait nécessaire afin de faire le point sur ce corpus normatif.

La démarche pluridisciplinaire qui cimentait l'ensemble de l'architecture de la manifestation, invitant les participants à une approche comparatiste systématique, a permis de révéler la nature des *Assises de Jérusalem* et de mettre à jour les erreurs des chercheurs du début du XXe siècle. Afin de mieux mettre en relief la quintessence des travaux de ce recueil d'actes, les communications sont organisées en deux volets : « Approches comparatives », et « Regards croisés », le volume se terminant par les conclusions de Stéphane Boissellier.

La première partie, composée de cinq articles, débute par l'étude de Michel Balard qui se propose de faire quelques remarques préliminaires essentielles sur le corpus normatif étudié. Ainsi l'auteur rappelle, statistiques à l'appui, que les textes des *Assises* sont le fruit d'un bricolage quelque peu chaotique, et qui relève plus de la glose que de la doctrine. M. Balard montre de manière fort convaincante que caractériser uniformément un ensemble de traités disparates est très imprudent. Ces textes réunis sous une dénomination commune, qu'il s'agisse du *Livre au Roi*, du *Livre des*

3 Ainsi, en 1995, M. Greilsammer proposa une nouvelle édition du *Livre au Roi*. Dans la foulée, P. W. Edbury édita en 2003 et en 2009, *Le Livre des Assises* de Jean d'Ibelin et *Le Livre de Forme de Plait* de Philippe de Novare. Parallèlement, 2003 a vu la publication du *Livre des lignages d'outre-mer* sous les auspices de Marie-Adélaïde Nielen. Seul *Le Livre de la Cour des Bourgeois* n'a pas connu de nos jours de réédition : l'édition de référence reste donc celle de Victor Foucher datant des années 1830-1840.

Assises de Jean d'Ibelin ou du *Livre de Forme de Plait* de Philippe de Novare[4]. En tout état de cause, par la faiblesse du nombre de thèmes traités, ces écrits ne sauraient donner une image fidèle de la réalité politique et institutionnelle du royaume de Jérusalem : c'est une société politique fictive, fantasmée, idéalisée par les auteurs mêmes des ces compilations. De son coté, les *Assises de la Cour des bourgeois*, quand bien même elles souffrent du même défaut de partialité que les « Assises de la Haute-Cour », couvrent un champ totalement différent et beaucoup plus ample. Ainsi, si l'espace consacré aux institutions y est très réduit, cinq thèmes dominent le texte : le droit commercial, les prêts et cautions, le droit pénal et le droit privé, que ce soit celui des personnes ou celui des biens.

Jérôme Devard, de son côté, fait le point sur le processus de mythification de Godefroy de Bouillon. Ce personnage historique a connu une renommée extraordinaire alors que rien n'y prédestinait vraiment. En réalité, cette 'légendarisation' date de son élection en tant qu'« Avoué du Saint-Sépulcre ». À partir de cet instant, on a assisté à un phénomène de réécriture des croisades de la part des auteurs, qui, en même temps qu'ils révisent l'histoire, réélaborent la biographie légendaire du nouveau prince de Jérusalem : c'est à ce moment que fut créée la tradition du Chevalier au Cygne se confondant avec le premier *Cycle de la Croisade* qui perpétua le nom de Godefroy de Bouillon. En réalité, les raisons de cette mythification précoce sont à rechercher dans l'histoire même de ce nouveau roi de Jérusalem qui n'en portait même pas le titre : catapulté « Avoué de saint Sépulcre » pour des raisons essentiellement politiques, rien ne prédestinait Godefroy à cette fonction, plus habitué à jouer des rôles de second plan. Dès lors, est apparue la nécessité pour les auteurs de réviser sa vie, afin de tenter de lui octroyer une légitimité plus en adéquation avec le prestige de la cité biblique dont il eut la charge pendant une année. À cette fin, ils révisèrent entièrement la généalogie de celui-ci en lui donnant une ascendance féérique, en s'appuyant sur des traditions d'une écriture médiévale empruntant à l'épopée et au folklore.

Ahmed Djelida, quant à lui, s'inscrit résolument dans une démarche comparative puisqu'il analyse le contrôle de la féodalité par le pouvoir royal dans les royaumes hiérosolomytain et siculo-normand au XIIe siècle.

4 Pour une étude de l'œuvre de Philippe de Novare, *cf. Philippe de Novare. Le premier auteur « juslittérien »*, *Miscellena Juslittera* n° 1 (2016), (dir). J. Devard, mise en ligne sur le site www.juslittera.com.

L'auteur démontre que, dans ces royaumes, la souveraineté royale était insuffisamment établie pour permettre au monarque de s'extirper définitivement des chaînes de la féodalité. En effet, lorsque l'on compare ces différents royaumes, il ressort que les féodalités sud-italienne et hiérosolymitaine présentent d'étonnantes similitudes. Ainsi, loin de subir les forces centrifuges inhérentes à une féodalité fermement ancrée, les rois normands de Sicile et les premiers rois de Jérusalem parvinrent à organiser un système féodal, et à en faire un outil de gouvernement. D'une part, l'action royale porta sur la consolidation des liens personnels unissant le roi à ses vassaux directs, voire ses arrière-vassaux. La méthode employée en Italie et en Orient reste toutefois fondamentalement différente : les Normands cherchèrent à remplacer le lien personnel par un lien public attachant les vassaux à la monarchie et non plus à la personne du roi. À l'inverse, la logique suivie par les rois latins reposa sur la volonté de renforcement du lien personnel entre le roi et ses vassaux. D'autre part, et de manière plus significative, le fief fit l'objet d'un contrôle étroit afin de garantir la bonne exécution du service militaire, dont les modalités furent précisément déterminées. Ce contrôle impliquait un encadrement rigoureux de la transmission des fiefs sous toutes ses formes (succession, mariage, aliénation, confiscation). Cette volonté d'encadrement de l'élément réel du lien féodo-vassalique trouva également son expression au niveau institutionnel. Toutefois, le contrôle royal ne connut pas la même vigueur en Italie du Sud où il se durcit, et en Orient où il faiblit progressivement. Finalement, malgré leurs ressemblances, les divergences l'emportèrent. Il en résulta deux situations opposées à la fin du XIIe siècle. Alors que les Normands léguèrent aux Hohenstaufen une organisation féodale totalement soumise à la royauté, le pouvoir royal hiérosolymitain s'effaça définitivement au profit de l'aristocratie du royaume siégeant au sein de la Haute Cour.

L'étude suivante de Marie-Geneviève Grossel repose sur l'*Historia orientalis* de Jacques de Vitry et vise à définir les contours d'une image, une représentation où l'imaginaire tient une place éminente. L'analyse lexicale réalisée par l'auteur nous montre que dans les sociétés nées d'un projet religieux comme le fut le royaume latin de Jérusalem, l'écriture de l'histoire devait concilier l'histoire sainte et l'héroïsme païen des féodaux. Il ressort du récit l'impression que la féodalité se résout ici en une sorte de *militia* de droit divin marchant derrière son roi, tête ou chef consacré.

Le corps très peu différencié des princes et chevaliers ne se définit que comme un ensemble de valeurs traditionnellement portées par les récits chevaleresques – romans ou chansons de geste –, que ce soit la vaillance, le désintéressement et la concorde ; le mot *foi* (parole et fidélité à Dieu comme au roi) représente la clef du système. En parallèle, l'auteur ne s'attache pas à retracer des lignées et glorifie peu les exploits individuels. L'image féodale n'appelle ni explication ni questionnement : la visée édifiante est le fil conducteur du texte, et l'échec est imputé au péché, non au système politique ni à la signification de la guerre, et encore moins à la justesse (ou non) de la revendication d'un héritage. Nous nous trouvons bien davantage devant une image exemplaire que devant un tableau de la réalité.

La première partie de ce recueil d'actes s'achève avec un second article de J. Devard qui s'interroge sur les raisons de l'utilisation erronée des *Assises de Jérusalem* par les chercheurs français, qui ont voulu y voir, à l'instar du comte Beugnot, la parfaite transposition du système féodal du XIe siècle de la France du Nord. Comme le suggère l'auteur, pour comprendre ce péché originel, il faut remonter à la fin du XVIIe siècle. Bien que le texte des *Assises* ait été à cette époque traduit en plusieurs langues, force est de constater que l'intérêt pour ce texte était fort minime. Nous devons l'une des premières éditions françaises des *Assises* à Gaspard Thaumas de la Thaumassière, avocat, docteur agrégé de l'Université de Bourges en 1690 qui publia le *Livre de Jean d'Ibelin*. Cette édition n'était pas isolée puisque se retrouve dans le même recueil une version des *Coutumes de Beauvaisis* de Philippe de Beaumanoir. Or, à la lecture de cette édition, nous constatons que le discours tenu par le juriste est très orienté. En effet, G. Thaumas de la Thaumassière fut un fidèle représentant des études humanistes et de l'école historique. Selon cette théorie, le droit coutumier était perçu comme la source fondamentale du système normatif, et la coutume apparaissait comme la cause primitive des rapports juridiques. Compris ainsi, les motivations de G. Thaumas de la Thaumassière sont claires : il tenta de hisser les coutumes féodales françaises en une source universaliste, les *Assises de Jérusalem* étant pour lui la meilleure des illustrations. De son côté, alors qu'il se montre particulièrement critique envers son prédécesseur, le comte Beugnot utilisa pourtant les *Assises de Jérusalem* de manière similaire : sous sa plume fortement marquée par le vocabulaire naturaliste, la féodalité primitive a toutes les caractéristiques de la coutume avec laquelle elle a tendance à se confondre puisqu'elle apparaît, à son tour, comme étant la cause primitive des rapports juridiques. Or, en hissant également ce corpus normatif en une source universaliste, Beugnot se place dans les pas de G. Thaumas de la Thaumassière, en commettant exactement les mêmes erreurs.

La seconde partie de ce recueil, intitulée « Regards croisés », composée de sept articles, débute par la contribution de Florian Besson. La justice au Moyen Âge occupe une place clé à la fois dans l'exercice du pouvoir et dans sa définition. Mais l'articulation entre la justice et le roi, figure suprême du pouvoir, est complexe : loin de s'affirmer seulement comme juge, tranchant les conflits pour mieux faire entendre sa voix souveraine, le roi entretient avec la justice un dialogue complexe, au carrefour des pratiques féodales et de la philosophie politique de l'époque. F. Besson se propose d'étudier cette articulation à travers le *Livre au Roi* qui témoigne des ambitions du roi Amaury II de Lusignan à l'heure où le royaume de Jérusalem, largement amputé par les conquêtes de Saladin, devait se reconstruire et se redéfinir. Face à une noblesse d'autant plus turbulente qu'elle se sentait menacée par l'émergence d'une bourgeoisie, naissante mais riche, et par la perte des grands fiefs et châteaux, le roi se devait de réaffirmer son pouvoir. Le *Livre au Roi* est dès lors doublement original, non seulement par sa précocité, mais aussi par la place centrale qu'il ne cesse de donner au souverain, contre les assises ultérieures, marquées par une idéologie nobiliaire. En effet, la comparaison entre ce texte et les autres sources contemporaines témoigne que le *Livre au Roi* servait d'abord les ambitions royales, en réinscrivant le roi au cœur de l'édifice social et politique. La justice royale s'imposait à tous, bourgeois comme chevaliers, passant même au-delà des barrières confessionnelles. On a là l'image d'un roi de justice qui fonde, par sa seule présence, l'équilibre et l'unité de l'ensemble du royaume.

De son côté, Adam Bishop s'intéresse aux sources des *Assises de la Cour des Bourgeois*, une composante des *Assises de Jérusalem* peu étudiées par rapport aux « Assises de la Haute-Cour ». L'auteur indique que même si les sources de ce texte sont variées, elles sont néanmoins clairement influencées par le droit romain. En effet, il semble que le compilateur du texte, même s'il n'était pas un expert, connaissait bien le contenu et l'organisation des codes du droit romain. Ainsi, nous pouvons identifier un certain nombre de chapitres qui ont été empruntés directement au droit romain, notamment ceux qui traitent des esclaves ; ces derniers formant une catégorie particulière de « biens » comme dans les dispositions de droit romain. Dans les faits, les lois des Croisés traitant de l'esclavage sont très semblables à la *Lex Aquilia* romaine. Cette utilisation et adaptation du droit romain sont à remettre dans la dynamique intellectuelle de l'époque où l'on assistait à un regain d'intérêt pour les lois anciennes. Par ailleurs, A. Bishop signale que la seconde source identifiable des *Assises de la Cour des Bourgeois* est le droit canonique, comme il le démontre à travers l'exemple des dispositions régulant le mariage. Enfin, même si c'est anecdotique, l'auteur précise également que l'on retrouve dans certains textes spécifiques des influences germaniques comme dans le domaine de l'ordalie.

Muriel Bonnaud, quant à elle, tente d'évaluer à partir des *Assises de Jérusalem* la perception des conflits et leurs modes de résolutions au sein de la communauté franque des États latins d'Orient. Pour ce faire, l'auteur s'inscrit dans une démarche résolument comparatiste puisque elle compare le texte des *Assises*, particulièrement l'œuvre de Jean d'Ibelin, avec des coutumiers français de la même époque. Le duel judiciaire semble être la reine des preuves si l'on s'en tient à la place laissée à sa procédure dans le texte. À coté, les peines corporelles ne sont presque jamais évoquées et l'asseurement, le seul moyen de prévention de la violence, n'est cité qu'une fois. Au fond, au vu de toutes ces dispositions, il ressort une idée d'archaïsme révélant la forte conscience identitaire de l'aristocratie latine. Si cet archaïsme peut s'expliquer par le phénomène de compilation, il peut également révéler une tendance au conservatisme de la part de la société des royaumes latins d'Orient dans le but de défendre sa culture originelle et son identité.

Dans la suite de ce recueil d'actes, Peter Edbury s'interroge sur la pratique judiciaire dans le royaume de Chypre au début du XIVe siècle. En effet, les traités de Philippe de Novare, de Jean d'Ibelin et d'autres, exposent les lois et le fonctionnement de la Haute-Cour. Or, qu'en était-il dans la pratique, et combien de temps le système a-t-il survécu ? À cette fin, l'auteur interroge la *Chronique d'Amadi* qui présente un récit détaillé des bouleversements politiques à Chypre dans les années 1306-1310. Cette œuvre fut visiblement composée par une personne férue de droit. Ce récit présente un nombre important d'affaires judiciaires et apporte un éclairage sur les réalités juridiques exposées par les auteurs susmentionnés. Les données de cette chronique témoignent de la façon dont le corpus législatif semble rester en usage à cette période : en effet, les procédures de la Haute-Cour décrites par les auteurs du XIIIe siècle sont restées en vigueur à Chypre où elles semblent d'ailleurs avoir survécu de nombreuses années.

Myriam Greilsammer s'intéresse, par la suite, au mariage des vassales dans le *Livre au Roi*, et particulièrement à leur instrumentalisation. Cette question, qui n'avait pas été étudiée depuis 1910, permet de mettre en valeur les énormes progrès dont a bénéficié l'historiographie médiévale depuis le début du XXe siècle, en ce qui concerne à la fois l'étude de la noblesse et du féodalisme, l'histoire du Royaume Latin et l'histoire des femmes. Revenant sur la vision « romantique » de la féodalité, l'auteur nous livre une perception remaniée de l'institution du mariage, de ses réalités dans la société féodale et dans le Royaume Latin, à l'aide des nouvelles perspectives ouvertes par les historiens, les sociologues et les anthropologues. Non seulement ces différentes approches permettent d'analyser le mariage d'après les *Assises de Jérusalem* dans une perspective évolutive, mais encore montrent combien chacun des livres de droit des *Assises* reproduit les intérêts des pouvoirs ou de la classe sociale pour/par laquelle il a été composé, afin de préserver un ordre social supposé, à savoir la domination de l'aristocratie laïque. En effet, il ressort des différents traités, et particulièrement du *Livre au Roi*, une partialité des discours sur le sujet. À ce titre, les juristes nous livrent leur version personnelle et partisane du droit du royaume de Jérusalem afin de défendre les intérêts particuliers de leur caste qui s'articulent étroitement avec une orientation patriarcale. Aussi, ces textes sont plus des fictions idéologiques que des témoignages historiques et impartiaux de l'évolution du droit matrimonial.

Corinne Leveleux-Teixeira, pour sa part, s'intéresse à la procédure criminelle dans les *Assises de Jérusalem*, particulièrement à travers le *Livre des Assises* de Jean d'Ibelin. Comme le précise d'entrée l'auteur, cet ouvrage juridique a été rédigé à un moment décisif dans l'évolution du droit pénal occidental. Le cadre discursif de ce traité est présenté par Jean d'Ibelin lui-même dans son prologue, qui met en exergue deux enjeux importants : le premier est politique et idéologique et le second juridique. Même si le *Livre des Assises* présente une vision nuancée du droit, porteuse d'influences diverses, l'étude de la procédure décrite est une bonne méthode pour mesurer à quel point l'ouvrage s'inspire ou s'écarte des évolutions contemporaines. Ainsi, si le seigneur féodal semble jouer un rôle éminent dans le cadre procédural, il ressort du texte que toute féodale que soit la cour du roi de Jérusalem, elle ne semble pas exclure pour autant une forme de 'préprofessionnalisation' du personnel judiciaire. De plus, alors que dans le reste de l'Occident la procédure inquisitoire était en train de s'imposer, C. Leveleux-Teixeira souligne que la procédure décrite par Jean d'Ibelin est encore fortement accusatoire. Ce décalage peut être expliqué par le projet d'écriture de ce dernier : d'une part, il souhaite faire preuve de pédagogie auprès des plaideurs ; et d'autre part, il propose une vision normative de la procédure comme l'expression d'une identité collective.

Enfin, Marie-Adélaïde Nielen questionne l'existence et les raisons d'être du livre des *Lignages d'Outremer*, une œuvre qui donne, sur plusieurs générations, la filiation de nombreuses familles ayant compté dans les États latins d'Orient. Ainsi, il est légitime de s'interroger sur les raisons de la présence de ce texte atypique au sein des *Assises*, ce livre ayant été souvent transcrit, puis édité en même temps que les autres composantes des *Assises de Jérusalem.* Pour l'auteur, la présence de ce livre à vocation généalogique n'est pas le fruit du hasard. Même si la version initiale semble très probablement être l'œuvre de Jean d'Ibelin lui-même, l'existence, voire la coexistence de plusieurs versions du texte, dont certaines très différentes du texte originel, révèlent une volonté d'actualisation, mettant en scène l'exaltation d'un groupe social bien précis, réduit au départ à la famille d'Ibelin, puis élargi par la suite à l'ensemble du groupe seigneurial. Dès lors ce document est incontestablement de nature mémorielle, même s'il fut certainement utilisé parfois comme un texte juridique.

Nous espérons que ce volume pourra offrir de nouveaux éclairages sur un monument normatif du XIIIe siècle entièrement rédigé en ancien français, qu'il participera à la 'réhabilitation' des *Assises de Jérusalem* au sein des études hexagonales, en donnant une impulsion aux recherches portant sur la comparaison des différents systèmes normatifs européens au Moyen Âge, domaine qui demeure encore un territoire trop peu exploré de nos jours.

Jérôme DEVARD
et Bernard RIBÉMONT

PREMIÈRE PARTIE

APPROCHES COMPARATIVES

REMARQUES SUR LES *ASSISES DE JÉRUSALEM*

« Les coutumes et les assises du royaume de Jérusalem n'ont pas été écrites, n'ont pas été codifiées, n'ont pas été promulguées par accord et n'existent plus depuis que la terre a été perdue, mais avant elles étaient écrites et gardées au Sépulcre et scellées de plusieurs sceaux ; on les appelait les *Lettres du Sépulcre* ». C'est en ces termes que Philippe de Novare dans son *Livre de forme de plait* résume l'histoire de la législation en usage dans le royaume de Jérusalem[1]. Il oppose ainsi deux moments de l'histoire du royaume : avant 1187, existaient des assises, élaborées par le roi, le patriarche, les grands vassaux et éventuellement d'importants pèlerins de passage, pour ce qui est des « Assises de la Haute Cour », par les mêmes complétés par un certain nombre de non-nobles, pour ce qui est des « Assises des Bourgeois ». Cet ensemble constituait une sorte de code législatif qualifié de « Lettres du Sépulcre » ; en cas de litige une commission pouvait aller le consulter dans le sanctuaire où il était déposé. En 1187, la défaite de l'armée franque à Hattin puis la prise de Jérusalem par Saladin provoquèrent la disparition de ces assises, de sorte qu'à partir de cette date, on dut recourir aux usages du royaume, transmis oralement, et que d'éminents juristes de la seconde moitié du XIIIe siècle s'efforcèrent de réunir dans un ensemble d'œuvres disparates qui ne constituent en rien un corps complet de lois, mais seulement un commentaire sur la jurisprudence et sur les coutumes du royaume vers les années 1260-1270. Le titre fallacieux d'« Assises de Jérusalem » s'est imposé à la suite de la publication en 1841 de l'ensemble de dix traités dans le livre des *Lois* du « Recueil des Historiens des Croisades. ».

Telle est la présentation historiographique généralement acceptée par les spécialistes de l'Orient latin. Pourtant elle a suscité et suscite encore

1 Philippe de Novare, « Livre de forme de plait », *Recueil des Historiens des Croisades (RHC)*, *Lois*, éd. comte Beugnot, t. 1, Paris 1841, p. 536.

de longues discussions que notre colloque se doit d'évoquer. Maurice Grandclaude, suivi par John La Monte, a relevé qu'ont été conservées jusqu'à aujourd'hui environ vingt-cinq assises pouvant être datées d'avant 1187, et parmi elles six remontant aux premiers temps de la fondation du royaume, peut-être même au gouvernement de Godefroy de Bouillon, auquel les grands juristes du XIIIe siècle attribuent l'élaboration des « Lettres du Sépulcre[2] ». Une attribution critiquée aujourd'hui, car il est peu probable qu'en une année seulement de gouvernement, fort occupé par la défense de la conquête franque, l'avoué du Saint Sépulcre ait eu la possibilité de réunir une commission chargée de rassembler les usages de différentes parties de l'Occident, et de les harmoniser en un code législatif s'imposant à l'ensemble du royaume dès l'année 1100. Sans en référer à Godefroy de Bouillon, Joshua Prawer relève l'intense activité législative au cours du XIIe siècle, ce qui justifierait l'existence d'un gros corpus juridique déposé dans le grand sanctuaire de la chrétienté[3]. Plus critique encore, Peter Edbury avance l'idée que les « Lettres du Sépulcre » n'ont jamais existé et que le récit de Philippe de Novare, repris d'ailleurs par Jean d'Ibelin, est une fiction légale cherchant à répondre aux problèmes posés par la situation du royaume de Jérusalem au milieu du XIIIe siècle. Des immigrés récemment arrivés de France en Terre sainte auraient fait pression pour que la coutume de Jérusalem soit semblable aux coutumes du royaume capétien, valorisant le pouvoir royal, ce qui s'oppose aux intérêts baronniaux représentés par les grands légistes du XIIIe siècle, soucieux de minimiser la force de la monarchie. Peter Edbury met aussi en évidence les invraisemblances du récit de Philippe de Novare, l'absence de toute mention des « Lettres du Sépulcre » dans les années suivant immédiatement 1187, et de toute référence à une copie officielle des lois chez Guillaume de Tyr, pourtant chancelier du royaume[4]. Comment se pourrait-il qu'en dépit de l'existence au début du XIIIe siècle d'un grand réseau de juristes, tels Raoul de Tibériade, Jean d'Ibelin seigneur de Beyrouth et Balian d'Ibelin, liés l'un à l'autre par les liens du sang, de la famille ou de la

2 M. Grandclaude, *Étude critique sur les livres des Assises de Jérusalem*, Paris, 1923 ; J. L. La Monte, « Three questions concerning the *Assises de Jérusalem* », *Byzantina Metabyzantina*, 1/1 (1946), p. 201-211.

3 J. Prawer, *The World of the Crusades*, Jérusalem, 1972, p. 122.

4 P. W. Edbury, « Law and Custom in the Latin East. *Les Letres dou Sepulcre* », *Kingdoms of the Crusaders*, Aldershot 1999, n° IX.

vassalité[5], l'on n'ait pu reconstituer les « Lettres du Sépulcre », dont la mémoire devait être restée vive dans cette génération proche des événements de 1187 ? Bref, que ce soit ou non un mythe, l'inexistence ou la disparition des « Lettres du Sépulcre » a pour conséquence que le droit du royaume latin, tel qu'il est contenu dans les « Assises de Jérusalem », n'a aucun caractère officiel. Les traités des juristes du XIIIe siècle sont des œuvres individuelles de jurisprudence, largement indépendantes l'une de l'autre, mais exprimant toutes les intérêts du milieu baronnial hostile à l'autorité d'un souverain, quel qu'il soit.

Examinons donc rapidement quels sont les auteurs de ces livres, leur contenu et l'interprétation que l'on peut en donner, à la lumière des recherches récentes effectuées sur le droit de l'Orient latin. Le plus ancien traité est le « Livre au Roi[6] ». Sans le citer, car ses buts s'opposent aux leurs, Philippe de Novare et Jean d'Ibelin rappellent la tentative avortée du roi Aimery (1197-1205) de faire procéder à une nouvelle codification des assises du royaume perdues en 1187. Le grand juriste Raoul de Tibériade, en conflit avec le roi, et sans doute en exil, refuse d'y participer. Aimery s'adresse alors à des hommes dévoués à la couronne pour rédiger, à une date proche de 1200, un traité qui décrive les prérogatives royales et exalte le pouvoir du monarque sur ses vassaux. Traité de droit féodal, il s'ouvre avec la description des droits du roi et du domaine royal, puis décrit les droits des barons sur leurs fiefs et l'impossibilité d'arrêter un vassal sans le jugement de ses pairs. Les cinquante-deux petits chapitres de l'ouvrage ne constituent pas vraiment une synthèse parfaite du droit féodal[7].

Beaucoup plus amples sont les trois cent quatre chapitres des « Assises de la Cour des Bourgeois[8] ». Rédigée dans les années 1243-1244 par un inconnu, il s'agit d'une œuvre désordonnée, marquée par les droits romain, coutumier et canonique ; l'organisation judiciaire des non-nobles, le droit maritime, la procédure à la cour des « Bourgeois », le droit matrimonial, les contrats, la transmission des biens, telles sont les

5 J. Riley-Smith, *The Feudal Nobility and the Kingdom of Jerusalem*, Londres, 1973, p. 121-144 ; W. H. Rudt de Collenberg, « Les Ibelin aux XIIIe et XIVe siècles. Généalogie compilée principalement selon les registres du Vatican », *Επετηριδα του Κεντρου Επιστημονικων Ερευνων*, 9 (1977-1979), p. 117-248.

6 M. Greilsammer, *Le Livre au Roi*, Paris, Académie des Inscriptions et Belles-Lettres, 1995.

7 M. Grandclaude, *Étude critique sur les livres des Assises de Jérusalem*, *op. cit.*, p. 41-49 ; 118-122 ; M. Greilsammer, *Le Livre au Roi*, *op. cit.*, p. 87-110.

8 *RHC*, *Lois*, t. 2, Paris 1843, p. 1-226.

préoccupations de l'auteur qui ne peut donner une règle générale et se perd dans les méandres d'un plan défectueux[9].

On ne peut en dire autant du livre le plus célèbre des juristes, le « Livre des Assises de la Haute Cour », œuvre du comte de Jaffa, Jean d'Ibelin[10]. L'auteur appartient à l'une des plus puissantes familles baronniales du royaume. L'ancêtre, Balian, arrivé en Syrie vers 1150, a reçu en garde le château d'Ibelin et épousé Marie Comnène, veuve du roi Amaury Ier[11]. Son fils aîné, Jean, le « vieux sire de Beyrouth », a dirigé la révolte des barons contre Frédéric II et ses partisans dans le royaume de Jérusalem et en Chypre. À cette lutte a participé notre auteur, Jean de Jaffa, neveu du seigneur de Beyrouth et fils de Philippe d'Ibelin et d'Alice de Montbéliard. Né vers 1215, il a acquis en 1241 le vieux fief de la famille à Ramla, puis le comté de Jaffa et d'Ascalon en 1246[12]. Il a pris part à la croisade de saint Louis en Égypte et a organisé une réception fastueuse pour le roi de France, lors de sa visite à Jaffa en 1252. L'année suivante, il est nommé « baile » du royaume de Chypre pour le jeune roi Hugues (II)[13].

Vers 1265, il compose un traité sur les procédures de la Haute Cour et la loi coutumière du royaume. Conservé aujourd'hui dans cinq manuscrits, comportant de nombreuses variantes de l'un à l'autre, des interpolations venant du traité de Philippe de Novare, dues peut-être à l'auteur lui-même ou à son fils, Jacques d'Ibelin, le « Livre des Assises de la Haute Cour » est une des œuvres juridiques les plus fortes du XIIIe siècle, comparable au célèbre traité de Philippe de Beaumanoir sur les coutumes du Beauvaisis. Malgré une certaine confusion et des omissions qui l'empêchent d'être un traité complet de droit féodal, l'œuvre décrit les procédures légales utilisées à la Haute Cour et constitue un guide précieux pour les seigneurs et les vassaux qui y sont appelés. Le traité a joui d'un immense prestige, tant au XIIIe siècle, comme le prouvent les additions faites par les successeurs de l'auteur, qu'au siècle suivant quand il fut adopté en 1369 comme l'œuvre officielle de référence de la Haute Cour de Chypre[14].

9 M. Grandclaude, *Étude critique sur les livres des Assises de Jérusalem*, *op. cit.*, p. 50-69 ; 123-126.

10 John of Ibelin, *Le Livre des Assises*, éd. P. W. Edbury, Leiden-Boston, 2003.

11 W. H. Rudt de Collenberg, « Les premiers Ibelins », *Le Moyen Âge*, 71 (1965), p. 433-474.

12 H-E. Mayer, « John of Jaffa, his Opponents and his Fiefs », *Proceedings of the American Philosophical Society*, 128/2 (1984), p. 134-163.

13 M. Grandclaude, *Étude critique sur les livres des Assises de Jérusalem*, *op. cit.*, p. 81-88 et 135-142 ; J. Riley-Smith, *The Feudal Nobility and the Kingdom of Jerusalem*, *op. cit.*, p. 125-126.

14 P. W. Edbury, « The *Livre des Assises* by John of Jaffa : the development and transmission of the text », *Law and History in the Latin East*, Farnham 2014, n° IV.

Philippe de Novare, élève du grand juriste Raoul de Tibériade, est très lié au clan des Ibelin. Né dans les premières années du XIIIe siècle, on le rencontre page d'un chevalier chypriote lors de la Cinquième croisade. Il entre ensuite au service de la famille d'Ibelin dans sa lutte contre Frédéric II, reçoit deux fiefs, l'un en Chypre, l'autre dans le royaume et est désigné comme exécuteur testamentaire du roi Henri Ier de Chypre en 1264. Ses œuvres comprennent un récit des guerres civiles en Chypre, rédigé entre 1243 et 1247, un traité de morale sur les quatre âges de l'homme et le « Livre de forme de plait », traité sur les lois et les coutumes de la Haute Cour, rédigé entre 1252 et 1257, mais plusieurs fois revu avant 1260[15]. Considéré comme un guide pratique de procédure, l'œuvre reprend sans grande originalité les jugements des grands juristes du début du XIIIe siècle, mais, sans doute grâce à l'enseignement transmis à Philippe par son maître Raoul de Tibériade, elle préserve la tradition juridique du XIIe siècle, tout en soulignant la position légalement avantageuse des chevaliers-vassaux et l'infériorité légale des indigènes. La concurrence du livre de Jean d'Ibelin a retiré à l'œuvre de Philippe de Novare le succès que celle-ci pouvait espérer[16].

En comparaison de ces deux grands traités, les autres textes inclus dans les « Assises de Jérusalem » ont une moindre importance. Geoffrey le Tor appartient à une famille chevaleresque installée en Syrie-Palestine dès le XIIe siècle. Son père Jean le Tor a été vicomte d'Acre et a représenté le roi Jean de Brienne au IVe concile du Latran. Son fils, cité pour la première fois en 1222, a été envoyé en ambassade auprès de Frédéric II en 1225, mais s'est ensuite rangé du côté du clan des Ibelin, dont il suit la fortune, tout en étant chambellan du roi de Chypre à partir de 1247. Il semble ne pas avoir eu en main le traité de Jean d'Ibelin, mais dépend beaucoup de celui de Philippe de Novare, auquel il ajoute un commentaire sur les disputes à propos de la régence du royaume en 1265. Réduit à trente-deux petits chapitres, le traité de Geoffrey le Tor complète son modèle, Philippe de Novare, sur les questions de l'hérédité du « bailliage » et du défaut d'hommage[17].

15 M. Grandclaude, *Étude critique sur les livres des Assises de Jérusalem*, *op. cit.*, p. 70-80 et 130-134 ; J. Riley-Smith, *The Feudal Nobility and the Kingdom of Jerusalem*, *op. cit.*, p. 126-127 ; P. W. Edbury, « Philip of Novara and the *Livre de Forme de Plait* », *Law and History*, *op. cit.*, n° III ; Philip of Novara, *Le Livre de Forme de Plait*, éd. et trad. P. W. Edbury, Nicosie, 2009.

16 *R.H.C. Lois*, t. 1, p. 469-571.

17 *R.H.C. Lois*, t. 1, p. 433-450 ; voir P. W. Edbury, « The 'Livre' of Geoffrey Le Tor and the 'Assises' of Jerusalem », *Historia administrativa y ciencia de la Administracion comparada. Trabajos en homenaje a Ferran Valls i Taberner*, Barcelona, 1990, p. 4261-4297.

Jacques d'Ibelin comte titulaire de Jaffa, est un petit neveu du « vieux sire de Beyrouth » et fils de Jean d'Ibelin, comte de Jaffa. Il termine en 1276, année de sa mort, son traité, un bref résumé, clair et méthodique du traité de son père, comte de Jaffa[18]. La même brièveté caractérise la « Clef des Assises de la Haute Cour », dédiée exclusivement au droit féodal, ainsi que les livres de procédure, le « Livre du Plédéant » et le « Livre du Plaidoyer ». On s'étonne davantage de trouver dans le recueil des « Assises de Jérusalem » les « Lignages d'Outremer », dressant l'état des grandes familles du royaume latin : un texte purement généalogique, nullement juridique, écrit son récent éditeur[19]. En effet chaque chapitre présente une famille de l'Orient latin, avec son ascendance et ses parentés et définit ainsi le milieu où s'est élaboré le droit des assises. Dans les manuscrits, le texte des « Lignages » suit généralement le traité de Jean d'Ibelin et sert à préciser la généalogie des personnages cités par le juriste. Composé vers 1265-1270, soit à l'époque même de la composition du livre de Jean d'Ibelin, les « Lignages » auraient pour auteurs des disciples du comte de Jaffa, mais ils furent remaniés dans les années 1305-1306 pour suivre l'ordre hiérarchique des familles du royaume et souligner l'illustre ascendance des Ibelin[20]. Hormis quelques omissions, le traité donne une image foisonnante de la société de l'Orient latin.

Réunis sous la dénomination commune d'« Assises de Jérusalem » ces traités ne constituent en rien un vrai code, mais plutôt un recueil d'écrits non officiels sur les institutions du royaume et sur la procédure en usage dans les cours de Jérusalem et de Chypre. En effet, en l'absence d'un souverain résident au XIIIe siècle, il n'y a plus de réunion de la Haute Cour ni plus de rédaction de nouvelles « assises ». Le rôle des juristes devient primordial pour rappeler le vieux droit et établir la jurisprudence. Comme l'a démontré Grandclaude, si la loi au XIIe siècle était officielle, car créée par un organisme législatif, progressive, car en rapport avec la vie quotidienne, et générale, car s'appliquant à l'ensemble du royaume de Jérusalem, la disparition des « Lettres du Sépulcre » et l'affaiblissement de la couronne bouleversent tout : il en résulte un droit coutumier, fondé sur la mémoire des juristes, régressif car cherchant à

18 *R.H.C. Lois*, t. 1, p. 451-468.

19 M. A. Nielen, *Lignages d'Outremer*, Paris, Académie des Inscriptions et Belles-lettres, 2003, p. 18.

20 *Ibidem*, p. 24.

rappeler la situation du XIIe siècle, et imprécis, car les précédents judiciaires ne sont pas faciles à interpréter.

Il en résulte un certain désordre de ces textes qui cherchent à traiter des questions les plus importantes, mais sans une ligne directrice dans l'exposition. Pour en reconstruire le contenu, la comparaison des trois principaux livres sur la Haute Cour donne les résultats suivants, en retenant pour chacun le pourcentage des chapitres consacrés aux divers thèmes :

Arguments	Livre au Roi	Jean d'Ibelin	Philippe de Novare
Institutions	13,40 %	6,50 %	0 %
Histoire des lois	0 %	1,90 %	5,30 %
Procédure	0 %	19,40 %	30,80 %
Fief et "baillie"	28, 80 %	23,70 %	20,20 %
Hommage	9,60 %	5,60 %	11,70 %
Service vassalique	13,40 %	9,50 %	14,90 %
Justice	0 %	1,30 %	0 %
Devoirs du souverain	5,70 %	0 %	0 %
Soudoyers	0 %	1,30 %	1,10 %
Chevaux	7,70 %	0 %	0 %
Serfs	0 %	1,60 %	0 %
Chevaliers	11,50 %	0 %	0 %
Église	0 %	3 %	1 %
Hérésie, apostasie	5,70 %	0 %	0 %
Homicide	0 %	4,60 %	2,20 %
Trahison	0 %	1,60 %	1,10 %
Dettes, cautions	0 %	7,20 %	3,20 %
Héritage	3,80 %	1,90 %	2,10 %
Serments	0 %	1,30 %	0 %
Divers	5,70 %	3 %	5,30 %

Il ressort de ce tableau que deux thèmes prédominent : les questions de procédure devant la Haute Cour et tout ce qui concerne le fief et sa transmission, l'hommage des vassaux et les services dus au roi et au seigneur. En ce sens, les auteurs sont les parfaits héritiers des juristes qui fréquentaient la Haute Cour au XIIe siècle, où les barons et les feudataires apprenaient l'art de la plaidoirie, se délectaient à résoudre des problèmes juridiques et créaient une jurisprudence transmise de génération en génération. On comprend dès lors que beaucoup de chapitres soient consacrés à l'art de la dispute en cour, au duel judiciaire et à la démarche des parties mises en cause : un cinquième du livre de Jean d'Ibelin et presque un tiers dans celui de Philippe de Novare. Le « Livre au Roi » est le seul où la procédure passe au second plan.

Mais les trois traités consacrent beaucoup de place aux problèmes du fief, de l'hommage et des services vassaliques qui intéressent au premier chef les membres de la noblesse du royaume. Les textes commencent avec la concession du fief par le « chief seignor ». Maint chapitre traite de la transmission du fief : le droit de primogéniture, les cas de la veuve du feudataire, des fils mineurs, de la fille unique et donc de son mariage, la « baillie » du fief, le fief de bourse, l'échange ou la vente du fief, telles sont les questions qui suscitent une étude très fouillée, car de leur solution dépendent les rapports entre le roi et tous ses feudataires, les arrière-vassaux étant directement liés au souverain après l'*Assise sur la ligece* de 1162. Presque un tiers des traités est consacré aux questions concernant le fief.

Davantage encore, si l'on ajoute les chapitres sur l'hommage et sur les services vassaliques : 15 % dans le livre de Jean d'Ibelin, 23 % dans le « Livre au Roi » et 26 % dans celui de Philippe de Novare. En un royaume où le vassal doit servir son seigneur ou le roi presque toute l'année, en cas de danger, le thème du service vassalique est l'objet d'intenses discussions. Qui doit le rendre si le fief est aux mains d'un fils mineur ? d'une fille ? d'une veuve ? Surtout l'application de l'*Assise sur la ligece*, interprétée par les juristes, met en relief les droits du vassal qui ne peut être privé de son fief sans le jugement de ses pairs[21]. Tout compris, les problèmes liés à l'organisation féodale du royaume occupent la moitié des trois traités.

En conséquence, leurs auteurs ne s'intéressent pas beaucoup aux institutions du royaume, au sens strict du terme. Jean d'Ibelin cite les grands offices, et surtout le « Livre au Roi », œuvre de circonstance, traite des droits de la reine, du prince consort, des héritiers royaux et de

21 J. Riley-Smith, « The Assise sur la Ligece and the Commune of Acre », *Traditio*, t. XXVII (1971), p. 184-185.

la régence. En opposition avec les écrits de Jean d'Ibelin et de Philippe de Novare, qui expriment les intérêts des grands feudataires, le « Livre au Roi », qui ne procède pas du mouvement baronnial, est le seul traité où les institutions royales occupent une place importante.

Les questions religieuses n'intéressent guère nos auteurs : un article sur l'organisation ecclésiastique et les fiefs détenus par des clercs chez Jean d'Ibelin et Philippe de Novare, et surtout une longue référence à l'hérésie et à l'apostasie dans le « Livre au Roi ». Le droit privé a peu de place dans ce dernier texte, à l'exception d'un passage sur l'hérédité des biens, à propos de la transmission du fief. En revanche les deux autres traités évoquent les thèmes de l'homicide et de la trahison, et surtout les questions de prêt, de dette et de caution, qui donnent lieu à de nombreux procès devant les cours de justice. À l'exception du « Livre au Roi » qui entend affirmer les droits régaliens, les deux autres traités décrivent la jurisprudence de la Haute Cour d'une manière telle qu'elle favorise les intérêts des grands feudataires, opposés au libre arbitre du souverain. En aucun cas, ces écrits ne donnent une image fidèle de la réalité politique et constitutionnelle du royaume.

La variété des thèmes traités par les assises de la « Cour des Bourgeois » est beaucoup plus large, comme le montre le tableau ci-dessous :

Thèmes		
Institutions	6,40 %	
Procédure	13,10 %	
Droit commercial		
– Commerce	4,60 %	
– Droit maritime	2 %	11,20 %
– Impôts	1 %	
– Contrats	3,60 %	
Prêts, cautions, dettes	19 %	
Droit pénal		
– Coups, blessures	3,60 %	
– Homicide	2,30 %	11,10 %
– Vols	4,60 %	
– Violence charnelle	0,60 %	

Droit privé (personnes)		
– Mariage, fiançailles	6,20 %	
– Minorité	1 %	
– Adultère	0,30 %	16,40 %
– Testament	4,90 %	
– Serfs	3,30 %	
– Artisans	0,60 %	
Droit privé (biens)		
– Héritage	5,20 %	
– Maisons, locations	3,60 %	12,90 %
– Terres, agriculture	3,10 %	
– « Borgesie »	1 %	
Église	1,30 %	
Scribes	1,90 %	
Divers	6,70 %	

Si l'espace consacré aux institutions est très réduit, cinq thèmes dominent presque également le texte : le droit commercial, les prêts et cautions, le droit pénal, le droit privé, que ce soit celui des personnes ou celui des biens. Sans entrer dans les détails, on notera le traitement accordé aux problèmes des contrats, du droit maritime et du commerce en général. La jurisprudence de la cour souligne à quel point la population latine non-noble, majoritairement citadine, se consacre aux affaires, en liaison avec les marchands des républiques maritimes italiennes, installés dans les principaux ports du royaume, et surtout à Acre. Le nombre élevé des chapitres traitant des prêts, des cautions et des dettes confirme l'omniprésence de l'argent et sa rapide circulation dans les milieux de la « bourgeoisie ». En matière de droit pénal, l'homicide, les coups et blessures et surtout les vols sont l'objet d'amples développements. Un tiers du livre est consacré au droit privé : les problèmes du mariage sont importants dans une société pluriethnique et la transmission des biens préoccupe autant les « bourgeois » que les nobles. La liste des questions traitées n'omet pas beaucoup d'aspects de la vie quotidienne en Terre sainte : l'artisanat, l'agriculture, la condition juridique des serfs, les détails sur la « tenure en borgesie » trouvent place à côté des thèmes classiques du droit pénal ou de la transmission des biens. Bien que ne constituant pas un véritable code, les « Assises des Bourgeois » couvrent un champ beaucoup plus ample que les « Assises de la Haute Cour », au moins pour ce que les grands juristes du XIIIe siècle nous en ont transmis.

La description du système constitutionnel et de la jurisprudence du royaume illustre la manière partiale d'écrire l'histoire, adoptée par les juristes du XIIIe siècle. En rapportant le rôle de Godefroy de Bouillon et des premiers pèlerins dans la création des institutions du royaume, nos auteurs soulignent qu'à son origine la dignité royale est limitée, et que les grands barons en intervenant dans l'élection du roi et dans la formation du droit ont joué un rôle décisif dans la vie constitutionnelle du royaume, caractérisée par une féodalité pure et idéale, organisée sur le modèle des institutions féodales de l'Occident, et une monarchie faible et décentralisée qui n'a pas su utiliser à son profit l'*Assise sur la ligece*, détournée par les grands barons pour créer une communauté de vassaux, tous égaux devant le roi et capables de résister à ses décisions arbitraires[22]. Au XIIIe siècle, les prétentions régaliennes de Frédéric II suscitent l'opposition des barons et la création de la commune d'Acre, organisme de résistance baronniale contre les « Impériaux ». Après le départ de l'empereur pour la Sicile, le régime féodal se transforme en régime oligarchique, avec au pouvoir les grandes familles et surtout les Ibelin : une monarchie sans roi, puisque Conrad IV, souverain légitime, est resté en Occident, une république sans président, puisque les Ibelin n'ont aucune légitimité. Dans ces circonstances, on comprend l'effort des juristes, liés au parti baronnial pour reconstruire, à partir de la jurisprudence interprétée en un sens favorable aux feudataires, le corpus législatif du royaume et l'histoire de ses institutions, en oubliant l'apport du « Livre au Roi ». Une reconstruction qui, en quelque sorte, reflète davantage les rêves des partisans des barons que la réalité constitutionnelle du royaume.

Ainsi, en Terre sainte, sous la domination latine, n'existent ni statuts au sens étroit du terme, ni code de lois, ni coutumier complet, mais

22 J. Riley-Smith, *The Feudal Nobility and the Kingdom of Jerusalem*, *op. cit.*, p. 144. En revanche, S. Tibble, *Monarchy and Lordships in the Latin Kingdom of Jerusalem 1099-1291*, Oxford, 1989, p. 186-188, s'efforce de démontrer que même au XIIIe siècle, le pouvoir monarchique garde de nombreux moyens pour manipuler la structure seigneuriale du royaume.

sous le nom tardivement attribué d'*Assises de Jérusalem*, des œuvres individuelles de techniciens du droit, sans aucun caractère officiel, œuvres qui nécessiteraient une étude précise et une édition critique, qui reste à faire pour certaines d'entre elles, afin de mieux comprendre ce que fut vraiment la loi dans le royaume de Jérusalem. Il est à espérer que les recherches entreprises par Peter Edbury et les travaux de notre colloque permettront un progrès en ce sens.

Michel BALARD
Université Paris I – Sorbonne

LA « LÉGENDARISATION » DE GODEFROY DE BOUILLON

Étude d'un processus de mythification (XIIe-XIIIe siècle)

Godefroy de Bouillon est encore de nos jours un personnage énigmatique, et reste par bien des égards une figure mystérieuse. Né vers 1058 et mort le 18 juillet 1100 à Jérusalem, cet aristocrate franc a connu une renommée extraordinaire alors que rien ne l'y prédestinait vraiment : dès le XIVe siècle, Jacques de Longuyon dans *Les Vœux de paon*[1] en fit un des neuf Preux chrétiens[2] au côté de Charlemagne et d'Arthur de Bretagne[3], incarnant l'idéal de la chevalerie dans l'Europe de l'époque. Cette représentation a d'ailleurs connu un succès durable dans certains pays jusqu'à nous jours[4]. Ce processus de mythification de Godefroy de Bouillon commença en réalité dès son élection en tant qu'« Avoué du Saint-Sépulcre ».

À partir de cet instant, nous avons assisté à un phénomène de réécriture des croisades de la part des auteurs, qui, en même temps qu'ils révisèrent l'histoire, réélaborèrent la biographie du nouveau prince de Jérusalem : c'est à ce moment que fut créer la tradition du Chevalier au Cygne se confondant avec le premier Cycle littéraire de la croisade[5] qui perpétua le nom de

1 C. Casey, *"Les Vœux du Paon" by Jacques de Longuyon : An Edition of the Manuscripts of the P Redaction*, Ph.D., Columbia University, New York, 1956.

2 En raison de son caractère facilement mémorisable, les neuf Preux ont servi d'exemple aux auteurs et aux artistes jusqu'au XVIIe siècle.

3 Au côté de la figure de ces trois rois chrétiens, nous retrouvons celle des héros païen en la personne d'Hector, Alexandre et César, et celle des trois héros bibliques Josué, Judas Maccabée et David.

4 Ainsi, lorsque la Belgique fut créée en 1830, elle rechercha ses racines dans son histoire, et fit de Godefroy de Bouillon le modèle idéal du héros belge, insinuant *de facto* que la nation belge existait en germe à l'époque de la première croisade.

5 L'intégralité de ces textes a été éditée sous le nom *The Old French Crusade Cycle* publié en 10 volumes entre 1977 et 2003 aux Presses Universitaires d'Alabama.

Godefroy de Bouillon[6]. En réalité, les raisons de cette mythification précoce sont à rechercher dans l'histoire même de ce nouveau roi de Jérusalem qui n'en portait même pas le titre : catapulté « Avoué de saint Sépulcre » pour des raisons essentiellement politiques, Godefroy apparaît historiquement comme un homme de compromis, choisi selon la règle politique traditionnelle en vigueur dans la classe noble : « on élit l'homme qu'on ne craint pas[7] ». Nul doute que les circonstances de cette installation aux rênes du gouvernement du nouveau royaume latin de Jérusalem, ne cadrait pas avec le prestige et la renommée de la cité biblique. Nous comprenons dès lors la nécessité pour les auteurs de réviser la vie de Godefroy de Bouillon afin de lui octroyer une légitimité plus en conformité avec son nouveau statut.

LA PART HISTORIQUE DU MYTHE

Pour pouvoir correctement appréhender et analyser le processus de mythification de Godefroy de Bouillon, il faut dans un premier temps s'intéresser au personnage historique à travers les documents qui sont le pain traditionnel de l'historien, particulièrement les différentes chroniques contemporaines[8]. Or, lorsque nous interrogeons ces sources, nous nous apercevons que Godefroy de Bouillon est une ombre dont la vie fut quasiment effacée par les croisades[9].

6 J. Prawer, *Histoire du Royaume latin de Jérusalem*, Paris, CNRS Éditions, 2007, p. 237 : « Jérusalem avait désormais un prince : la nouvelle transmise par les premiers bateaux qui appareillèrent pour l'Europe, souleva un enthousiasme général. [...] Le nom de Godefroi de Bouillon fut sur toutes les lèvres. La légende, demi-sœur de l'histoire, se mit de la partie et en quelques années, auréola le héros, qui soudain avait surgi, de la plus haute gloire du monde chrétien. »

7 *Ibidem.*

8 *Cf.* par exemple Guillaume de Tyr, *Histoire des Croisades*, Paris, 1824 ; Albert d'Aix, *Histoire des faits et gestes dans les régions d'Outre-mer*, Paris, 1824 ; *Le "Liber" de Raymond d'Aguilers*, éd. J. Hugh et L. L. Hill. Paris, Geuthner, 1969 ; *The Historia Ierosolimitana* of Baldric of Bourgueil, ad. S. Biddlecombe, Woodbridge, Boydell Press, 2014 ; Fouchier de Chartres, « Historia Iherosolymitana », *Recueil des historiens des croisades. Historiens occidentaux*, Paris, Imprimerie impériale, t. 3, 1866, p. 311-348 ; Guibert de Nogent, *Dei Gesta per Francos et cinq autres textes*, éd. R. B. C. Huygens, Turnhout, Brepols, 1996.

9 Comme en témoigne l'étude de P. Aubé censée être la biographie officielle de Godefroy de Bouillon qui traite tout autant du phénomène des croisades que de Godefroy, ce

GODEFROY LE FEUDATAIRE

Godefroy de Bouillon était le second fils d'Ide d'Ardenne, héritière des ducs de Basse-Lotharingie et du comte de Boulogne Eustache II. Par ses parents, il était donc un carolingien à double titre : par son père qui était le descendant direct de Gerberge de Bruxelles, petite fille du roi Louis IV d'Outre-Mer, mais également par sa mère une descendante de Cunégonde, une des filles du roi Louis II le Bègue. Le plus gros de sa jeunesse peut être reconstitué grâce aux différentes chroniques qui se sont intéressées aux croisades et particulièrement au travers quelques anecdotes dont certaines sont rapportées par Guillaume de Tyr[10].

Son éducation de chevalier fut assurée par son oncle Godefroy III le Bossu. À la mort de ce dernier, il hérita de ses titres. Toutefois, si l'empereur Henri IV lui concéda en 1076 le marquisat d'Anvers, c'est pour mieux lui interdire le titre de duc de Basse-Lotharingie contrairement aux dernières volontés de son oncle. Godefroy se rangea néanmoins fidèlement au côté d'Henri IV dans la lutte d'Investiture qui l'opposa au pape Grégoire VII, n'hésitant pas à pénétrer dans Rome les armes à la main. Pour le récompenser de ses fidèles et loyaux services, l'empereur germanique le reconnût finalement duc de Basse-Lotharingie aux alentours de 1087[11].

Le 27 novembre 1095, l'appel à la croisade d'Urbain II embrasa les consciences dans tout l'Occident. Godefroy et ses deux frères furent parmi les premiers dirigeants à prendre la croix. Les raisons de leur engagement restent obscures : certains ont vu dans la décision de Godefroy des raisons intimes de faire une œuvre de pénitence ; d'autres une influence monastique, mais un fait demeure acquis : avant le printemps 1096, c'est-à-dire avant que Pierre l'Ermite et sa troupe hétéroclite eurent

---

dernier servant le plus souvent de paravent. *Cf.* P. Aubé, *Godefroy de Bouillon*, Paris, Fayard, 1985.

10 *Cf.* par exemple Guillaume de Tyr, *Histoire des Croisades* t. 2, *op. cit.*, Livre IX, p. 11-12 : alors qu'Ide est absorbée dans sa tâche, ses trois fils surgissent en trombe pour finir par se chamailler dans les plis de sa robe. Survient alors le comte qui, feignant la surprise, demande à son épouse ce qui peut bien provoquer pareille tempête sous son vêtement. Et la réponse jaillit, promise à une belle célébrité : « Ce sont trois grands princes, dont le premier sera duc, le second roi, le troisième comte. » Plus généralement, pour une étude sur Guillaume de Tyr et son œuvre, *cf.* l'ouvrage de Peter Edbury, *William of Tyre : Historian of the Latin East*, Cambridge, 1988.

11 P. Aubé, *Godefroy de Bouillon*, *op. cit.*, p. 49-110. À partir de cet instant, il régna sur un duché s'étendant entre la Luxembourg et le Rhin qui réunit le Brabant, le Hainaut, le Limbourg, le Namurois, le Luxembourg et une partie de la Flandre.

atteint les rives de la Moselle, le seigneur de Bouillon avait pris la croix et avait également convaincu bon nombre de barons lotharingiens de se joindre à la grande expédition armée qui allait s'ébranler pour délivrer le tombeau du Christ[12]. Cet ost composé de Wallons, de Flamands, de Saxons, d'Alamans et de Bavarois étaient placés en fait sous les ordres d'un chef unique sachant parler dans leurs langues. Ce faisant, nous pouvons légitimement nous demander si, dans les faits, Godefroy ne suppléait pas à la défection d'un empereur rebelle et excommunié ? Dès lors n'était-il pas un homme de paille tout en étant le meilleur dénominateur commun de tous les peuples de l'empire ?

En tout état de cause, Godefroy prépara son expédition en réunissant ses troupes, vendit à réméré la plupart de ses terres[13], et partit sur les routes d'Orient le 15 août 1095. Quittant la route du Rhin, l'armée de Godefroy se dirigea vers le Danube. Après avoir obtenu l'accord de Coloman, le roi de Hongrie, l'armée atteignit Semlin, à la frontière de Constantinople. Dans l'ensemble, la marche de Godefroy dans les Balkans fut pacifique bien qu'elle se termina par des actes de pillage aux approches de Constantinople, où l'armée arriva à la fin de l'année 1096. Après avoir dû prêter serment à Alexis Ier Conmène aux termes duquel il s'engageait à se considérer comme un vassal de l'empereur auquel il était prêt à remettre tous les anciens territoires impériaux qu'il allait conquérir, il fut rejoint par les autres croisés. L'armée réunie prit la direction de Jérusalem. Sur la route, de nombreuses principautés furent fondées comme par exemple la principauté d'Édesse qui fut le premier événement d'importance dans l'histoire de l'expédition. Le second fut la prise d'Antioche orchestrée par Bohémond qui revendiqua la cité pour lui-même. Or, la prise d'Antioche attisa la convoitise de terres nouvelles parmi les chefs croisés[14] : l'idée de la croisade initialement fondée sur la délivrance du Saint-Sépulcre était en train de se laïciser. Enfin, les croisées arrivèrent à Jérusalem qui fut conquise le 15 juillet 1099.

---

12 *Ibidem*, p. 131.

13 La vente à réméré consistait à mettre en gage une possession quelconque tout en laissant au vendeur (ou à des héritiers dûment désignés par lui) la faculté de racheter ses biens dans un délai fixé par contrat, en remboursant le prix et les loyaux coûts de la vente. C'était une manière habile d'enfreindre les interdictions en matière d'usure. Il ressort de cette procédure que Godefroy n'avait nullement l'intention de s'établir en Orient le pèlerinage achevé et mission accomplie.

14 J. Prawer, *Histoire du Royaume latin de Jérusalem*, *op. cit.*, p. 215.

GODEFROY L'« AVOUÉ DU SAINT-SÉPULCRE »

Jérusalem avait été libéré mais cette cité n'avait ni gouvernement ni population. La question qui se posa rapidement fut de déterminer qui resterait sur place pour gouverner ? Deux opinions s'affrontaient. La première défendait que ce royaume ne pouvait être qu'un État Pontifical gouverné par le pape ou ses légats. En face, s'exprimait l'opinion séculière : pour les chefs de la croisade, il était tout naturel que le nouveau royaume ait à sa tête un prince temporel ; tout le problème était de se mettre d'accord sur son identité.

Deux jours après la prise de la cité, le 17 juillet, les chefs de l'expédition se réunirent. Malgré les réticences des délégués du Haut-Clergé, les chefs de la croisade décidèrent d'élire un prince temporel. Dans les faits, seuls deux candidats étaient en lice : Godefroy de Bouillon et Raymond de Saint-Gilles. En effet, ceux de leur rang qui étaient encore en Terre Sainte, tels Robert de Normandie ou Robert de Flandre, avaient fait savoir leur intention de regagner leur patrie, et les autres grands nobles se trouvaient dans les environs d'Antioche et d'Édesse. Dans cette élection fermée par la force des choses, le choix se porta à défaut sur Godefroy de Bouillon, Raymond de Saint-Gilles ne parvenant pas à obtenir ni l'appui de la noblesse ni celui des prélats en raison de son mauvais caractère[15].

Une fois que Godefroy fut élu « Avoué du saint-Sépulcre » et paré du titre de Duc d'Orient, son nom apparaît peu dans l'histoire des royaumes latins. Nous le voyons aux côtés de Raymond de Saint-Gilles, de Robert duc de Normandie, de Robert comte de Flandre et de Tancrède repoussait l'attaque égyptienne et prendre la cité d'Ascalon, mais dans les faits le devant de la scène fut occupé par Tancrède jusqu'à la mort de Godefroy le 18 Juillet 1100. En réalité, son bref règne ne lui a pas permis la multiplication d'exploits pouvant passer à la postérité. Toutefois, il ne faut pas oublier que c'est lui qui lança la fondation du royaume. Or, celle-ci n'a été possible que grâce à l'attitude de Godefroy qui ne se considérait pas uniquement comme prince de Jérusalem, mais de Jérusalem et de toutes les futures conquêtes des croisés conformément au serment qu'il avait prêté à Alexis Ier Conmène : si la prise de Jérusalem donnait une capitale au royaume latin, toutes les conquêtes successives des croisés accroissaient petit à petit son territoire. D'ailleurs, le fait que les autres

15 *Ibidem*, p. 236-237.

seigneurs ne s'arrogèrent jamais le titre de roi, lui préférant ceux de princes ou de comte, souligne la prééminence de Godefroy et de ses successeurs[16]. Cette primauté s'exprima naturellement par l'instauration d'une féodalité entre les princes territoriaux et l'« Avoué du saint-Sépulcre » (puis par la suite le roi de Jérusalem), où le suzerain remettait les principautés à leurs tenants légitimes. D'ailleurs ces règles féodales ne furent-elles pas le sujet central des « Lettres du Saint-Sépulcre » censée constituer l'œuvre législative essentielle de Godefroy de Bouillon[17] ?

Ainsi à considérer tous les éléments que nous avons pu recueillir, nous observons que toute sa vie durant, Godefroy fut en réalité un second choix qui n'était nullement prédestiné à devenir le « roi » de Jérusalem. C'est la raison pour laquelle que peu de chroniqueurs n'ont réellement écrit sur cette pâle personnalité de son vivant. Dès lors, nous pouvons comprendre l'impérieuse nécessité de le gratifier d'une meilleure réputation dès son élection, en révisant totalement sa vie de manière à faire entrer cet aristocrate plutôt falot[18] dans la légende, en l'auréolant d'un prestige équivalent à celui de la cité qu'il gouverna pendant une année.

16 *Ibid.*, p. 250.

17 Nous ne connaissons pratiquement rien des dispositions de ce corpus normatif qui fut perdu en 1187 lors de la prise de Jérusalem par Saladin, si bien que l'existence elle-même des « Lettres du Saint-Sépulcre » est contestée. *Cf.* M. Grandclaude, « Liste d'Assises remontant au premier royaume de Jérusalem », *Mélanges Paul Fournier*, paris, 1929, p. 329-345 ; P. W. Edbury, « Law and Custom in the Latin East : Les Letres dou Sepulcre », *Intercultural Contacts in the Medieval Mediterranean : Studies in Honour of David Jacoby*, Londres, 1996, p 71-79.

18 Selon l'avis partagé par certains chercheurs, cette vision consistant à faire de Godefroy un faible, serait à replacer dans le cadre d'un courant historiographique révélant une lutte pour le pouvoir temporel que ce serait livré l'Église et les grands aristocrates pour le contrôle des villes conquises. En fait, ce profil négatif aurait été l'œuvre de l'Église et de certains grands nobles qui auraient aimé s'arroger le pouvoir. Ainsi, les éléments narratifs textuels servant à modeler la pâle figure du duc de basse-Lotharingie obéiraient à une logique politique. *Cf.* S. John, *The creation of a First Crusade hero : Godfrey of Bouillon in history, literature and memory, c. 1100–c. 1300*, Ph. D, Université de Swansea, 2012 ; E. Crouzet-Pavan, *Le mystère des rois de Jérusalem*, Paris, Albin Michel 2013.

LA PART MYTHIQUE DE L'HISTOIRE

Les premières chansons ayant trait aux croisades, c'est-à-dire la *Chanson d'Antioche*[19], la *Chanson de Jérusalem*[20] et les *Chétifs*[21], suscitèrent tout au long du XIIIe siècle l'écriture de plusieurs autres récits, jusqu'à la constitution d'un « cycle » possédant une dimension généalogique. À partir de ce noyau fondateur, se rattachèrent dans la seconde moitié du XIIIe siècle, les *Continuations de Jérusalem*, à savoir : *La Chrétienté Corbaran*[22], *La Prise d'Acre, la Mort Godefroi* et *La Chanson des rois Baudoin*[23]. Ces textes prolongent la *Chanson de Jérusalem* jusqu'à la mort de Godefroy, puis retracent le règne de son frère et de ses descendants. Elles s'arrêtent à la mort de Baudouin IV le lépreux, et aux victoires qui lui sont prêtées contre Saladin, comme si les auteurs n'avaient pas voulu retracer la perte de Jérusalem par les Croisés. Cependant, avant ces prolongements vers l'aval de la conquête de Jérusalem, le premier cycle des croisades a connu une extension généalogique en amont dans le but de vanter les origines mythiques de la famille de Bouillon[24], ainsi que le début de la carrière de Godefroy. Ce groupe de textes se compose des récits de *La Naissance du Chevalier au Cygne*[25], *La Fin d'Elias*[26], *Les Enfances Godefroi* et du *Retour de Cornumaran*[27]. Ce cycle de la première Croisade se trouve inscrite au cœur d'un récit sur les origines et le devenir d'un lignage, celui de Godefroy de Bouillon, qui révèle une véritable volonté de célébrer cette lignée. L'axe généalogique contribue à donner une unité au cycle, qui se donne à lire autant comme un « monument » à la gloire du lignage de Bouillon que comme une épopée des croisades[28].

---

19 *La Chanson d'Antioche*, éd. et trad. B. Guidot, Paris, Champion, 2011.

20 *La Chanson de Jérusalem*, éd. N. R. Thorp, The University of Alabama Press, 1991.

21 *Les Chétifs*, éd. G. M. Myers, The University of Alabama Press, 1981.

22 *La Chrétienté Corbaran*, éd. P. R. Grillo, The University of Alabama Press, 1984.

23 *La Prise d'Acre, La Mort Godefroi*, and *La Chanson des Rois Baudouin*, éd. P. R. Grillo, The University of Alabama Press, 1987.

24 *Cf.* H. Pigeonneau, *Le Cycle de la Croisade et la famille de Bouillon*, Saint-Cloud, Belin, 1877.

25 *La Naissance du Chevalier au Cygne*, éd. E. J. Mickel et J. A. Nelson, The University of Alabama Press, 1977.

26 *La Fin d'Elias*, éd. J. A. Nelson, The University of Alabama Press, 1985.

27 *Les Enfances Godefroi* and *Le Retour de Cornumaran*, éd. E. J. Mickel, The University of Alabama Press, 1999.

28 *Cf.* F. Suard, *Guide de la chanson de geste et de sa postérité littéraire (XIe-XVe siècle)*, Paris, Champion, 2011, p. 163-174.

LA RÉVISION DE LA GÉNÉALOGIE DE GODEFROY : L'ENTRELACEMENT DE LIGNAGES ÉPIQUES ET FÉÉRIQUES

L'histoire des ascendants de Godefroy de Bouillon nous est connue par les deux versions de la *Naissance du Chevalier au Cygne*, ainsi que par l'histoire du *Chevalier au Cygne et la fin d'Elias*, textes influencés par le conte folklorique des enfants-cygnes qui a été annexé à l'histoire du lignage de Bouillon dès la fin du XIIe siècle[29].

Dans la légende, Godefroy est le fils de la duchesse Yde de Bouillon et de Wistace (Eustache) de Boulogne, et le petit-fils d'Elias, le chevalier au Cygne, par la branche maternelle. Si la légende se conforme aux données généalogiques historiques à propos de la lignée paternelle, elle s'en éloigne singulièrement concernant la parenté maternelle du héros. En effet, l'ascendance d'Elias varie en fonction des textes. Selon le récit d'*Elioxe*, il est le fils du roi Lothaire de Hongrie, et d'une créature féérique prénommée Elioxe. Celle-ci prophétise avant la naissance de ses septuplés que l'un deux sera le conquérant de Jérusalem. C. Gaullier-Bougassas a parfaitement analysé les origines féériques du lignage de Bouillon en démontrant l'existence de liens mystérieux entre la féérie et la croisade, comme si la réussite de celle-ci devait être absolument réalisée par des héros qui appartiendraient à l'Autre Monde du fait de leur ascendance maternelle[30]. Cette ascendance féérique de Godefroy de Bouillon est conforme avec les mentalités contemporaines[31]. À ce titre, Georges Duby fut l'un des premiers a analysé comment l'écriture de récits généalogiques, en plein essor au XIIe siècle, a pu susciter l'invention d'ancêtres féeriques, dans des

29 Si Jean de Haute-Seille le relate à la fin du XIIe siècle sans le relier à la famille de Bouillon, son adaptateur en roman, Herbert, évoque comme une vérité établie une filiation désormais bien attestée au début du XIIIe siècle. *Cf.* Jean de la Haute-Seille, *Historia septem sapientum*, Heidelberg, 1913 et Herbert, *Le Roman de Dolopathos*, éd. J.-L. Leclanche, Paris, Champion 1997. *Cf.* également S. John, « Godfrey of Bouillon and the Swan Knight », *Crusading and Warfare in the Middle Ages : Realities and Representations. Essays in Honour of John France*, Farnham, Ashgate Publishing Limited, 2014, p. 129-142.

30 C. Gaullier-Bougassas, *Le Chevalier au Cygne à la fin du Moyen Âge*, *Cahiers de recherches médiévales*, n° 12 (2005) p. 115-146.

31 *Cf.* par exemple A. Guerreau-Jalabert, « Fées et chevalerie. Observations sur le sens social d'un thème dit merveilleux », *Actes des congrès de la Société des historiens médiévistes de l'enseignement supérieur public. XXVe congrès*, Orléans, 1994, p. 135-136 ; J. Devard, « La parenté médiévale au prisme de la féérie épique : la fiction comme nouveau territoire de l'histoire du droit (XIIe-XIIIe siècles) », *Revue historique de droit français et étranger* n° 3 (juillet-septembre 2015), p. 445-469.

chroniques familiales aristocratiques[32]. L'intervention du merveilleux dans le domaine généalogique avait pour fonction essentielle d'asseoir une lignée dans le temps en le rattachant à un ancêtre extraordinaire[33].

Toutefois cette première généalogie s'oppose à celle présentée dans le récit de *Beatrix* où Elias est le fils de Béatrix et du roi Oriant, et le petit-fils de Pierre de l'Illefort et de Matabrune par la branche paternelle. Or, d'après le nombre de manuscrits conservés des deux récits de la *Naissance du Chevalier au Cygne* (et aussi d'après ses mises en prose), c'est cette version qui a joui du plus large et plus durable succès. C'est donc cette généalogie qui était la plus connue. Or, lorsque nous parcourons les récits de la *Matière de France*, nous observons que Pierre de l'Illefort est un personnage appartenant à la sphère épique[34]. Selon l'auteur de *Gaufrey*, il est l'un des fils de Doon de Mayence :

> .I. roi fu le .IXᵉ., qui ot à nom Peron,
> Pere fu Oriant, qui fu de grant renon,
> Et puis ot .VII. enfans tous d'une nation :
> Le Chevalier o chisne o li cinq compengnon,
> Et une gentil dame qui fu de grant renon ;
> De chu lignage fu Godefroi de Billon[35].

Godefroy de Bouillon est donc par son aïeul maternel un Mayençais, et par son père un Carolingien. En somme, il est apparenté à deux des trois grandes « Gestes » de la *Matière de France*[36]. Nous pouvons nous interroger sur les raisons de cette parenté alors qu'historiquement Godefroy de Bouillon était doublement carolingien, ascendance attestée par exemple

32 *Cf.* G. Duby, « Hommes et structures du Moyen Âge I », *Qu'est ce que la société féodale*, Paris, Gallimard, p. 1047-1206.

33 Nous trouvons de nombreux exemples en France, mais également dans d'autres pays comme au Portugal. *Cf. Livro de linhagens do Conde D. Pedro*, éd. J. Mattoso, Lisbonne, Academia das Ciências de Lisboa, 1980.

34 *Cf.* J. Devard, *Parenté et Pouvoir(s) dans la* Matière de France *et le* Roman de Renart. *Approche socio-juridique de la représentation familiale aux XIIᵉ-XIIIᵉ siècles*, Poitiers, Thèse Dactylographiée, 2014.

35 *Gaufrey, chanson de geste publiée pour la première fois d'après le manuscrit unique de Montpellier*, éd. F. Guessard et P. Chabaille, Paris, Vieweg, 1859, p. 5.

36 Ce rattachement au *lineage* de Mayence est une donnée très prégnante, puisque on le retrouve également dans la chanson tardive de *Meurvin* datant du XVIᵉ siècle, où l'auteur raconte que le héros éponyme est le fruit des amours entre la fée Morgane et Ogier du Danemarche ainsi que le père d'Oriant. *Cf. Lhistoire du preux Meurvin filz de Oger le Dannoys*, Paris, Étienne Caveiller, Jean Longis, Pierre Sergent, 1540.

dans la *Chanson d'Antioche*[37]. Nous pouvons d'abord y voir une tentative des auteurs de se conformer aux réalités historiques : quand bien même la cité de Mayence ne faisait pas partie des possessions de Godefroy, sa proximité avec les fiefs de celui-ci, aidée par les connaissances géographiques aléatoires des trouvères, peuvent expliquer ce rattachement au lignage des seigneurs de Mayence.

De plus, cette double parenté est conforme avec la tradition épique. En effet à considérer l'intégralité des récits de la *Matière de France* des XIe-XIIIe siècle, par le biais des multiples unions entre les différents héros, les Carolingiens et les Mayençais sont apparentés au sein d'une même famille[38]. D'ailleurs l'existence de cette parenté existe dès la *Chanson de Roland*[39] à la fin du XIe siècle : Charlemagne n'a-t-il pas marié sa propre sœur, la mère de Roland, avec Ganelon, qui est présenté à la fin du XIIIe siècle comme le petit-fils de Doon de Mayence[40] ? Aussi surprenant que puisse être ce lien familial, les Mayençais étant souvent présentés sous les traits de rebelles ou de traîtres, cette généalogie cadre parfaitement avec sa double fonction de célébration et d'explication. Tout d'abord, il atteste de la valeur de Godefroy en glorifiant ses ancêtres qui lui ont transmis l'aptitude de conquérant : certes, les Mayençais n'étaient pas exempts de défauts, mais tous les trouvères les reconnaissaient comme étant des grands combattants[41]. De plus, ce lien de parenté permettait

37 *La Chanson d'Antioche*, éd. citée, v. 7436-7438 : « Miux voelent la bataille que or fin ne mangon ; / Et al seul ont eslit Godefroi de Buillon, / K'il est praus et delivres, del linage de Carlon. »

38 *Cf.* J. Devard, « La vision généalogique structurante de la *Matière de France* : quand la "geste" s'oppose au "cycle" », *Matière à débat*, Rennes, PUR, 2017, p. 289-303.

39 *Cf. La Chanson de Roland*, éd. C. Segre, Genève, Droz, 2003.

40 *Cf.* ensemble *Gaufrey*, éd. citée, et *Doon de Maience, chanson de geste publiée pour la première fois d'après les manuscrits de Montpellier et de Paris*, éd. A. M. Peÿ, Paris, Vieweg, 1859.

41 Bertrand de Bar-sur-Aube, *Le Roman de Girart de Viane*, éd. P. Tarbé, Reims, 1850, p. 2-3 : « Et l'autre après, bien est drois que je die, / C'est de Doon à la barbe florie, / Cil de Maiance qui tant ot baronie. / En son lignaige ot gens fière et hardie : / De tote France eussent seignorie, / Sé il ne fuissent plain de tel félonie. / De cel, où tant ot de boidie, / Fu Guénelons, qui par sa tricherie / En grant dolor mist France la garnie, / Dont furent mort entre gent paiennie / Li .XII. Per de France. / Si avés oï dire en mainte chanson / Que de la gent, qui fut de Guenelon, / Furent entraït maint chevalier bairon / Fier et hardi, et de molt grant renom. / Tùit seignor furent de France le reon : / Sans elz n'eust orgoil ne traïson. / Mais par orgoil, por voir le vos dison, / Est trebuchiés en terre maint haut hom, / Aussi com furent, de verté le savon, / Del ciel li Angle, qui por lour mesprison / Trebuchié gurent an infernation, / Où il n'auront jamais sé dolor non. / Dou ciel perdirent la sainte mantion / Par lour orgoil et par lour folison : / Et ausi firent li

de confirmer la place centrale de Godefroy dans la mission des croisades : dans *Doon de Mayence*, tous les fils du héros éponyme ne se donnent-ils pas pour mission de conquérir les terres des païens situés à l'est et au sud-est de l'empire carolingien[42] ? Dès lors, avec une telle ascendance paternelle, Godefroy était prédestiné à réussir la croisade, puisque généalogiquement il avait toutes les aptitudes pour conquérir Jérusalem. Ce faisant, en raison de l'importance de la généalogie comme élément structurant les récits de la *Matière de France*, le *Cycle des Croisades* se trouve intégré *de facto* à ce groupe de textes, surtout que parallèlement en épousant Parise, l'arrière petite-fille de Doon de Mayence, Raymond de Saint-Gilles se trouve également apparenté aux Mayençais[43], tandis que Tancrède, un autre héros prestigieux des croisades, est de son côté, rattaché au lignage des Aymerides, et plus largement au *lineage* des Monglane, l'une des trois autres grandes familles de la *Matière de France*[44].

LA RÉVISION DE LA VIE DE GODEFROY : UNE « LÉGENDARISATION » RELATIVE

Afin de donner un peu plus de prestige à la pâle figure de Godefroy, les trouvères vont également transformer sa vie pour lui octroyer une destinée plus héroïque, sans toutefois parvenir à en faire un personnage de premier plan. À considérer chronologiquement les récits composés au XIIe-XIIIe siècle suivant l'ordre d'édition de *The Old French Crusade Cycle*, Godefroy de Bouillon apparaît que dans cinq volumes sur huit. Dans un premier temps, il est le héros des *Enfances Godefroi*. Si ce récit le met incontestablement en avant en narrant ses premiers faits d'armes, et en faisant de lui un modèle de chevalier chrétien, il partage néanmoins le devant de la scène avec ses frères Eustache et Baudouin. Ce phénomène se poursuit dans la *Chanson d'Antioche*. Quand bien même nous le

---

parent Guenelon, / Qui tant estoient riche de grant renon, / Se il ne fuissent si plain de iraïson. / De cel lignage, qui ne fist sé mal non, / Est la seconde geste. »

42 En effet, si l'on en croit l'auteur de *Doon de Maience*, les fils de Doon de Mayence souhaitent déployer leur domination depuis Mayence, le berceau familial jusqu'en Russie, en passant par la Saxe, le Danemark, la Lorraine, la Hongrie et la Romanie. *Cf. Doon de Maience*, éd. citée, p. 345. Toutefois, les conquêtes narrées par l'auteur de *Gaufrey* s'avèrent être beaucoup plus réduites.

43 *Cf. Parise la Duchesse, chanson de geste du XIIIe siècle*, éd. M. Plouzeau, Aix-en-Provence, Cuerma, 1986.

44 *Cf. Les Enfances Rénier, chanson de geste du XIIIe siècle*, éd. D. Dalens-Markovic, Paris, Champion, 2009.

voyons, entre autre, conquérir Nicée[45], remporter la bataille de Dorylée[46] pour finir par mettre le siège devant Antioche, nous observons que ses exploits personnels sont concurrencés par ceux réalisés par Bohémond d'Antioche, Tancrède et même par Baudoin de Bouillon.

Le texte qui suit chronologiquement la *Chanson d'Antioche* est la *Chanson de Jérusalem.* Là encore, même si Godefroy accomplit des exploits héroïques exagérément magnifiées par rapport aux réalités historique, comme le fait de transpercer d'une seule flèche trois milans[47], rien ne le distingue véritablement des autres grands aristocrates francs jusqu'à la prise de la ville. La suite du récit raconte que les chrétiens se réunissent pour choisir le nouveau gouvernant de cette nouvelle terre. Le peuple désigne Godefroy de Bouillon qui décline cet honneur ne s'estimant pas digne. Puis le président de l'assemblée propose le pouvoir à tous les grands aristocrates présents qui refusent tour à tour, désirant retourner chez eux. On décide alors de recourir au jugement de Dieu : les barons se réunissent la nuit, dans l'église du Saint-Sépulcre, chacun portant un cierge à la main. À minuit, des phénomènes fabuleux se produisent à l'intérieur de l'église et lorsque les barons se relèvent seul le cierge de Godefroy frappé par la foudre est allumé. Dieu ayant manifestement fait son choix, Godefroy accepte le pouvoir mais refuse de porter une couronne d'or là où Jésus-Christ a porté une couronne d'épines. Il reçoit donc des mains du roi Tafur, une couronne faite de nard[48] : c'est ainsi que la légende explique les raisons pour lesquelles Godefroy ne porta pas le titre de roi. Cette élection divine, qui cadre parfaitement avec la symbolique du lieu, fait totalement partie du processus de « légendarisation ». D'ailleurs après son intronisation, Godefroy n'est-il pas au centre de phénomène merveilleux come l'illustre l'exemple de la venue d'un messager céleste lui apprenant le retour des Croisés prévenus miraculeusement pour défendre la cité ? Nous comprenons que l'imagination populaire frappée par ces grands évènements et pleine d'admiration pour Godefroy ait substitué de bonne heure cette élection divine à la simple élection par le conseil des barons dans les circonstances que nous avons déjà évoqué. Les suites de la *Chanson de Jérusalem* offrent à Godefroy de

45 *La Chanson d'Antioche*, éd. citée, v. 1600-1756.

46 *Ibidem*, v. 2758-2845.

47 *La Chanson de Jérusalem*, éd. citée, v. 1429-1440.

48 *Ibidem*, § 155-158.

Bouillon un rôle secondaire que ce soit dans la *Chrétienté Corbaran* ou dans *La Prise d'Acre*[49]. Finalement, il trouve la mort de façon fort peu héroïque dans *La Mort Godefroi*, empoisonné sur les ordres du patriarche de Jérusalem.

Bien que sa vie légendaire soit beaucoup plus dense que sa vie réelle, le personnage de Godefroy peine à s'extraire de la masse de nobles présents à ses côtés. Au fond, le processus de mythification s'est montré relativement limité pour divers motifs. Tout d'abord, les auteurs ne disposaient guère de matériaux initiaux propices à la création du mythe. De plus, leurs efforts rentraient en concurrence avec les tentatives de certains grands feudataires qui n'hésitèrent pas à attacher à leur service des thuriféraires professionnels, pour chanter leurs exploits afin d'accroitre leur renommée et celle de leur lignage respectif. Par ailleurs, il faut reconnaître que la « légendarisation » apparaît être un exercice difficile lorsqu'il n'existe qu'un court laps de temps entre l'objet ou la personne à mythifier et le début de la procédure. En effet, plus la mythification intervient tôt, plus elle se heurte à l'existence de témoins qui seront d'autant de grains de sable pouvant potentiellement enrayer les engrenages du processus. Or, dans le cas de Godefroy de Bouillon, la légende se mit de la partie quelques années à peine après la mort de celui-ci[50], c'est-à-dire à une époque où vivaient encore des personnes pouvant témoigner des réalités historiques. Ainsi, il serait erroné de penser que Godefroy de Bouillon disposait d'une bonne renommée consensuelle : dans les années où Albert d'Aix élaborait son œuvre dans le but de célébrer les hauts faits de Godefroy de Bouillon[51], Salomon Bar-Siméon, de son côté, n'hésitait pas à peindre un portrait au vitriol du duc de Basse-Lotharingie[52].

En définitive que ce soit dans la réalité ou dans la légende, le seul événement remarquable dans la vie de Godefroy de Bouillon demeure son élection inattendue à la tête de Jérusalem ; et c'est autour de cet unique

49 Le seul fait majeur est son mariage avec la sœur de Corbaran d'Oliferne, nommée Matrone dans la continuation courte et Florie dans la continuation longue.

50 *Cf.* J. Prawer, *Histoire du Royaume latin de Jérusalem*, *op. cit.*, p. 237.

51 *Cf.* Albert d'Aix, *Histoire des faits et gestes dans les régions d'Outre-mer*, *op. cit.*

52 *Cf.* La Chronique de Salomon Bar-Siméon publiée par Shlomo Eidelberg, *The jews and the crusaders, The Hebrew Chronicles of the First and Second Crusades*, 1978. Dans sa *Relation de Gzérot de 4856* composée au milieu du XIIe siècle, cet auteur campera un Godefroy de Bouillon assoiffé de sang poursuivant de sa haine le peuple juif.

événement que furent construites à la fois sa postérité et sa légende. Disparu rapidement après seulement une année de règne, l'« Avoué » du Saint-Sépulcre, brillant déjà d'une aura particulière, devint véritablement une figure tutélaire, auréolée de légende, celle du libérateur de la Chrétienté, à l'endroit même où Jésus-Christ souffrit le Calvaire, c'est-à-dire le point central originel où se cristallise l'imaginaire occidental. Dès lors, Godefroy de Bouillon est devenu le symbole même de l'impossible rêve accompli et son histoire ne cessa jamais d'occuper la pensée occidentale jusqu'à nos jours. Au-delà du temps et de l'espace, des fluctuations de mode et des différents supports médiatiques, Godefroy de Bouillon reste avant tout un homme, ou plutôt l'idée qu'on s'en fait. Héros national pour certains, figure médiocre ou incarnation de la cruauté pour d'autres, Godefroy de Bouillon cristallise sur sa personne toutes les aspirations de l'Occident chrétien médiéval en incarnant mieux que quiconque l'esprit des croisades dans tout ce qu'il avait à la fois de sublime et d'atroce.

Jérôme DEVARD
Université d'Orléans
CESFiMA-POLEN

LE CONTRÔLE DE LA FÉODALITÉ PAR LE ROI AU XIIe SIÈCLE

Les cas hiérosolymitain et siculo-normand

En 1932, John L. La Monte conclut son étude des institutions du royaume latin de Jérusalem en constatant que « *the weak kingdom of Jerusalem outlasted in point of time the strong Norman State of Sicily*[1] ». Le paradoxe, évident dans l'historiographie du début du XXe siècle, doit aujourd'hui être nuancé.

Dans les années 1950, les travaux de Jean Richard et de Joshua Prawer reviennent sur la vision traditionnelle du roi de Jérusalem, *primus inter pares*, sans envergure ni pouvoir effectif, dont l'existence n'est due qu'à la volonté de l'aristocratie souveraine de pourvoir le sommet de la pyramide féodale[2]. Prolongeant l'intuition de Maurice Grandclaude[3], ils critiquent la méthode de leurs prédécesseurs qui ont exploité les livres des *Assises de Jérusalem* sans tenir compte de leurs dates de rédaction et de l'origine sociale de leurs rédacteurs[4]. Il en a résulté la description d'une constitution aristocratique figée. Les deux Professeurs démontrent qu'au contraire, tout au long de son existence, la constitution du royaume évolue au gré des forces centripètes et centrifuges. Dans la première moitié du XIIe siècle, les premières l'emportent : loin d'être étouffés par l'aristocratie, les rois de la dynastie d'Ardenne-Anjou (1099-1185) sont détenteurs de *regalia* et gouvernent effectivement le royaume.

---

1 J. L. La Monte, *Feudal monarchy in the Latin kingdom of Jerusalem, 1100-1291*, Cambridge, Medieval Academy of America, 1932, p. 245.

2 J. Richard, *Le royaume latin de Jérusalem*, Paris, PUF, 1953, p. 67-91 ; J. Prawer, « Les premier temps de la féodalité dans le royaume latin de Jérusalem », *Revue d'histoire du droit*, vol. 22 (1954), p. 401-424.

3 M. Grandclaude, *Étude critique sur les Livres des Assises de Jérusalem*, Paris, Jouve, 1923.

4 *Cf.* par exemple G. Dodu, *Histoire des institutions monarchiques du Royaume latin de Jérusalem*, Paris, Hachette, 1894.

En parallèle, Léon-Robert Ménager, dans une étude magistrale de la conception du pouvoir royal en Sicile[5], bat en brèche l'idée d'un « État œuvre d'art[6] » siculo-normand forgée par les historiens du droit italiens du début du siècle dernier. Selon le Professeur aixois, la surinterprétation des représentations artistiques des monarques siculo-normands et l'utilisation sans précautions des *Assises d'Ariano* ont conduit ses illustres prédécesseurs à faire de Roger II (1130-1154) « le premier monarque absolu de l'Occident médiéval[7] ». Ce faisant, les historiens ont négligé l'élément féodal, pourtant prédominant à la cour sicilienne, afin de dresser le portrait romantique d'un souverain arabo-byzantin. La conclusion de Léon-Robert Ménager est autre : Roger II et ses successeurs sont constitutionnellement des rois occidentaux drapés dans un apparat oriental.

Les mouvements contraires de la recherche historique ont ainsi permis d'estomper le gouffre présumé infranchissable entre les deux monarchies. À Jérusalem comme en Italie méridionale, sont mises en place des royautés féodales[8], constitutions typiques de l'Occident du XIIe siècle, qui se caractérisent par l'agrégat de droits régaliens et de liens personnels[9]. En d'autres termes, le roi gouverne sans toutefois que sa souveraineté ne soit suffisamment établie pour lui permettre de s'extirper définitivement des chaînes de la féodalité[10]. Ces dernières lui imposent des limites juridiques dont la teneur varie en fonction de sa capacité à s'y soustraire ou non[11].

5 L.-R. Ménager, « L'institution monarchique dans les états normands d'Italie. Contribution à l'étude du pouvoir royal dans les principautés occidentales aux XIe-XIIe siècles », *Cahiers de civilisation médiévale*, II, 1959, p. 303-331 et 445-468.

6 L'expression est empruntée par les historiens du droit italien du début du XXe siècle à Jacob Burckhardt qui, en premier, l'utilisa pour qualifier le royaume de Sicile sous le règne de Fréderic II (1198-1240).

7 E. Caspar, *Roger II (1101-1154) und die Gründung der normannisch-sicilischen Monarchie*, Innsbruck, Wagner, 1904, p. 236. Cette idée sera reprise et développée par d'éminents chercheurs tel que A. Marongiù, « A Model State in the Middle Ages : The Norman and Swabian Kingdom of Sicily », *Comparative Studies in Society and History*, VI, 1964, p. 307-320.

8 E. Bournazel, « La royauté féodale en France et en Angleterre (Xe-XIIIe siècles) », *Les féodalités*, Paris, PUF, 1998, p. 390.

9 L. Halphen, « La place de la royauté dans le système féodal », *À travers l'histoire du Moyen Âge*, Paris, 1950, p. 266 *sq.*

10 Nous entendrons ici le terme féodalité seulement dans son acception juridique, c'est-à-dire comme un système institutionnel s'articulant autour de la vassalité et du fief. F. L. Ganshof, *Qu'est ce que la féodalité ?*, Paris, Tallandier, 2012 (rééd.), p. 17.

11 J.-F. Lemarigner, « Autour de la royauté française du IXe au XIIIe siècle », *Bibliothèque de l'école des chartes*, vol. 113 (1955), p. 18.

Les systèmes féodaux hiérosolymitain et siculo-normand présentent par ailleurs des similitudes dont la confrontation revêt, selon Claude Cahen, « une certaine éloquence[12] ».

Dans les deux cas, l'introduction de la féodalité résulte de la nécessité pour les conquérants de se doter d'armatures politiques et militaires adaptées au besoin de la conquête : on parle alors de « féodalité d'importation[13] ». Naturellement, dans ce processus, Croisés et Normands se réfèrent à leur région d'origine comme modèle institutionnel. Ainsi, en Orient et en Italie du Sud se développent des systèmes issus respectivement du Nord de la France, où un lent processus de restructuration et de consolidation des pouvoirs princiers est en marche au XIe siècle, et du duché de Normandie, qui connut plus tôt qu'ailleurs une organisation féodale vigoureuse et structurée[14]. Pour autant, l'importation n'est pas celle d'un système global mais de principes que les conquérants savent adapter aux nécessités locales.

Le processus de construction féodale diffère pourtant dans les deux cas. La féodalité sud-italienne se développe de manière désorganisée. Elle résulte de l'action de bandes normandes qui agissent de manière autonome. Au Nord, est créée la principauté de Capoue, au Sud, le duché de Pouilles dont le comté de Sicile se détache en 1071[15]. L'unification part de Sicile à l'initiative de Roger II dont la tâche sera de soumettre et d'uniformiser des systèmes qui se sont constitués indépendamment de lui.

Au contraire, le développement de la féodalité hiérosolymitaine est étroitement lié au roi. Au lendemain de la conquête de Jérusalem, le retour des grands seigneurs en Occident et l'établissement de chevaliers

---

12 C. Cahen, « La féodalité et les institutions politiques de l'Orient latin », *Oriente ed Occidente nel medio evo : Convegno di scienze morali, storiche e filologiche 27 maggio-1° giugno 1956*, Rome, Accademia nazionale dei Lincei, 1957, p. 189.

13 M. Bloch, *La société féodale*, Paris, Albin Michel, 2002 (réimp. 1939), t. II, p. 266; *cf.* J. Richard, « La féodalité de l'Orient latin et le mouvement communal : un état des questions », *Structures féodales et féodalisme dans l'Occident méditerranéen (Xe-XIIIe siècles), Actes du colloque de Rome (10-13 octobre 1978)*, Rome, École française de Rome, 1980, p. 651.

14 J. Yver, « Les premières instructions du duché de Normandie », *Settimane di studio del centro italiano di studi sull'alto medioevo*, XVI (1969), p. 299; G. Davy, *Le duc et la loi. Héritages, images et expressions du pouvoir normatif dans le duché de Normandie, des origines à la mort du Conquérant (fin du IXe siècle-1087)*, Paris, De Boccard, 2004, p. 125 *sqq.*

15 F. Chalandon, *Histoire de la domination normande en Italie et en Sicile*, Paris, A. Picard et fils, 1907.

de petite noblesse en Terre-sainte ont favorisé la liberté d'action royale[16]. Godefroy de Bouillon et ses successeurs ont pu façonner l'organisation féodale en fonction de leurs besoins et de ceux du royaume.

Les conditions pour la centralisation monarchique sont donc favorables en Orient. Pourtant, à la fin du XIIe siècle, alors que les Normands lèguent aux Hohenstaufen une organisation féodale totalement soumise à la royauté, le pouvoir royal hiérosolymitain s'efface définitivement au profit de l'aristocratie du royaume.

La comparaison des deux cas doit nous fournir les clés pour expliquer ces destinées opposées. Il ne s'agira pas de décrire les deux systèmes de façon exhaustive mais plutôt de sélectionner des pratiques caractéristiques des méthodes de gouvernement des deux royautés. Car là réside toute la différence. L'action des rois de Jérusalem, imprégnée du modèle français, se caractérise par la volonté du prince, qui n'a d'autorité que sur les terres de son domaine, de s'entourer d'hommes suffisamment forts personnellement dans leur ressort respectif pour conduire l'administration locale. Bien au contraire, la logique normande est fondée sur la toute puissance militaire d'un souverain soucieux d'éliminer tout pouvoir concurrent.

Ces méthodes entrainent des divergences significatives dans l'action royale concernant tant l'emprise du roi sur les hommes, que l'étendue des moyens de contrôle sur le fief.

L'EMPRISE DU ROI SUR LES HOMMES

Le fait de conquête a donné à la vassalité hiérosolymitaine une grande vigueur. C'est pourquoi les rois l'ont utilisée comme moyen de gouvernement privilégié. En Italie méridionale, la vassalité prend une place moins centrale et le roi lui associe des pratiques non-féodales.

Ces logiques se distinguent quant aux moyens de soumission de la pyramide vassalique au roi et quant à la teneur des droits que ce dernier concède à ses vassaux.

16 J. Prawer, « Les premier temps de la féodalité dans le royaume latin de Jérusalem », art. cité, p. 406 et J. Richard, *Histoire des croisades*, Paris, Fayard, 2012, p. 81-84.

LA SOUMISSION DE LA PYRAMIDE VASSALIQUE AU ROI

Jusqu'au règne d'Amaury (1152-1162), la connaissance de la nature juridique de l'hommage dû au roi de Jérusalem reste imprécise. Beugnot suggère dans son édition des *Assises de Jérusalem* que, dès le règne de Godefroy de Bouillon, les rois ont reçu uniquement de leurs vassaux l'hommage lige, c'est-à-dire l'hommage prioritaire sur tout autre engagement[17]. L'affirmation est d'autant plus tentante que dans le plus ancien des livres des *Assises de Jérusalem*, le *Livre au roi*[18], rédigé dans les dernières années du XIIe siècle, les vassaux directs du roi sont qualifiés exclusivement d'« *homes liges* ». Pourtant l'hommage prêté au roi ne connaît pas une appellation unique. Trois expressions sont utilisées : « *homage* », « *homage et ligesse* », et « *en chief la féauté et l'omage* ».

Ces variations lexicales sont-elles dues à un manque de précision de l'auteur ? Nous ne le pensons pas. D'autant plus que les occurrences de la première expression renvoient de manière quasi-exclusive à des législations antérieures à l'assise sur la *ligece* qui oblige vassaux et arrière-vassaux du roi à lui rendre l'hommage lige (environ 1163)[19]. Les deux dernières expressions sont utilisées dans des dispositions postérieures aux années 1160[20]. Or, comme le démontre Myriam Greilsammer, le *Livre au roi* est un coutumier de droit féodal rédigé à l'initiative du roi Aimery (1194-1205)[21]. Les disparités dans l'utilisation de ces expressions pourraient alors résulter des sources utilisées par l'auteur du *Livre au roi* lors de son travail de compilation. Cela signifierait qu'avant les années 1160, le roi n'a pas accepté exclusivement l'hommage lige. Il ne faut pas pour autant en déduire la fragilité de la position royale. La situation

---

17 *Assises de Jérusalem ou recueil des ouvrages de jurisprudence composés pendant le XIIIe siècle dans les royaumes de Jérusalem et de Chypre*, éd. A. A. Beugnot, Paris, Imprimerie royale, 1841, vol. I, p. 215 et 225.

18 *Le Livre au roi*, éd. M. Greilsammer, Paris, Académie des Inscriptions et Belles-Lettres, 1995.

19 *Cf.* M. Grandclaude, « Liste des assises remontant au premier royaume de Jérusalem (1099-1187) », *Mélanges Paul Fournier*, Paris, 1929, p. 329-345. Voir par exemple *l'Establissement* de Baudouin II sur la confiscation du fief dans *Le Livre au roi*, éd. citée, chap. 16 : « [...] *don il det service et homage au roi* ».

20 *Cf.* une assise attribuée au roi Aimery dans *Le Livre au roi*, éd. citée, chap. 5 : « [...] *si vient la reauté a la plus ainsnee, et a celuy ou a cele sont tenus les homes liges de faire homage et ligesse* ».

21 *Ibid.*, p. 87-89. *Cf.* M. Grandclaude, « Caractère du Livre au Roi », *Revue historique de droit français et étranger*, 5 (1926), p. 308-314.

du roi de Jérusalem à l'aube du XIIe siècle est bien plus favorable que celle de son homologue capétien. Nous le verrons, l'arsenal juridique dont disposait le roi sur ses vassaux dans les premières années du jeune royaume ne rendait pas nécessaire le recours à l'hommage lige.

Les règles concernant l'hommage se fixent durant le règne d'Amaury. Dans le but de limiter les actes arbitraires des seigneurs à l'égard de leurs vassaux, il promulgue l'assise sur la *ligece*. La pyramide vassalique s'uniformise. Désormais, les vassaux comme les arrière-vassaux devront l'hommage lige au roi. Les juristes du royaume parlent de « *ligesse* » ou « *d'homage par l'assise* ».

Une clause est insérée dans tout hommage dû au roi par laquelle le vassal s'engage « à garder et sauver [le roi] contre toutes créatures *(riens)* qui puissent vivre et mourir[22] ». À court terme, les effets du coup de force royal sont incontestables : le roi parvient à abaisser le pouvoir d'une haute aristocratie menaçante en brisant le principe classique du droit féodal selon lequel « le vassal de mon vassal n'est pas mon vassal ».

Désormais, en cas de conflit entre le roi et un seigneur, les vassaux de ce dernier sont tenus de lui rappeler leurs obligations envers le roi en ces termes :

> Sire, vous savez que nous sommes hommes-liges du chef-seigneur du royaume avant vous, c'est pourquoi nous ne devrons agir contre lui [...]. Aussi, nous vous prions et requérons que vous vous adressiez à lui et que vous lui demandiez qu'il vous *maint* par *l'esgart* de sa cour. Si vous ne le faites dans les 40 jours, nous vous abandonnerons et irons l'aider et le conseiller contre vous[23].

Une disposition similaire se retrouve dans le Sud de l'Italie comme nous le rapporte Alexandre de Telese dans son *Histoire du roi Roger*[24]. En 1135, le comte Rainulf d'Alife apprenant la fausse rumeur de la mort du roi se soulève et, très vite, le Nord du royaume s'embrase. Certains de ses vassaux s'associent à cette révolte rompant ainsi le serment de

---

22 Français modernisé. Jean d'Ibelin, *Le Livre des Assises*, éd. P. W. Edbury, Leiden, Brill, 2003, chap. 176. *Cf.* Philippe de Novare, *Le Livre de Forme de Plait*, éd. P. W. Edbury, Nicosia, Cyprus Research Centre, 2009, chap. 49 : « *il deivent le seignor garder et sauver contre toute rien qui puisse vivre ou morir* ». Paradoxalement, cette assise sera l'une des causes du déclin de la royauté. Voir J. Prawer, « La noblesse et le régime féodal du royaume latin de Jérusalem », *Le Moyen Âge*, 1959, p. 64-74.

23 Français modernisé. Jean d'Ibelin, *Le Livre des Assises*, éd. citée, chap. 176.

24 Alexandre de Telese, *Ystoria Rogerii regis Sicilie, Calabrie atque Apulie*, éd. L. De Nava et D. Clementi, Rome, Istituto storico italiano per il medio evo, 1991, liv. III, chap. 2.

fidélité qu'ils avaient prêté au roi. Le chroniqueur les qualifie alors de « parjures ». Selon lui, les vassaux du comte disposaient de quarante jours pour tenter de le convaincre de retourner dans l'obédience royale. Passé ce délai, ils étaient dans l'obligation de le soumettre par les armes.

Cette obligation, proche quant à son objet du cas hiérosolymitain, en est pourtant très éloignée. La différence tient à son fondement. À chaque étape de l'unification de l'Italie du Sud, Roger II exige de tous ses sujets un serment de fidélité[25].

La pratique trouve son origine en Normandie où les ducs ravivèrent le serment de fidélité carolingien éteint en *Francia Occidentalis* depuis le temps de Charles le Chauve[26]. Guillaume le Conquérant l'exporta en Angleterre lors de l'assemblée de Salisbury du 1er août 1086[27]. D'après la *Chronique anglo-saxonne*, le duc-roi convoqua « tous ceux qui tenaient une terre, de quelque seigneur qu'ils fussent les hommes ». Tous « lui jurèrent fidélité et s'engagèrent à être fidèle contre qui que ce soit[28] ». De cette manière, « le roi plaçait le pouvoir royal au-delà de la hiérarchie vassalique, tout en étant bien résolu à tirer du système féodal tout le parti possible[29] ».

Comme dans le royaume anglo-normand[30], le serment de fidélité demandé par Roger II et par ses successeurs implique implicitement une réserve de fidélité absolue en faveur du roi. Si un arrière-vassal s'engage auprès d'un seigneur, il ne le fait que *salva fidelitate regis*. Ainsi, lorsque les *proceres* de la principauté de Capoue prêtent hommage au nouveau prince en 1135, ils doivent sauvegarder leur fidélité à Roger II et à son fils aîné « qui est amené à lui succéder à la tête du royaume[31] ».

25 Ce fut par exemple le cas lors de l'assemblée de Melfi en 1129. *Cf. Ibid.*, I, 21. *Cf.* Falcon de Bénévent, *Chronicon Beneventanum*, éd. E. D'Angelo, Florence, Edizioni del Galluzzo, 1998, p. 104.

26 F. Lot, *Fidèles ou vassaux ? Essai sur la nature juridique du lien qui unissait les vassaux à la royauté*, Paris, Bouillon, 1904, p. 177 ; W. Kienast, *Untertaneneid und Treuvorbehalt in Frankreich und England, Studien zur vergleichenden Verfassungsgeschichte des Mittelalters*, Weimar, Hermann Böhlaus Nachfolger, 1952.

27 Le serment de fidélité au roi était par ailleurs déjà connu des anglo-saxons. *Cf.* W. L. Warren, *The Governance of Norman and Angevin England (1086-1272)*, Stanford, Stanford University Press, 1987, p. 25-55.

28 *Chronicon Saxonicum*, année 1086, trad. E. Bournazel, « La royauté féodale en France et en Angleterre (Xe-XIIIe siècles) », *op. cit.*, p. 424.

29 C. Petit-Dutaillis, *La monarchie féodale en France et en Angleterre*, Paris, Albin Michel, 1971 (rééd. 1933), p. 67.

30 M. de Bouard, *Guillaume le Conquérant*, Paris, Fayard, 1994, p. 428.

31 Alexandre de Telese, *Ystoria Rogerii regis Sicilie, Calabrie atque Apulie*, éd. citée, liv. III, chap. 32.

Finalement, la méthode employée par le roi de Jérusalem est purement féodale, et ne lui permet pas de s'élever au-dessus de sa place de « chef-seigneur ». Au contraire, le serment de fidélité général, dans le sens où il était compris par les Carolingiens, donne au roi de Sicile les moyens de dépasser progressivement le cadre vassalique. La différence tient à une conception plus accrue de l'État qui permit aux Normands de remplacer progressivement les liens personnels les unissant à leurs vassaux par des liens publics les unissant à leurs sujets.

LA TENEUR DES PRÉROGATIVES
CONCÉDÉES AUX VASSAUX

Les Croisés importent avec eux une féodalité revenue à sa forme primitive. Les conditions de la conquête impliquent un lien personnel vigoureux qui, juridiquement, constitue la cause exclusive de l'engagement vassalique[32].

L'extension territoriale et la stabilisation de la situation du royaume permettent aux Baudouin (1100-1131) de transposer les liens personnels les unissant à leurs vassaux sur le plan territorial. Les seigneuries se forment progressivement avec à leur tête des hommes-liges qualifiés également de « *barons et terriers* » dans les différents livres des Assises. La carte féodale se fixe autour de 1160. D'après le *Tractatus de locis et statu sancta terre* rédigé entre 1168 et 1176 :

> Les principaux Barons du royaume sont le seigneur de Beyrouth, le seigneur de Sidon, le seigneur d'Haifa, le seigneur de Césarée, le seigneur de Tibériade qui est également le prince de Galilée, le comte de Jaffa et d'Ascalon, le seigneur de Montréal et de toutes les terres d'Outre-Jourdain, le seigneur d'Ibelin, le seigneur d'Arsouf et le seigneur de Bethsan. Jérusalem, Tyr, Acre et Naplouse appartiennent directement au roi[33].

La création des seigneuries ne doit pourtant pas être perçue comme un signe de faiblesse monarchique. Bien au contraire, elle constitue en réalité une manifestation de l'action royale en réponse aux nécessités militaires et administratives d'un royaume sensiblement exposé. Aux

---

32 F. L. Ganshof, *Qu'est ce que la féodalité ?*, *op. cit.*, p. 248-250.

33 B. Z. Kedar, « The Tractatus de locis et statu sancta terre », *The Crusades and their Sources. Essays Presented to Bernard Hamilton*, Aldershot, Ashgate, 1998, p. 123-131. Pour l'étude détaillée des seigneuries hiérosolymitaines, voir J. Prawer, « La noblesse et le régime féodal du royaume latin de Jérusalem », *Le Moyen Âge*, 1959, p. 41-74.

fiefs concédés sont attachées des prérogatives en matière financière et judiciaire. Il s'agit pour le roi de s'entourer d'agents territoriaux lui étant personnellement liés. Les feudataires sont alors détenteurs d'une charge, un *honor*, au sens où l'entendaient primitivement les Carolingiens. Cette conception se retrouve en Italie du Sud où les comtes, comme en Normandie, font partie intégrante de l'administration territoriale.

En revanche, la teneur des prérogatives que le roi concède à ses vassaux diffère fortement en Italie et à Jérusalem. Prenons l'exemple de la justice, indicateur par excellence de la vigueur monarchique au Moyen Âge.

Les dispositions du parlement de Naplouse reflètent la capacité d'intervention royale en matière de justice en 1120. La *curia regis* se réserve une compétence personnelle active s'agissant des cas de vols commis au sein d'une seigneurie par un mineur ou par un baron[34]. Progressivement, le roi perd sa capacité d'action à mesure que les seigneuries s'émancipent de la tutelle royale. À la fin du XIIe siècle le processus d'émancipation est achevé. Les prérogatives des barons en matière judiciaire décrites dans le *Livre au roi* ne laissent plus aucune place au monarque. Désormais, « les barons du royaume et tous les terriers » rendent la justice à tous ceux qui vivent dans leur seigneurie et « peuvent juger et pendre et abattre (*desfaire*) tous les malfaiteurs qui méfont en leur terre[35] ». L'auteur nous donne ici la définition de la haute justice, c'est-à-dire la justice en matière de crimes sanctionnés par la peine de mort, que le roi se réserve dans toute royauté exerçant une autorité sérieuse. En d'autres termes, à l'aube du XIIIe siècle, les barons détiennent le monopole de la justice au sein de leur circonscription[36].

Ce mouvement vers l'autonomie des seigneuries a été contenu en Italie méridionale. Si les comtes détiennent des prérogatives judiciaires,

---

34 Chapitre XXIV : *Si quis furtum fecerit, et infra annos fuerit, custodiatur, donec in curia regis provideatur quid de eo sit agendum*. Chapitre XXV : *Si quis Baronum, hominem sui comparis in latrocinio cepit, membris non comminatur sed in curiam ad judicandum mittatur*, J. D. Mansi, *Sacrorum Conciliorum nova et amplissima collectio*, Venise, 1776, t. XXI, p. 261 *sq.*

35 *Le Livre au roi*, éd. citée, chap. 39.

36 Jean d'Ibelin fournit une liste de vingt seigneurs, roi compris, « *qui ont cort et coins et justise* ». Ces seigneurs avaient suffisamment de vassaux pour tenir une cour féodale, détenaient une bulle de plomb pour sceller leurs actes et avaient le droit de punir les malfaiteurs. *Cf.* Jean d'Ibelin, *Le Livre des Assises*, éd. citée, chap. 236. *Cf.* également J. Richard, « Les listes de seigneuries dans le livre de Jean d'Ibelin », *Revue historique de droit français et étranger*, 1954, p. 566.

Roger II les limite à la justice inférieure. Le roi se réserve la haute justice qui concerne essentiellement les cas d'homicide, d'incendie, de vol avec effraction, de brigandage et de viol, ainsi que les cas de lèse-majesté[37]. À partir de 1140[38], des agents royaux inspirés des *kritai*[39] byzantins, sont chargés de rendre la justice royale dans les différentes provinces de la péninsule italienne : les *iustitiarii* (justiciers)[40].

L'institution, sommaire durant le règne de Roger II, se précise avec Guillaume II. De manière générale, les justiciers sont recrutés au sein de la petite aristocratie, et plus rarement parmi les comtes. Leur circonscription englobe toujours des terres qu'ils tiennent en fief. De cette manière, le roi parvient à intéresser les barons au gouvernement local en les faisant exercer la justice, en son nom, sur des terres où ils ont des intérêts.

Finalement, la volonté des rois de Jérusalem de disposer d'hommes suffisamment forts localement pour gouverner les différentes provinces du royaume les a amenés à faire des grands seigneurs de véritables concurrents au sein de leur seigneurie. Là encore, les Normands se démarquent par leur capacité à mêler éléments féodaux et non-féodaux, ce qui leur a permis de canaliser les aspirations de la noblesse à l'autonomie.

---

37 E. Jamison, *The Norman Administration of Apulia and Capua. More especially under Roger II and William I (1127-1166)*, Aalen, Scientia verlag, 1987 (réimp. 1913), p. 334 ; C. Cahen, *Le régime féodal de l'Italie normande*, Paris, Geuthner, 1940, p. 113.

38 L'institution est attestée dès 1136 dans certaines provinces de la péninsule. *Cf.* H. Takayama, *The Administration of the Norman Kingdom of Sicily*, Leiden, Brill, 1993, p. 77-78. Il faut toutefois attendre 1140 pour que Roger II la généralise. Romuald de Salerne, *Chronicon sive Annales*, éd. C. A. Garufi, Città di Castello, 1935, p. 226 : *Rex autem Roggerius in regno suo perfecte pacis tranquillitate potitus, pro conseruanda pace camerarios et iustitiaros per totam terram instituit.*

39 Le *kritès* est le juge du thème byzantin. À l'arrivée des Normands, la fonction est attestée dans les Pouilles et en Calabre. H. Glykatzi-Ahrweiler, « Recherches sur l'administration de l'empire byzantin aux IXe-XIe siècles », *Bulletin de correspondance hellénique*, 84 (1960), p. 67-78.

40 Sur l'origine des justiciers, voir. E. Jamison, *The Norman Administration of Apulia and Capua. More especially under Roger II and William I (1127-1166), op. cit.*, p. 303 et J.-M. Martin, « L'empreinte de Byzance dans l'Italie normande. Occupation du sol et institutions », *Annales HSS*, Juillet-août 2005, n°4, p. 759-762.

L'EMPRISE DU ROI SUR LE FIEF

Depuis le xe siècle, le fief supplante l'élément personnel comme cause de l'engagement féodo-vassalique. Les obligations du vassal, en particulier le service militaire, lui sont alors attachées. C'est pourquoi le fief fait l'objet d'un contrôle vigoureux qui ne se traduit pas de la même façon en Orient et en Italie méridionale. Cela se remarque tant dans les modalités de sa transmission, que dans l'étendue des possibilités de sa confiscation.

L'ENCADREMENT DE LA TRANSMISSION DU FIEF

Une fois encore, l'ordre normand fait son œuvre. En 1142, durant l'assemblée de Silva Marca, Roger II uniformise le statut des fiefs tenus par ses vassaux et ses arrière-vassaux[41]. Ces fiefs, appelés *feuda quaternata* ou fiefs enregistrés ont la particularité d'être soumis à un service militaire direct au roi[42]. Ils font en conséquence l'objet d'un contrôle royal rigoureux[43]. Dans cette perspective, une enquête féodale de grande ampleur est ordonnée par le roi dans les années 1150[44]. En ressort le *Catalogus baronum*[45], registre répertoriant avec précision le service militaire dû par 3453 fiefs du *Mezzogiorno*, Calabre exceptée. Pour tenir le *Catalogus* à jour, le roi institue la *dohana baronum* qui est également chargée du traitement des affaires féodales dans la péninsule[46].

Armé de cette lourde administration, le roi parvient à imposer un contrôle oppressant sur les *feuda quaternata*. La règle est simple : toute action qui concerne un fief enregistré doit être soumise à l'autorisation royale. Une assise d'Ariano reprise dans les *Constitutions de Melfi*, prohibe

41 E. Jamison, « Additionnal work on the *Catalogus baronum* », *Bullettino dell'Istituto storico italiano per il Medio Evo e Archivio Muratoriano*, 83 (1971), p. 15-16.

42 Comme en Normandie, le service militaire est fixé à 40 jours.

43 G. Giordanengo, « Les féodalités italiennes », *Les féodalités*, *op. cit.*, p. 231.

44 Il est probable qu'Henry II Plantagenet se soit inspiré de l'action de Roger II lorsqu'il lança son enquête féodale en 1166. C. Cahen, *Le régime féodal de l'Italie normande*, *op. cit.*, p. 116.

45 *Catalogus Baronum*, éd. E. Jamison, Rome, Istituto storico italiano, 1972.

46 H. Takayama, *The Administration of the Norman Kingdom of Sicily*, *op. cit.*, p. 145-155.

« l'aliénation, la concession, la vente ou la diminution » d'un fief enregistré sans l'autorisation de la *curia regis*[47].

De tous les moyens de contrôle, il en est un autour duquel se cristallisa le mécontentement de l'aristocratie. Une constitution de Guillaume Ier (1154-1166) soumit le mariage des nobles à l'autorisation royale. Cette mesure était justifiée par le changement de possesseur qui pouvait résulter d'une constitution de dot ou de douaire sur le fief. Le chroniqueur Hugues Falcand rapporte que « sans la permission de la cour, la noblesse n'avait aucune possibilité de contracter mariage et cette permission était difficile à obtenir au point que certaines femmes ne pouvaient se marier qu'au moment où leur âge rendait peu probable la naissance d'un héritier alors que d'autres, condamnées à une éternelle virginité, décédaient sans l'espoir de se marier[48] ». La révolte aristocratique provoquée par cette mesure fut toutefois écrasée et la constitution continua d'être appliquée jusqu'au règne de Frédéric II[49].

Une telle systématisation ne se retrouve pas à Jérusalem. Deux types de fiefs apparaissent dans les sources. Les plus nombreux sont les *fiefs en besant*, rentes assignées sur des revenus fiscaux[50]. Les fiefs fonciers sont qualifiés de *fiés en terre* ou *fiés en casau*. Leur taille et l'étendue des attributions qui leur sont attachées déterminent le statut ou non de seigneurie.

Le contraste avec la rigueur normande est saisissant. Les premiers rois sont mus par deux nécessités. D'une part, ils cherchent à attirer les

---

47 *Cf.* le chapitre IV des *Assises d'Ariano*, éd. F. Brandileone, *Il diritto romano nelle leggi normanne e sveve del Regno di Sicilia*, Rome, 1884. *Cf. Liber Augustalis*, liv. III, chap. V.

48 H. Falcand, *Le livre du royaume de Sicile. Intrigues et complots à la cour normande de Palerme (1154-1169)*, éd. et trad. E. Turk, Turnhout, Brepols, 2011, p. 163.

49 Richard de San Germano, *Chronica*, éd. C. A. Garufi, Bologne, Zanichelli, 1937, p. 92 : *Precipimus quod nullus comes vel baro matrimonium contrahat sine licentia nostra, nisi secondum consuetudinem regis Guillelmi. Cf. Liber Augustalis*, liv. III, chap. XXIII, 1 : *Honorem nostri dyadematis debitum conservantes, presenti constitutione sacimus ubique per regnum, ut nullus comes, baro vel miles vel quilibet alius, qui baronias, castra vel feuda in capite a nobis teneat vel ab alio, que in quaternionibus doane nostre inveniuntur in scriptis, sine permissione nostra uxorem ducere audeat, maritare filias, sorores aut neptes vel quaslibet alias…*

50 C. Cahen remarque que les Croisés trouvèrent à leur arrivée des institutions proches du *fief en besant* : la *pronoïa* et l'*iqṭāʿ*. Ces pratiques, respectivement byzantine et musulmane consistaient avec quelques différences de fond en des concessions par l'État des revenus fiscaux d'une terre en échange d'un service militaire. *Cf.* C. Cahen, « La féodalité et les institutions politiques de l'Orient latin », art. cité, p. 179-181.

chevaliers en Terre-sainte. Ainsi, l'assise de la *tenure d'an et jour* établit une prescription acquisitive sur le fief passé le délai d'un an et un jour[51]. D'autre part, ils veulent optimiser le service militaire en fournissant des fiefs à un maximum de chevaliers. C'est pourquoi jusque dans les années 1130, le cumul de fiefs était interdit[52].

De manière générale, les *Assises de Jérusalem* attribuent les mêmes moyens d'action au roi qu'à tout seigneur du royaume. Les pouvoirs qui lui sont réservés relèvent plus de la suzeraineté du chef-seigneur que de la fonction de roi. Les techniques dont il dispose ne dépassent pas le cadre du droit féodal. Ainsi, la vente d'un fief ou d'une partie de celui-ci doit être soumise à l'autorisation du roi en sa qualité de seigneur[53]. Comme tout seigneur du royaume, il peut également tirer parti du retrait féodal. Cette technique permet au roi de se substituer à l'acheteur d'un fief dans les quinze jours suivant la vente et de le recouvrer sous réserve d'en rembourser le prix[54].

Autre moyen que peut exploiter le roi, et qui s'avéra utile dans les premières années du royaume, celui du retour du fief dans le domaine royal en cas de décès d'un vassal sans héritier[55]. La pratique devint toutefois plus rare à partir des années 1130, quand la couche supérieure de l'aristocratie commença à s'implanter, et à être en capacité d'imposer ses volontés au roi.

Cette évolution se remarque particulièrement en matière de mariage. Jusqu'au milieu du XIIe siècle, le roi pouvait marier d'autorité la fille ou

51 Guillaume de Tyr attribue cette assise à Godefroy de Bouillon ; Guillaume de Tyr, *Histoire des croisades*, éd. M. Guizot, Paris, J.-L.-J. Brière, 1824, liv. IX, chap. 19 : « [Les retours en Occident] provoquèrent l'édit par lequel la prescription annuelle fut établie, pour favoriser les intérêts de ceux qui persévérant dans leurs efforts de patience, auraient conservé sans contestation et sans trouble une propriété quelconque pendant un an et un jour. Il fut rendu en haine de ceux que la crainte poussait à abandonner leurs possessions, afin que s'ils revenaient plus d'une année après leur départ, ils ne fussent plus admis à revendiquer ce qu'ils avaient laissé ». *Cf.* Jean d'Ibelin, *Le Livre des Assises*, éd. citée, appendice 3.2.1 à 3.2.3 et Philippe de Novare, *Le Livre de Forme de Plait*, éd. citée, chap. XI.

52 Jean d'Ibelin, *Le Livre des Assises*, éd. citée, chap. 134 et 169 ; Philippe de Novare, *Le Livre de Forme de Plait*, éd. citée, chap. 54 et 57. Voir également E. Meynial, « De quelques particularités des successions féodales dans les Assises de Jérusalem », *Nouvelle revue historique de droit français et étranger*, vol. 16 (1892), p. 408-426.

53 *Le Livre au roi*, éd. citée, chap. 44.

54 *Ibid.*, chap. 45 ; Philippe de Novare, *Le Livre de Forme de Plait*, éd. citée, chap. 32.

55 S. Tibble, *Monarchy and Lordships in the Latin Kingdom of Jerusalem, 1099–1291*, Oxford, Clarendon Press, 1989, p. 6.

la veuve d'un de ses vassaux décédés à une personne qu'il choisissait[56]. L'opposition aristocratique permit de faire évoluer la règle en étendant le choix à trois prétendants du même rang social, ce qui revenait à limiter la marge de manœuvre du roi[57].

Contrairement au roi de Sicile, le roi de Jérusalem ne dépasse pas son rôle de « chef-seigneur ». Ses pouvoirs sur le fief ne s'écartent pas du droit féodal. Ses capacités limitées, associées au caractère moins contraignant de la législation hiérosolymitaine, n'ont pu contenir le développement d'une aristocratie puissante.

LA CONFISCATION DU FIEF

En cas d'inexécution de ses obligations par un vassal, le roi de Jérusalem peut recourir à la sanction la plus grave que prévoit le droit féodal hiérosolymitain : la confiscation du fief. Une dizaine de comportements rendant le vassal indigne de son fief sont énumérés dans le *Livre au roi*[58]. Dans ces cas, la Haute Cour composée des *homes liges* du roi et *a fortiori* des pairs du vassal félon décide par délibération la confiscation du fief. La procédure ne s'écarte donc pas du droit féodal classique et garantit le vassal contre l'arbitraire du seigneur en posant deux conditions : l'inexécution d'une obligation féodo-vassalique, le jugement par les pairs du vassal réunis au sein de la cour du seigneur.

Le caractère judiciaire de la confiscation n'est pourtant pas absolu. Jusqu'à la promulgation de l'assise sur la *ligece* qui l'abrogea implicitement[59], l'*Establissement* de Baudouin II permet au roi de Jérusalem de « *deseriter ses homes liges sans esgart de cort* » dans douze cas[60].

Six relèvent de la félonie[61] : la désertion, le refus d'obéissance au *seignor*, la révolte armée contre lui, l'aide apportée au roturier contre

56 *Le Livre au roi*, éd. citée, chap. 30 ; Philippe de Novare, *Le Livre de Forme de Plait*, éd. citée, chap. 68 ; Jean d'Ibelin, *Le Livre des Assises*, éd. citée, p. 199 ; Guillaume de Tyr, *op. cit.*, liv. XXI, chap. 13.

57 J. Prawer, « La noblesse et le régime féodal du royaume latin de Jérusalem », *Le Moyen Âge*, 1959, p. 56.

58 *Le Livre au roi*, éd. citée, chap. 7, 8, 21-24, 29-33 et 52.

59 J. Prawer, « La noblesse et le régime féodal du royaume latin de Jérusalem », art. cité, p. 64-74.

60 *Le Livre au roi*, éd. citée, chap. 16.

61 Ces cas concernent exclusivement les liens féodo-vassaliques. Il est d'ailleurs révélateur que le roi y soit qualifié de *seignor*.

lui, la cession d'un fief aux « Sarrasins », l'alliance avec les « Sarrasins » en vue de rentrer en possession de sa terre confisquée[62].

Plus intéressants sont les six autres car ils visent à protéger « *les droitures dou roi* » et les intérêts du royaume. Pour la première fois, le roi de Jérusalem sort du cadre purement féodo-vassalique. Ainsi, entraînent la confiscation sans jugement : la trahison, la frappe de fausse monnaie, la tentative d'empoisonnement contre la personne du roi ou un membre de sa famille, la construction d'un port ou de navires sans autorisation, l'usurpation du monopole de monnaie et l'apostasie. Cette seconde catégorie est révélatrice d'une idée assez avancée de la fonction royale et constitue, selon Joshua Prawer, « une nouveauté inattendue avant 1130[63] ».

La conception se retrouve une décennie plus tard en Italie méridionale où elle est perfectionnée sous l'influence du droit romain. Les cas de la seconde catégorie incriminée par l'*Establissement* de Baudoin II se retrouvent dans les *Assises d'Ariano* et sont expressément assimilés au crime de lèse-majesté[64]. La confiscation est alors prévue comme une peine complémentaire à la peine capitale. Les possibilités normandes sont toutefois plus larges et laissent au roi une plus grande marge de manœuvre. Le procès de Richard de Molise constitue un exemple intéressant du caractère implacable de la législation siculo-normande en matière de confiscation. En 1167, le comte fut traduit devant la *curia regis* pour détention d'un fief sans autorisation royale. La *curia* prononça la confiscation de cette terre, ce qui conduisit le comte à contester le jugement. Ce faisant, il se rendit coupable d'un crime plus grave, assimilé au sacrilège dans les *Assises d'Ariano*, et fut condamné à être dépossédé de toutes ses terres et de sa tête[65].

Les possibilités d'action, plus nombreuses, entraînèrent une utilisation plus systématique de la confiscation en Italie du Sud où elle fut un

62 Selon Jean Richard, ce cas fut ajouté après qu'Hugues du Puiset, menacé de confiscation par le roi Foulques, eut fait garder le comté de Jaffa par des contingents égyptiens. *Cf.* J. Richard, *Le royaume latin de Jérusalem*, *op. cit.*, p. 69.

63 J. Prawer, « Étude sur le droit des Assises de Jérusalem : droit de confiscation et droit d'exhérédation », *Revue historique de droit français et étranger*, 39 (1961), p. 538.

64 *Assises d'Ariano*, éd. citée, chap. IV, XVIII et XX-XXIII.

65 Hugues Falcand, *Le livre du royaume de Sicile. Intrigues et complots à la cour normande de Palerme (1154-1169)*, *op. cit.*, p. 316-317. *Cf. Assise* XVII : *Disputari de regis iudicio, consiliis, institutionibus, factis non oportet. Est enim per sacrilegio* [...] Sur les influences romaines des Assises *cf.* « The *Constitutiones* of King Roger II of Sicily in Vat. lat. 8782 », dans *Rivista Internazionale di diritto comune*, 21 (2010), p. 35-54.

véritable outil de gouvernement. Sans doute, la noblesse sud-italienne fut-elle également plus turbulente que son homologue hiérosolymitaine et offrit-elle au roi davantage d'occasions.

En effet, Roger II et son fils Guillaume Ier doivent chacun faire face à d'importantes révoltes au début de leur règne (1127-1140 et 1160-1162). Dans tous les cas, la pacification s'accompagne d'une importante campagne de confiscations qui donne au roi la possibilité de modifier sensiblement la carte féodale du royaume.

Certains comtés rebelles, comme Montescaglioso, sont conservés dans leur intégrité et seul le comte est remplacé par un vassal loyal, souvent membre de la famille royale. D'autres, comme le comté du Principat, sont transformés en circonscription militaire gérée par un connétable nommé par le roi. Dans ces cas, les vassaux de l'ancien comte deviennent vassaux directs du roi. Enfin, le roi réorganise les comtés restants et les fractionne pour en créer de nouveaux. Il résulte de cette politique une carte féodale propre au duché de Normandie, se caractérisant par l'absence de grandes seigneuries et par l'existence quasi-exclusive de fiefs composés de morceaux discontinus et enchevêtrés répartis en « taches de léopard[66] ».

La confiscation n'est pas utilisée de manière aussi radicale dans le royaume de Jérusalem. L'exemple le plus connu est celui des confiscations ordonnées par Foulques d'Anjou à la suite des révoltes qui gangrenèrent le début de son règne. En 1132, le roi confisqua la seigneurie d'Outre-Jourdain à Romain du Puy et la concéda à l'un de ses officiers, Payen le Bouteiller. Par ailleurs, Hugues II du Puiset fut dépossédé du comté de Jaffa qui réintégra le domaine royal jusqu'en 1151[67].

Si les outils dont disposaient les rois de Jérusalem leur permirent un temps d'utiliser la féodalité à leur profit, ils ne purent empêcher la constitution de seigneuries indépendantes, tenues par des lignages fermement implantés, qui muselèrent la monarchie.

Cela fut évité en Italie méridionale pour deux raisons. La première tient à la supériorité des pratiques féodales normandes. En effet, les

---

66 S. Pollastri, *Le lignage et le fief. L'affirmation du milieu comtal et la construction des états féodaux sous les Angevins de Naples (1265-1435)*, Paris, Publibook, 2011, p. 85.

67 S. Tibble, *Monarchy and Lordships in the Latin Kingdom of Jerusalem, 1099–1291*, *op. cit.*, p. 38-40.

Normands importèrent une conception organique de la féodalité qui précédait d'un siècle le modèle français. La seconde tient à la capacité des Normands d'assimiler des traditions indigènes. Ils disposaient ainsi de moyens d'action non-féodaux qui leur permirent de contrebalancer la puissance aristocratique.

Ahmed DJELIDA
CEIR
Université de La Rochelle

L'IMAGE DE LA FÉODALITÉ DANS L'*HISTORIA ORIENTALIS* DE JACQUES DE VITRY

Les premiers mots qui ouvrent le texte médiéval, sont souvent le porche lumineux où l'écrivain nous offre la signifiance de l'œuvre. Ils sont aussi la justification du titre que les mss donnent à l'ouvrage qu'ils transmettent, titre, on le sait, bien moins souvent imputable à « l'auteur » qu'à ses lecteurs – autrement dit, avant tout à ses copistes. Ainsi donc l'*Historia orientalis sive Historia Ierosolimitana abbreviata*[1] débute-t-elle par les mots *Terra sancta Promissionis.* Et tel est le pro-gramme de l'auteur, il va centrer son récit sur un espace donné par Dieu, car toute promesse implique son destinataire, comme tout don, son bénéficiaire. Le vent eschatologique peut souffler sur les déserts et les villes de la Terre Sainte, cette terre n'existe que pour les hommes que Dieu y a conviés. L'*Histoire orientale* est bien une histoire humaine, car pour Jacques de Vitry, Dieu bâtit avant tout de « pierres vives, ce sont hommes ».

Hommes donc, inscrits dans l'Histoire que le texte déroule. S'il ne faut jamais oublier la distinction essentielle que donna jadis Bernard Guénée afin de différencier l'histoire et la chronique[2], vers les années

1 La traduction du texte latin de l'*Historia Orientalis* est mienne, renvoyant donc à Marie-Geneviève Grossel : Jacques de Vitry, *Traduction annotée de l'Histoire Orientale de Jacques de Vitry*, Paris, Champion, 2005, citée sous la forme *Histoire Orientale.* Le texte latin est celui du ms. suivi dans Jacobi de Vitriaco, *Libri duo, quorum prior Orientalis*, éd. F. Moschus, Douai, 1597, accessible sur le site Gallica ; j'ai recouru aussi, le cas échéant, à Jean Donnadieu, Jacques de Vitry, *Histoire orientale, Historia orientalis*, Turnhout, Brepols, 2010 ; pour la traduction en prose romane, copiée dans le ms. BnF fr. 17203, on la consulte également sur le site Gallica, Claude Buridant en a procuré une édition richement annotée, *La traduction de l'Historia Orientalis de Jacques de Vitry*, édition, traduction notes et glossaire, Paris, Klincksieck, Bibliothèque française et romane. Série B. Éditions critiques de textes 19, 1986, citée sous la forme *La traduction de l'Historia.*

2 B. Guénée, « Histoire, annales, chroniques. Essai sur les genres historiques au Moyen Âge », *Ann.* 1973, p. 997-4016, repris dans *Histoire et culture historique dans l'Occident médiéval*, Paris, Aubier, collection historique, 1980, chapitre I « Définir l'Histoire ».

1225 où l'on situe généralement notre livre, les deux termes ont déjà un assez long usage pour que leurs frontières soient devenues fort poreuses, mais aussi pour que bien d'autres registres – littéraires ceux-là – alors en plein essor, profilent leurs réussites à la mémoire immédiate de l'écrivain contemporain. Il paraît donc nécessaire de cerner le mieux possible ce que fut le dessein de Jacques de Vitry en écrivant son texte, une réponse que l'on ne peut trouver que dans et par le texte. Mais on ne doit pas davantage oublier à qui se destine ce texte, puisqu'aussi bien il est écrit pour l'horizon d'attente de lecteurs qui peuvent même l'avoir commandité et dont l'auteur partage naturellement la *Weltanschauung*.

C'est pourquoi, dans une analyse qui veut se pencher sur une image, celle de la féodalité, j'ai pensé qu'il serait bon de lire à la fois l'*Historia orientalis*, telle qu'en elle-même le latin nous la donne, et sa traduction en langue romane dans un manuscrit dont la langue est sans conteste de Flandre, un manuscrit qui suit de peu la mort de l'évêque d'Acre, le BnF fr. 17203 ; cette traduction se trouve en effet dans un manuscrit-recueil, autrement dit un ms. dont les œuvres ont été réunies en vue d'une logique interne, clairement identifiable à celle du commenditaire, qui devait être un noble seigneur très attaché à la cause que défendait Jacques de Vitry. Il nous fournit ainsi un guide autorisé, servi par un traducteur exact à rendre le texte et intelligent à le comprendre.

Comme nombre de manuscrits, le ms. BnF fr. 17203 nous est parvenu mutilé : le texte du translateur s'arrête avant la fin du Livre I, par suite de la perte de nombreux folios. On ne peut tirer de conclusions sûres du fait que le copiste a donné (avant la table des chapitres) le Prologue où sont annoncées les parties du récit :

> Cest livre, je l'ai parti en .iii. parties, ou premerain livre, l'estoire de Jhérusalem [...] je l'ai escrite [...] et les diverses manieres des habitans des cités [...] por avoir mellour connissance et plus grant habundance de preecier. Ou secunt livre l'estore de nos tans en Occident [...] et en la fin plainement dou porfit dou pelerinage. Au tierc livre [...] des choses puis le concile dou Latren [...] que Jhesu Cris a fait en l'ost des Crestiens dusques a le prise de Damiete si com je meïsmes le vi a mes eus, je l'ai commencié a traitier (*La traduction de l'Historia*, Prologue, p. 53).

> « Ce livre, je l'ai séparé en trois parties : dans le Livre I, j'ai écrit l'histoire de Jérusalem, [...] ainsi que les diverses façons de vivre des habitants des villes, pour que l'on en tire une connaissance plus approfondie et plus de matière pour prêcher. Dans le Livre II, j'ai écrit l'Histoire de nos contemporains

en Occident, en la fin tout particulièrement le profit qu'apporte le pèlerinage. Au Livre III, les événements qui ont succédé au concile de Latran et ce que Jésus Christ a réalisé dans l'armée des Chrétiens jusqu'à la prise de Damiette, exactement comme je l'ai vu de mes yeux, voilà ce que j'ai commencé à écrire ».

Le livre II ou *Historia Occidentalis*, rentrerait assez mal dans la visée de ce ms. recueil, qu'est le BnF fr. 17203 ; quant au Livre III dont ce Prologue annonce que l'auteur a « commencé à [le] traiter[3] » , on remarquera que, d'une façon assez mystérieuse, le copiste a souligné cette expression. Nous ne nous priverons donc pas d'y recourir au besoin pour l'analyse. Après avoir évoqué la structure de l'Histoire, nous en viendrons aux hommes que leurs actions amènent dans le récit et dont Jacques de Vitry donne une vision extrêmement partielle et elliptique. Enfin, dans la dernière partie qui relève des événements contemporains et qui a disparu de la traduction romane (si elle s'y est jamais trouvée), nous recourrons aussi aux *Lettres* envoyées par l'évêque depuis Acre ou Damiette et qui éclairent le texte, plus lisse et plus concis, de l'*Historia.*

L'*Histoire orientale* débute par une vaste rétrospective autour de Jérusalem : comme la roue autour du moyeu, tout tourne autour de l'Incarnation, moment où se réalise la *consécration* de cet espace. Les événements antérieurs se lisant comme l'annonce de cette sainteté à venir, à l'avance signifiée, le texte brosse à grandes lignes la pré-histoire antique et il est intéressant de relever les citations scripturaires invoquées, dont les termes, outre leur sens propre, sont empreints pour l'homme médiéval d'un sens autre, plus précis et plus daté. Et la traduction romane, à son tour opère ses choix, pour traduire le latin biblique. Ainsi la possession de la terre est assise sur la présence historique du Christ et justifie la revendication des Chrétiens. Là où Jacques de Vitry évoque seulement le très général *genus humanum*[4] , le traducteur choisit de parler de « l'humaine lignie[5] » et transforme l'humanité en une famille entée sur le Christ. Cette lignée habite fort logiquement la *patria Domini Nostri*, la *Domus Dei* dont la porte ouvrait sur le ciel quand la discernèrent les yeux ensommeillés de Jacob. Jérusalem est pour ainsi dire la « maison-forte » de la Chrétienté, que le traducteur

---

3 « Je l'ai commencié a traitier », souligné, ms. BnF fr. 17203 fol. 2 r° col. b. Habituellement le copiste souligne les phrases scripturaires qu'il tient à détacher.

4 Jacobi de Vitriaco, *Libri duo*, *cap.* I.

5 « umainne lignie », *La traduction de l'Historia*, fol. 4 v° col. a.

qualifie simplement de « Maison Dieu[6] ». On glisse ainsi d'une terre des pères, celle où Abraham et les siens se font ensevelir *cum patribus suis*[7] , à une terre remise selon les rites : « Dieu remit entre les mains des fils d'Israël la cité et le lieu qu'il s'était spécialement consacré (*Histoire orientale* § 2)[8] ».

Le traducteur, pour sa part, se contente à chaque fois du simple mot *terre* : « c'est la terre Nostre Segnor… rendi la terre as fils[9] ». La Terre Sainte est un *héritage*, dans l'Écriture, en latin comme en roman : *Deus, venerunt gentes in hereditatem* [*tuam*][10] (« Mon Dieu, les païens ont envahi Votre domaine… »). C'est retrouver les analyses de Jean Richard, notant combien la conception religieuse se mêle à la conception féodale[11]. Quand Jacques de Vitry écrit, l'idée s'est banalisée au point qu'on la retrouve dans les chansons de trouvères, par exemple chez Thibaut de Champagne[12]. Nous intéresse ici le rôle structurel de ces affirmations préliminaires qui constituent comme une mise en abyme du récit qui va suivre : l'*héritage* donné à l'ancien Israël et qui fut perdu par le péché des hommes, passé ensuite aux mains des Chrétiens et perdu à nouveau, est appelé à être recouvré dans un avenir dont les hommes du *Verus Israël* sont finalement les maîtres. Le texte assume sa volonté de prédication.

Les paragraphes qui suivent s'attachent à dresser une biographie de Mahomet ainsi que les traits caractéristiques de la religion musulmane, ces pages n'ont d'autre but que de susciter le rejet et convaincre que, si l'on renonce aux voluptés charnelles, on peut facilement trouver le chemin de la conversion. En effet, poursuit le texte, les Chrétiens dissidents de l'Orient ne sont tombés dans le plus vil des esclavages que pour avoir cédé aux attraits pernicieux de la mollesse et du

6 « maison Dieu », *ibid.*, fol. 5 r° col. b.

7 Jacobi de Vitriaco, *Libri duo*, *cap.* 2.

8 Le texte latin *Tradidit Dominus in manus filiorum Israel* (*ibid.*) est une paraphrase – avec changement du Génitif – du Psaume 105, 41 *Tradidit eos in manus gentium*, selon l'habitude des clercs dont la mémoire est imprégnée des textes scripturaires.

9 *Ibid.*, fol. 5 r° col. a.

10 *Psaume* 79 (78), v. 1-2.

11 J. Richard, *Le Royaume latin de Jérusalem*, Paris, PUF, 1953, voir notamment le titre de l'introduction « Jérusalem, royaume de pèlerinage ».

12 Thibaut de Champagne, *Les chansons de Thibaut de Champagne, roi de Navarre*, éd. A. Wallensköld, Paris, SATF, 1925 : « Seigneurs, sachiez, qui or ne s'en ira / En cele terre ou Deus fu morz et vis / Et qui la croiz d'Outremer ne prendra / A paines més ira en Paradis / Qui a en soi pitié ne remenbrance / Au haut Seigneur doit querre sa venjance / Et delivrer sa terre et son païs », RS 6.

relâchement des mœurs. Là encore, nous avons une annonce des passages qui viendront plus loin lors du récit des événements contemporains de l'auteur. On notera simplement sur ce point que la traduction romane introduit ici, de façon rapide mais remarquable, l'appartenance de l'Église d'Orient à la romanité ecclésiale : « Li Eglise d'Orient de son droit commencement est dite Roume [...] el conmencement de Sainte Eglise jeta les premerains rains de sa lumiere » (*La traduction de l'Historia*, § 15, p. 78). (« L'Église d'Orient, depuis son commencement, est appelée Rome [...] elle a jeté les premiers rayons de sa lumière dès le commencement de la Sainte Église »). Cette remarque absente des plus anciens mss de l'*Historia Orientalis* l'est tout autant de la Lettre V[13] que reprend, aux termes près, ce paragraphe. L'Église d'Orient a elle aussi renié son héritage.

Le texte du Livre I possède une structure particulièrement bien équilibrée, mis à part l'apparent *excursus* des *mirabilia*. Après la présentation historique (en I) dont nous venons de parler[14], Jacques évoque (en II) d'une façon très synthétique les événements des deux premières croisades, en énumérant les victoires et les villes qui sont devenues possession des croisés[15] ; il s'attache ensuite (en III) à donner une description à la fois topographique – les Lieux Saints – et ecclésiale – les religieux divers, les évêchés, les ordres militaires, diverses nations qui sont les ouailles, mais aussi les guerriers défenseurs[16]. En second volet de ce tableau idéalisé (en IV) répondent la ruine et la dépravation[17] qui précèdent – à des fins d'évidence explicatives – le récit à venir de défaites quasi ininterrompues, on notera que Jacques a rangé à cet endroit les croyances hétérodoxes des Chrétiens orientaux. Chacun de ces groupes de chapitres représente, à une unité ou deux près, quarante pages de l'édition moderne. Une fois les *mirabilia* décrits (en V)[18], la structure reprend (en VI) son équilibre avec le récit des années noires du règne de Baudouin IV, puis de Gui de Lusignan face à la formidable stature de Saladin et, très succinte, l'évocation de la troisième croisade. Ce dernier

13 Jacques de Vitry, *Lettres de la cinquième croisade*, éd. R. B. C. Huyghens, traduites par G. Duchet-Suchaux, Turnhout, Brepols, sous la règle de saint Augustin, 1998.

14 *Histoire orientale*, § 1-16.

15 *Ibidem*, § 17-50.

16 *Ibid.*, § 51-69.

17 *Ibid.*, § 70-83.

18 *Ibid.*, § 84-94, en tout 70 pages.

passage est plus bref, il comprend un peu plus de trente pages, mais il est visiblement inachevé[19].

Pour cerner l'image de la féodalité dans ce Livre I, nous pouvons nous appuyer sur la seconde partie (le récit des deux premières croisades) et la sixième (autour de la troisième croisade).

L'entrée en contemporaneité, si je puis dire, débute avec l'apparition hautement glorifiée de Pierre l'Ermite : ce « pauvre religieux du royaume de France[20] » venu de l'évêché d'Amiens, par les foules qu'il va entraîner à sa suite, introduit dans la trame des événements les troupes bigarrées des pauvres gens, hommes, femmes, enfants pêle-mêle. Ils ne sont évoqués qu'à deux reprises (la seconde fois à l'autre bout du Livre avant la troisième croisade) et n'apparaissent que pour se faire exterminer. Car ce sont bien les *principes* qui sont les héros de la Geste :

> Le duc de Normandie, le comte de Toulouse et de Saint Gilles, le comte de Flandres, le comte de Blois et de Chartres, Hugues le frère du roi de France, Godefroi seigneur de Bouillon duc de Lorraine et son frère Baudouin, et encore du Royaume de Sicile, Bohémond avec son frère Tancrède. (*Histoire orientale*, § 16.)

Ce qui reste de la croisade des petites gens aboutit à Constantinople ; alors que, dans le texte latin des plus anciens mss, Jacques cesse de parler des troupes de Pierre l'Ermite, la traduction romane fait d'eux des acteurs bien présents au siège d'Antioche : « Pieres li hermites et li sien travellierent priés de .ix. mois en l'assise dou chastel… » (*La traduction de l'Historia*, § 18, p. 79). (« Pierre l'Hermite et ceux qui le suivaient travaillèrent pendant presque neuf mois à fonder le château »)

S'appuyant sur Guillaume de Tyr qu'elle résume drastiquement, l'Histoire passe de ville conquise en ville conquise selon un processus diégétique quasi invariable : souffrances et difficultés du siège, chute de la ville, prise de possession ; les seules dates sont celles de la première ville prise (Antioche, 3 juin 1098) et de la victoire à Jérusalem (l'an de l'Incarnation 1099) ; à part Nicée qu'ils « laissent entre les mains de l'empereur de Constantinople », les cités sont remises aux croisés, ainsi d'Antioche : « Ils accordèrent la domination de la cité à Bohémond, prince de Tarente. (*Histoire orientale*, § 18). »

---

19 *Ibid.*, § 85-102.
20 *Ibid.*, § 16.

À la prise de Jérusalem :

> D'un commun accord ils élurent seigneur de la cité Godefroi de Bouillon, chevalier hardi et aimé de Dieu comme des hommes, mais il eut beau accepter de se charger de l'administration de la ville sur la prière répétée et pressante des croisés, il refusa néanmoins de se faire appeler roi par respect envers Dieu et par humilité de cœur. (*Ibid.*, § 20).

La traduction romane pour sa part rend *civitatis administrationem suscepisset* par « por lor priere [il] receüst la garde de la cité[21] ».

S'ensuit un court « arrêt sur image » : des murs de Jérusalem, *omphalos* de la Terre Sainte, le regard passe de ville en ville en suivant les points cardinaux. Cette terre à conquérir, cette terre de la Promesse, le récit en fait une terre de villes, et après sa transformation en Royaume latin, elle comprendra toujours ces mêmes villes, désormais reliées entre elles par des châteaux, lieu de garde et de regard, définis comme des « châteaux imprenables[22] ».

Les premières conquêtes n'amènent pas le narrateur à déterminer leur possesseur, il s'agit de Joppé, Ramala, Caïffa, Tibériade, sous Godefroi ; Assur, Césarée de Palestine, Acre, Berythe, Sidon, sous Baudouin Ier. Le Royaume naissant se concentre dans les mains de son roi dont les qualités conditionnent et expliquent les victoires :

> Bauduins, ses freres, nobles chevaliers et hardis et bien apris de batailles dés s'enfance fu esleüs a roi et enoins par le commun de tous assens et fu curious et porveans en besoingnes de cevalerie et desirrans d'eslargir ses terres et si prist en aide les Januins (*La traduction de l'Historia*, § XXIII, p. 84.)
>
> « Baudouin, son frère, chevalier noble, hardi et fort instruit à se battre depuis sa toute jeunesse, fut élu roi et reçut l'onction, d'un commun accord de tous les hommes ; il se montra soucieux et plein de prévoyance pour tout ce qui concernait la chevalerie, plein de volonté d'élargir son territoire. Pour cela il recourut à l'aide des Gênois. »

Il en va de même des châteaux, Scandelion ou Montréal, élevés par le roi pour le roi :

> En .i. haut tertre, il fonda .i. tres fort castiel qu'il apiela Mont Roial por ce qu'il fu fondés de roi. Cil castiaus est [...] aemplis [...] de boin air et plains

21 BnF fr. 17203, fol. 15 r° col. b.

22 *inexpugnabilia*, traduit par « les tres fors chastiaus » : BnF fr. 17203, fol. 15 v° col. b.

> de grant solas. Et toute la contree la entor dusqu'a la fin des Moabites et les Aigues de Contradition, il sougist desous sa segnorie *(Ibid.* § 28, p. 86*)*.
>
> « Sur une haute éminence, il fonda un château très puissant et lui donna le nom de Montréal, parce qu'il avait été fondé par un roi. Ce château est [...] plein [...] d'un bon air, et de nombreuses commodités. Toute la région qui l'environne jusqu'à la frontière des Moabites et aux Eaux de la Contradiction, il la soumit à sa propre seigneurie. »

On peut dire que, sous Godefroi et Baudouin, le Royaume se confond avec sa tête. Les autres « *coume preudoume et sage*[23] » composent le corps que l'on ne différenciera pas, en son unité de vouloir, de désir et de foi ; ils sont le *Ils* non défini qui régit tous les verbes marqués par le dynamisme, et, de nouveau, les phrases scripturaires s'appliquent à eux avec une exactitude remarquable tandis que la traduction romane, de par sa saveur, en rend l'idée toute familière :

> Il ne voldrent mie seulement offrir en leur sacrefices le cief mais la coé [...] si amerent miels abandoner lor vies a la mort por Dieu que retorner arriere (*Ibid.* § 21 p. 82.)
>
> « Ils ne voulurent pas seulement offrir dans leurs sacrifices la tête mais aussi la queue [...] et ils aimèrent mieux livrer leur vie à la mort que de faire demi-tour ».

Cette dernière citation, enfin, a été omise par la traduction romane : « Ils ne se retournaient pas en marchant mais allaient chacun devant soi (*Histoire orientale*, § 21 p. 82)[24] ».

Si donc nous avons bien, sous cette image stylisée d'une armée soudée derrière son seigneur, une conception toute féodale, elle prend ici les traits d'une *militia* de droit divin : « Deus estoit od els, qui les confortoit et aidoit [...] il n'avoient nule fiance ne en leur force ne en plenté de gens, mais en Nostre Segnor seulement » (*La traduction de l'Historia*, § 21, p. 83). (« Dieu était avec eux qui leur apportait Son aide et Son réconfort [...], ils n'accordaient nulle confiance en leurs forces ou en la foule de leurs hommes, mais uniquement en Notre Seigneur »).

Avec l'avènement de Baudouin du Bourg, la présentation adopte la variation : « Aprés lui vint uns gentils hom bien apris de bataille,

23 BnF fr. 17203, fol. 15 r° col. b.

24 Citation d'Ézéchiel, I, 10.

religious et cremans Dieu : Bauduins dou Bourc, dou rengne de France, cousins dou devant dit roi Bauduin » *(Ibid.* § 29, p. 86). (« Après lui régna un noble seigneur, fort instruit en batailles, plein de foi et craignant Dieu : Baudouin du Bourg, venu du Royaume de France et cousin de ce roi Baudouin dont nous avons parlé. »)

En effet, nous ne parcourons plus l'espace d'un regard « géographique » en nous orientant sur les points cardinaux, nous en venons aux quatre principautés du Royaume, en passant spatialement de l'une à l'autre, à ceci près que Jérusalem a été gardée pour la dernière et la plus glorieuse place.

La principauté d'Édesse commence par appartenir à Baudouin, avant la mort de Godefroy : « Bauduins, li freres dou duc Godefroi, tint ceste noble cité devant ce qu'il fust rois de Jherusalem et il et si successor la tinrent adiés et geterent fors les Sarrasins » (*Ibid.* § 31, p. 87) (« Baudouin, frère du duc Godefroy, tint sous son pouvoir cette noble cité avant de devenir roi de Jérusalem, aussi bien lui que ses successeurs la tinrent sans interruption et ils en chassèrent les Sarrasins »).

On trouve ensuite la principauté d'Antioche. Jacques, qui nous a dit plus haut qu'elle avait été remise à Bohémond, ne revient pas sur la possession et tait également la date d'érection et le seigneur du château de Margath qu'il cite en passant. Puis nous arrivons, de façon très logique, à la principauté de Tripoli :

> Raimmons, quens de Toulouse, nobles chevaliers et bien creans en Deu, assist cele cité apriés la prise de Jherusalem, et por ce qu'il la peüst miels asseoir, il fist .i. chastiel dejouste qui est apielés Mons Pelerins. Apriés sa mort, Biertrans, ses fils, prist la cité [...] si en devint hom liges au roi de Jherusalem (*Ibid.*, § 33, p. 89).
>
> « Raimon, comte de Toulouse, chevalier noble et plein de foi en Dieu, assiégea cette cité après la prise de Jérusalem, et pour mieux l'assiéger, il fit construire un château-fort à proximité, il le nomma Mont-Pèlerin. Après sa mort, son fils Bertran prit possession de la cité [...] Il tint cette possession en hommage-lige du roi de Jérusalem ».

La dernière à être présentée est la principauté de Jérusalem, ou plutôt *li rengnes de Jherusalem.* Le tableau s'achève sur deux villes frontières, Dan et Gibelin, dont on ne précise pas la situation féodale. La présentation des quatre principautés est introduite et conclue par une formule de fausse modestie très peu variée :

> Longe chose est a moi qui sui de petit engien, a raconter de renc en renc com [...] nostre crestien se combatirent [...] Forte cose est et grevouse en porsivir et raconter combien nostre crestien porfiterent et combien il acrurent lor terre par la grasce Nostre Segnor (*Ibid.* respectivement § 30, p. 87 et § 37, p. 90).
>
> « Ce serait une longue entreprise pour moi qui ai peu de talent de raconter tout du long comment nous autres Chrétiens, nous nous battîmes [...] Ce serait une grosse affaire, et difficile, de poursuivre pour raconter nos réussites, à nous autres Chrétiens, comment nos hommes accrurent le Royaume avec la grâce de Notre Seigneur ».

Notons ici que devant cet enchaînement qui rappelle celui des laisses dites parallèles de la chanson de geste, le traducteur s'est laissé entraîner à l'expression formulaire « nostre crestien ». Le texte latin de son côté écrit *rex et milites Christi*[25], dont la traduction la meilleure en ce contexte est sans doute chevaliers du Christ.

Enfin, hors les quatre principautés, Jacques effectue un petit périple parmi les villes côtières, dont quelques-unes sont au-delà des frontières du Royaume. C'est l'occasion de citer les forteresses, telle Darum, édifiée par le roi Amaury ou Gaza construite par Baudouin III et remise à la garde des chevaliers du Temple. Celle d'Ibelin est plus riche de détails :

> Fouques, li tiers rois latins de Jherusalem, edefia un castiel en cel meïsme liu, si l'apiela Ybelin et fu edefiiés des pieres dou devant dit castiel qui estoit degastés et si douna cel castiel a .i. gentil home qui ot non Ybelins et de celui chastiel orent sornon tuit li segnor qui apriés il furent dusqu'al jor d'ui (*Ibid.* § 41, p. 92.)
>
> « Fouques, troisième roi latin de Jérusalem, construisit un château en ce même endroit et il lui donna le nom d'Ibelin, il le fit bâtir avec les pierres du château précédemment évoqué qui était en ruines ; il donna ce château à un noble seigneur qui s'appela désormais Ibelin, c'est de ce château que tous les seigneurs qui succédèrent à celui-là portent leur nom jusqu'à présent ».

La description la plus longue revient à la ville de Tyr qui semble avoir fasciné l'évêque d'Acre. Sont également détaillées les étapes de son obtention, du siège vain qu'en fit Baudouin Ier à sa prise par le comte de Tripoli, et derrière lui, tous les barons du Royaume aidés par la flotte vénitienne, en l'absence du roi Baudouin du Bourg, alors prisonnier. Deux gros châteaux furent construits durant ces campagnes, le

25 Jacobi de Vitriaco, *Libri duo*, *cap.* 30.

premier, royal, n'est pas nommé par Jacques (il s'agit de Scandelion) ; le second relevait de Hugues de Saint-Omer, seigneur de Tibériade, qui le baptisa Toron. C'est aussi au comte de Tripoli qu'est remise la cité d'Antarados, enlevée par le comte de Blois, en route vers les Lieux Saints. En revanche, Laodicée de Syrie dite en roman Liché, relevait du seigneur d'Antioche :

> Ce chevalier illustre et hardi aux armes que fut Tancrède, en cette même et seule journée où il avait reçu la principauté d'Antioche à administrer, occupa la noble cité d'Apamie et soumit à son pouvoir cette Laodicée [...] Ainsi il accrut son domaine de façon magnifique en y adjoignant deux villes remarquables. (*Histoire orientale*, § 44)[26].

Nous trouvons donc une description très elliptique des relations féodales qui régissaient le Royaume. Beaucoup de ces villes étaient totalement sorties des mains des Latins, quand Jacques de Vitry écrit, elles y étaient parfois restées bien peu de temps comme Édesse, néanmoins, l'évêque aurait pu considérablement étoffer sa narration avec ses sources, tout particulièrement Guillaume de Tyr. Il éprouve à l'évidence plus d'intérêt pour le passé antique ou biblique des cités qu'il évoque. Le modèle féodal qui a été importé et instauré n'apparaît pas comme une question qui pourrait le tourmenter, l'intéresse davantage le pourquoi d'une conquête si rapide et si complète, face à la ruine tout aussi rapide de ce qui avait été édifié. La réponse tient naturellement pour lui dans la valeur des seigneurs dont le rôle est si naturellement essentiel qu'on ne l'évoque qu'en ses résultats. On peut ainsi interpréter cette stylisation comme une vision que sa caducité a rendu idéale, on peut tout autant la dire exemplaire que réinterprétée. Et c'est en ce sens, semble-t-il, qu'on peut lire la brève synthèse féodale que représente le § 50 auquel va succéder la troisième partie, attachée à exalter la sainteté de Jérusalem, cité pleinement accordée aux religieux et aux fidèles qui l'habitèrent au moment de cette *akmê* imaginaire des premiers rois hierosolymitains.

Le Royaume une fois fondé, il faut l'organiser. On remarquera que le partage des pouvoirs se fait sous le signe du verbe à la voix passive, comme si les choses allaient de soi et sans discussion, dictées par une conception communément partagée de la nécessité : « Afin d'assurer

26 Passage lacunaire dans le ms. BnF fr. 17203.

par précaution une plus grande sécurité, le Royaume de Jérusalem fut partagé entre les divers princes et barons, chargés de défendre et garder leurs terres sous la suzeraineté du roi ». (*Ibid.* § 50).

Ici c'est la traduction romane qui retranche, se contentant de redoubler le passif : « Li regnes de Jherusalem fu devisés et departis au roi et as barons » (*La traduction de l'Historia*, § 50, p. 95) (« Le Royaume de Jérusalem fut divisé et réparti entre le roi et ses barons »).

Au sommet de la pyramide, le roi, par nature et par fonction, doit posséder la part la plus riche du Royaume : « au roi li plus grans partie et la plus digne pour la seüre partie » (*Ibid.*) (« au roi la plus grande partie et la plus digne pour que sa partie soit sûre »), et c'est à cet endroit que le traducteur glisse le petit morceau de l'original qu'il avait omis : « por ce que cascuns princes deffendist sa partie » (*Ibid.*) (« afin que chaque prince deffendît sa propre partie »).

Il montre par là même à quel point il suit de près la pensée de celui qu'il traduit : la part royale est la meilleure et tous l'admettent, car il est nécessaire pour la survie du système ici dessiné que le roi ait un pouvoir plus grand que ses vassaux, pouvoir assis sur ses biens. Et, comme nous l'avons vu, ce sont des villes et des châteaux qui constituent le bien propre du roi comme de ses seigneurs, à savoir Jérusalem, Neapolis, Acre, Tyr, avec divers châteaux et casaux y afférents (c'est le seul endroit où ces derniers sont cités). Face au rôle du roi, les seigneurs s'engagent à leur tour : « Li lige home dou regne s'aloierent par feelté et par sairement au service dou roi et od certain nombre de cevaliers » (*Ibid.*) (« Les hommes-liges du Royaume firent alliance par féauté et par serment au service du roi, avec un certain nombre de chevaliers »).

On admirera une fois de plus l'extrême précision du traducteur en ce qui concerne ce domaine. Il reste à dresser la liste de ceux qui s'engagèrent ainsi par serment : les seigneurs de Bérythe, Sidon, Caïffa, Césarée, le Prince de Galilée également seigneur de Tibériade, le comte de Joppé et Ascalon, le seigneur de Montréal et de la terre outre-Jourdain, le seigneur d'Assur, celui d'Ibelin. D'autres encore ne sont pas cités, car les plus grands suffisent.

On sait que, pour rédiger ce passage, Jacques de Vitry s'est appuyé sur l'*Historia Brevis* anonyme ; il a pratiqué sur ce texte déjà concis une notable *abbreviatio*[27]. D'abord à propos du roi :

27 Pour l'*Historia brevis*, *cf.* l'*Histoire orientale*, Appendice, p. 434-447.

> La province de Jérusalem a un roi latin qui reçoit son sceptre et sa couronne du patriarche[28]. C'est à ce roi qu'obéissent toutes les nations qui demeurent en ce lieu. Ce roi prête serment sur le très saint tombeau qu'il assurera la défense, la justice et le droit sur ses peuples, qu'il maintiendra les coutumes de sa patrie et les mœurs de ses ancêtres. (Appendice à l'*Histoire orientale*, § 17, p. 431).

Dans le texte de l'*Historia Orientalis*, il n'est pas question de nations ni de peuples, mais de grands feudataires qui sont *au service* du roi. Ce bref *miroir au Prince* a été réduit à la plus simple expression de la pyramide féodale. L'aspect sacramentel n'est pas retenu non plus par Jacques, – à cause du récit, peut-être légendaire, qui montrait en Godefroy non le roi, mais l'Avoué idéalisé du Royaume ?

Le service dû par les barons est également différent de ce que décrit l'Anonyme : « Les barons qui sont ses hommes sont sujets du royaume, ils vont à la guerre quand il le leur demande, toujours prêts à défendre le Royaume, avec un nombre fixé de soldats pour chacun, et à se battre pour l'héritage du Christ et le leur propre. » (*Ibid.*).

Car il n'est pas sûr que Jacques ait entériné cette formulation (qu'il a omise) de « l'héritage du Christ et le leur propre », qui semble bien impliquer que les deux ne coïncident pas exactement, à rebours de cette fusion mystique que voulait justement signifier l'ouverture de l'*Histoire*, étudiée plus haut. Quoi qu'il en soit, nous suivrons plutôt le traducteur avec les mots simples et pleins de réalité qu'il emploie « s'engager par féauté et par serment » – qui implique la force sacrée de la Parole donnée – et *service* qui à lui seul subsume le devoir, qu'il soit celui, profane, de la chevalerie ou celui du service dû à Dieu.

Le déroulement de la dernière partie du Livre I obéit à son tour au dessein bien précis que le narrateur y enferme. Si le tableau enchanteur de la terre de Promission devenue une terre d'oraisons cède brutalement la place à sa caricature, c'est que la volonté démoniaque est décidément toute puissante en Terre Sainte. Aux Israélites pécheurs du début de l'*Historia* répondent les Poulains et autres nations abandonnés au mal ; aux musulmans, les hétérodoxes perdus d'orgueil ; enfin aux pauvres et fervents pèlerins, des hommes condamnés, envoyés en ces contrées pour éviter le châtiment, ou les têtes vides et vaines des *curiosi* stupides[29]. Le

28 Cette phrase est omise par Jacques de Vitry.
29 *Histoire orientale*, § 82.

très long détour par les *mirabilia* remet à sa place la *curiositas*, avec le rappel sévère que la beauté nous est intérieure, comme l'est la bonté, si nous en boutons fors le péché. L'état du Royaume de Jérusalem en est la preuve. Voici qu'en miroir au texte qui s'ouvrait sur les victoires et finissait sur l'unité d'un Royaume devenu *le* Royaume répondent les défaites et la discorde. Si l'apparition de Zenghi et Saladin concrétise le désastre, ce n'en est pas une cause, mais une conséquence nécessaire. C'est là où nous ne l'attendions plus que se déroule la liste des rois de Jérusalem[30], et de Godefroi à Amaury, on ne compte pratiquement pas de défaites. Il aurait été difficile à Jacques d'incriminer le roi lépreux, tandis qu'il compile le texte de Guillaume de Tyr qui éprouve pour le malade une profonde affection ; c'est donc par une « décision du ciel » que la maladie s'abat sur le jeune homme, maladie traditionnellement imputée à la faute et qui reste ici douloureusement inexplicable. On comprend alors, dans la logique du récit, que les grands du Royaume ont depuis longtemps secrètement consenti au mal qui les ronge, en oublieux de leur service et de la foi jurée.

Dans cette dernière partie en effet, les seigneurs coupables sont nommément désignés, contrairement à ce bel anonymat qui marquait le temps des victoires. Le seul à avoir subi l'opprobre était Milon de Plancy, encore était-il bien moins éreinté que chez Guillaume de Tyr qui le haïssait. Mais maintenant aussi bien le comte de Tripoli, régent du Royaume, que les sœurs du roi, principalement Sibylle, manquent gravement à ce qui est leur devoir, le premier en concluant des trêves avec l'ennemi, la seconde en poussant son époux sur le trône. Puis ce sera Conrad de Montferrat, à l'héroïsme souligné et habilement pragmatique, qui enlèvera l'héritière du trône, pourtant légitimement mariée, ou Bohémond, qui fermera la porte de sa ville à des coreligionnaires en fuite, Richard Cœur de Lion, qui fait passer ses intérêts anglais avant la Terre Sainte, Henri de Champagne qui ne songe qu'à retrouver sa douce province, le roi Philippe Auguste lui-même enfin, partant au plus vite saisir une aubaine politique. On n'en finirait pas de tous les citer. Nous avons quitté l'image de la féodalité pour la trouver remplacée par des individus, bien éloignés de toute volonté de servir.

30 *Ibidem*, § 95.

On peut dire en bref que le système se délite à partir de sa tête : « Le Royaume de Jérusalem venait de tomber entre les mains d'un étranger qui n'était pas de la race des hommes à qui avaient été confié le salut d'Israël ». (*Ibid.*, § 94)

Ainsi nous retrouvons inversé tout ce qui avait fait la force et la cohésion de l'image féodale : la tête faible entraîne dissensions et discordes, le corps perd son union. Mais avant même ce malheur, la chute d'Édesse imputée à Jocelin, fils dégénéré d'un père chevaleresque, sonne comme l'annonce du mal tapi dans la société. Jacques veut-il ainsi signifier combien le tissu du service (*servitia* dirait Isidore de Séville) est fragile au point que le moindre accroc puisse lui être fatal ? Là encore, de façon spéculaire, face aux conquêtes des croisés le texte déploie toutes les possessions de Saladin, et elles sont identiques à celles qui ouvraient l'avancée victorieuse des croisés. Mais même après la disparition de Saladin, l'élan brisé ne peut reprendre et l'inachèvement du texte nous laisse hésitants : tableau au noir pour susciter des départs nouveaux depuis les Royaumes occidentaux ? Véritable découragement de l'évêque ? Pourtant la cinquième croisade ne sera pas la dernière, et il n'est jamais facile d'entrer profondément dans la connaissance d'un auteur médiéval en prenant son œuvre pour référence.

On peut conclure de ces rapides éclairages sur un texte riche et complexe que l'image qu'il nous donne de la féodalité est de part en part traversée par une subjectivité évidente, elle-même mise au service d'une volonté prédicatrice. Posséder la Terre Sainte, c'est se montrer digne de l'héritage : sans la conversion, pas de possible réussite. Or cet héritage est un Royaume qu'il faut bien diriger à la façon d'un Royaume. Nous est donc montrée une image qui mérite d'être ainsi appelée dans la mesure où elle est largement imaginaire, dessinée pour le propos dans une lecture orientée et reconstructrice du passé. Les grands seigneurs de jadis et naguère, comme leur roi, ont acquis une stature autre quand leurs exploits ont fait d'eux des justes, la justesse de la cause n'étant nullement à démontrer, car évidente. La façon dont ils ont géré le Royaume, appliquant avec exactitude le service dû, respectant la foi jurée et suivant dans un bel élan unanime et anonyme le roi désigné n'est même pas une preuve de la solidité d'un système que l'auteur ne pense guère à juger et estimer. De l'autre côté, la situation catastrophique du Royaume après Hattin, et encore après la troisième croisade, amène une réflexion sur la nature des hommes, non sur le système politique qu'ils ont construit ou détruit. Jacques de Vitry n'est pas un réaliste, même s'il sait toute la force qu'une image peut acquérir aux yeux de ceux qui s'y reconnaissent.

Marie-Geneviève GROSSEL
Université de Valenciennes
et du Hainaut-Cambrésis
CALHISTE EA 4343

AUX ORIGINES DU PÉCHÉ ORIGINEL QUANT À LA MAUVAISE UTILISATION DES *ASSISES DE JÉRUSALEM*

L'édition de Gaspard Thaumas de la Thaumassière (1690)

Toute personne qui s'intéresse aux *Assises de Jérusalem* connaît les utilisations abusives qui ont été faites de ce texte au début du XXe siècle[1], particulièrement à la suite de l'édition établie par le comte Beugnot[2] dans laquelle l'auteur défend la théorie selon laquelle le régime créé en Orient aurait été la parfaite transposition du système féodal du XIe siècle de la France du Nord[3] comme le rappelle fort justement M. Greilsammer dans son édition du *Livre au Roi*[4]. C'est ainsi qu'est née la théorie défendue par « l'école traditionnelle » prônant le postulat selon lequel les Croisés auraient transposés : « leurs institutions telles qu'elles existaient à l'époque où le régime féodal n'avait encore subi aucune altération[5] ». Dans les limites de l'hexagone, les chercheurs se sont rapidement rendus compte de cette position fallacieuse[6], et ont préféré se détourner de

1 *Cf.* F.-L. Ganshof, « Compte rendu de l'*Étude critique sur les Livres des Assises de Jérusalem* » *Revue belge de philologie et d'histoire*, vol. 4, n° 2 (1925), p. 520 : « Quiconque s'est livré à l'étude des institutions féodales sait quel parti les historiens ont tirés des Assises de Jérusalem. Le droit des établissements fondés en Syrie par les Croisés était, par hypothèse, considéré comme un droit d'importation d'origine occidentale, d'origine surtout française. Il pouvait donc nous livrer le secret de pas mal de problèmes complexes que soulève l'histoire de féodalité. Partant de ces données on a usée et abusé des Assises de Jérusalem. »

2 Beugnot, *R.H.C., Lois*, I, 1841.

3 *Ibidem*, p. XII : « Ces guerriers législateurs, encore couverts de poussières et de sang, proclamèrent un code de lois qui reproduisait les coutumes de la mère patrie, ou plutôt de la France »

4 M. Greisalmmer, *Le Livre au Roi*, Paris, Académie des inscriptions des Belles-Lettres, 1995, p. 21.

5 Beugnot, *R.H.C., Lois*, I, p. XVIII-XIX. *Cf.* également, A.-H. Taillandier, « Dissertation sur les *Assises de Jérusalem* », *Thémis*, t. VII, 10e livraison, p. 1-20.

6 *Cf.* M. Grandclaude, *Étude critique sur les livres des Assises de Jérusalem*, Paris, Jouve, 1923.

cette source[7], certains lui octroyant néanmoins modestement le titre de « monument extérieur de l'histoire du droit français ». À l'inverse, les chercheurs anglo-saxons[8] comme P. Edbury[9] ou israéliens, à l'image de J. Prawer[10], pour ne citer que ces deux exemples, ont continué à s'intéresser à ce texte, en s'efforçant de démentir les positions défendues par l'école traditionnelle, et en considérant les *Assises de Jérusalem* pour ce qu'elles sont, c'est-à-dire un corpus normatif qui prend corps avec l'histoire des royaumes latins.

Il n'est pas de notre propos de traiter des réalités historiques liées à cette source normative, mais au contraire de tenter d'analyser les origines de la position erronée défendue par l'école traditionnelle. En réalité, pour comprendre ce postulat fautif, il faut remonter à la fin du XVIIe siècle. À cette époque, malgré le fait que ce corpus ait été traduit en plusieurs langues – et ce depuis le Moyen Âge, l'intérêt pour ce texte était des plus discrétionnaires[11].

Nous devons l'une des premières éditions françaises des *Assises de Jérusalem* à Gaspard Thaumas de la Thaumassière (1631-1712), avocat, docteur agrégé de l'Université de Bourges[12] qui publia conjointement en 1690 le *Livre des Assises* de Jean d'Ibelin et *Le Livre des Lignages d'Outre Mer* sous le nom des *Assises et bons usages de Jérusalem, tirés d'un ms. de la Bibliothèque Vaticane, par messire Jean d'Ibelin.* Cette édition est couplée avec celle des

7 En réalité, nous dénombrons un nombre limité d'études françaises entreprises dans l'hexagone à cette époque. À ce titre, nous pouvons mentionner : E. Deraze, *Le mariage d'après les Assises de Jérusalem*, Poitiers, 1910 ; R. Marque, *Les Sessions testamentaires d'après les Assises de Jérusalem*, Poitiers, 1912 ; P. Christin, *Les classes inférieures d'après les Assises de Jérusalem*, Poitiers, 1912.

8 *Cf.* A. Bishop, *Criminal Law and the development of the Assizes of the Crusader kingdom of Jerusalem in the thwelfth century*, Ph. D, Toronto, Université de Toronto, 2011.

9 Il est difficile de résumer brièvement tous les travaux de P. Edbury. Nous ne mentionnerons uniquement le recueil d'articles suivant : P. Edbury, *Law and History in the Latin East*, Ashgate Publishing Limited, 2014.

10 Voir par exemple J. Prawer, « Les premiers temps de la féodalité dans le royaume latin de Jérusalem », *R.H.D* n° 22 (1954), p. 404-424 ; *Id.*, *Études sur les droit des Assises de Jérusalem : droit de confiscation et d'exhérédation*, Paris, Recueil Sirey, 1962 ; *Id.*, « La noblesse et le régime feudal du royaume latin de Jérusalem », *Le Moyen Âge* n° 65 (1959), p. 41-74 ; *Id.*, *Crusader Institutions*, Oxford, 1980 ; *Id.*, *Histoire du Royaume latin de Jérusalem*, Paris, CNRS Éditions, 2007.

11 M.-A. Nielen, *Lignages d'Outremer*, Paris, Académie des inscriptions des Belles-Lettres, 2003, p. 12-13.

12 *Cf.* J. Vendrand-Voyer, « Thaumas de la Thaumassière Gaspard », *Dictionnaire des juristes français XIIe-XIIIe siècle*, Paris, PUF, 2007, p. 735-736.

Coutumes de Beauvaisis de Philippe de Beaumanoir[13]. Quand bien même cette publication présente de sérieuses faiblesses éditoriales, elle ne mérite pas pour autant l'anathème prononcée contre elle par de nombreuses critiques contemporaines et ultérieures, particulièrement formulées par l'école traditionnelle quelques siècles plus tard, qui fonde justement sa théorie sur la base de l'édition de G. Thaumas de la Thaumassière sans rechercher les intentions réelles du juriste quand il décida de publier ce texte.

UN PRÉALABLE NÉCESSAIRE : L'AUTOPSIE D'UNE ÉDITION DÉPRÉCIÉE

L'édition du livre de Jean d'Ibelin par Gaspard Thaumas de la Thaumassière est une histoire de Berruyers. En réalité, pour établir son texte des *Assises*, l'auteur s'appuya sur les éléments que lui fournit l'œuvre inachevée de Philippe Labbé (1607-1667). En effet, en 1631, à la suite du premier volume de son *Abrégé Royal de l'Alliance Chronologique de l'Histoire sacrée et profane*, celui-ci joignit une partie de la haute Cour des Assises avec leur version italienne imprimée à Venise en 1535, en expliquant que ce livre était aussi rare en France que le manuscrit lui-même[14]. Il imprima d'ailleurs en même temps le *Livre des Lignages d'Outre Mer*. Gaspard Thaumas de la Thaumassière reprit l'œuvre de Philippe Labbé, se bornant à rapporter la partie des *Assises* qu'on appelle la Haute Cour, c'est-à-dire en l'espèce, le *Livre* de Jean d'Ibelin. Par ailleurs, il accomplit également son travail à l'aide de deux manuscrits qui lui furent communiqués par Vyon d'Hérouval : l'un provenait de la bibliothèque de Colbert[15] ; l'autre appartenait à Julien Brodeau[16]

13 Gaspard Thaumas de la Thaumassière, *Coustumes de Beauvoisis, par Messire Philippes de Beaumanoir, Bailly de Clermont en Beauvoisis. Assises et bons Usages du royaume de Jérusalem, par Messires Jean d'Ibelin, comte de Japhe & d'Ascalon, S. de Rames & de Baruth* [...], Bourges-Paris, 1690.

14 *Cf.* Philippe Labbé, *L'Abrégé Royal de l'Alliance Chronologique de l'Histoire sacrée et profane*, Paris, Gaspard Meturas, 1651.

15 *Cf.* I. Murat, *Colbert*, Paris, Fayard, 1980.

16 Julien Brodeau né vers 1585 à Tours et mort le 19 avril 1653 à Paris fut un avocat au Parlement de Paris. *Cf.* Guillaume Leyte, « Brodeau Julien », *Dictionnaire des juristes français* XIIe-XIIIe *siècle*, *op. cit.*, p. 139.

qui était une transcription du manuscrit de la bibliothèque vaticane, c'est-à-dire le *Codex Vaticanus Latinus 4789*[17].

PRÉSENTATION DE L'ÉDITION : TEXTE ET CONTEXTE

Même si le texte des *Assises de Jérusalem* était peu diffusé à la fin du XVIIe siècle, il était néanmoins connu par certains juristes. D'ailleurs, Gaspard Thaumas de la Thaumassière nous fournit une liste de ces auteurs et de leurs travaux respectifs dans l'« avertissement » de son édition[18] : nous y trouvons tout d'abord Julien Brodeau qui, en plus d'avoir transcrit le texte, traite des *Assises* dans un certain nombre de ses travaux, particulièrement à propos du retrait lignager dans la *Coutume de Paris*[19] ; puis nous rencontrons Du Cange et son étude sur les *Établissements de Saint Louis*[20] ; et enfin René Choppin qui s'est servi de cette source dans son travail sur la *Coutume d'Anjou*[21]. Toutefois, si l'auteur mentionne ces juristes, c'est pour mieux les vilipender : il leur reproche de n'avoir pas fait imprimer leurs notes et leurs observations personnelles sur le sujet, en invoquant comme motifs d'excuse leurs « trop grandes occupations[22] ». Il est possible

17 Gaspard Thaumas de la Thaumassière, *Coustumes de Beauvoisis, par Messire Philippes de Beaumanoir, Bailly de Clermont en Beauvoisis. Assises et bons Usages du royaume de Jérusalem, par Messires Jean d'Ibelin, comte de Japhe & d'Ascalon, S. de Rames & de Baruth* [...], éd. citée, Avertissement : « J'en ai recouvré par le moyen de M. d'Herouval un Exemplaire en la Bibliotheque de feu M. Brodeau, transcrit sur le Manuscrit de la Bibliotheque Vaticane, & un autre dans celle de Monsieur Colbert ; les Assises ont été traduites en Italien, & imprimées à Venise en l'an 1543. »

18 *Ibidem* : « Monsieur du Cange fait mention de ces Assises en sa Preface fur les Etablissemens de S. Louis, où il dit qu'il en a lû le Manuscrit dans un des Volumes des Memoïres de M. de Peiresc, copié sur celuy du Vatican, d'où la pluspart des Copies qui sont dans les Bibliotheques de Paris ont été tirées. Il dit au même lieu qu'il ne desespere pas qu'il ne se rencontre, avec le temps, quelque personne assez curieuse, pour donner ces Assises & autres anciennes Coutumes au Public, & pour entreprendre un Travail fi glorieux & si utile au Public, & à ceux qui font profession delà Jurisprudence Françoise, il en raporte plusieurs Passages dans fon docte Glossaire, & dans ses Notes fut les Etablissemens de S. Louis. Chopin les a citez en sa Coutume d'Anjou, & M. Julien Brodeau fur le Titre de Retrait Lignager de la Coutume de Paris, & autres lieux de ses Ouvrages. »

19 Julien Brodeau, *Commentaire sur la Coutume de la prevosté et comté de Paris*, Paris, Denis Bachet, 1658.

20 *Cf.* Charles du Fresne, sieur du Cange, *Histoire de Saint Louis par Jean de Joinville*, Paris, Sébastien Mabre-Cramoisy, 1668. L'auteur reproduit les *Établissements de Saint*-Louis en annexe.

21 *Cf.* René Choppin, *Commentaires sur la Coutume d'Anjou*, Paris, Guillaume de Luyne, 1662.

22 Gaspard Thaumas de la Thaumassière, *Coustumes de Beauvoisis, par Messire Philippes de Beaumanoir, Bailly de Clermont en Beauvoisis. Assises et bons Usages du royaume de Jérusalem, par Messires Jean d'Ibelin, comte de Japhe & d'Ascalon, S. de Rames & de Baruth* [...], éd. citée,

qu'en l'espèce, Gaspard Thaumas de la Thaumassière règle ses comptes avec certains de ses contemporains. En effet, bien qu'il fut unanimement reconnu pour ses qualités de juristes, il ne reçut pas pour autant l'estime de ses pairs qui le trouvaient vaniteux tout en lui reprochant son goût immodéré pour l'argent[23].

Pour nous faire une opinion du travail de Gaspard Thaumas de la Thaumassière, nous l'avons comparé avec la dernière édition du *Livre des Assises* de Jean d'Ibelin, que nous estimons être la meilleure, c'est-à-dire celle de Peter Edbury[24]. Or, ce qui nous interpelle dans l'édition de juriste de l'Ancien Régime, c'est la volonté de l'auteur de se montrer exhaustif, puisque sur les 331 chapitres qu'il transcrit[25], nous retrouvons de manière interpolée aussi bien des chapitres de la recension 'Z'[26] ou 'Z1', que certaines additions uniquement contenues dans le manuscrit de la bibliothèque de Venise, ou bien encore des dispositions contenues dans le manuscrit fr. 19026 de la Bibliothèque nationale de France. De cette volonté de nous présenter le maximum d'éléments, il ressort parfois une impression de brouillon, particulièrement à partir du chapitre 220, où ces derniers se succèdent sous la forme d'un catalogue. L'auteur ajoute une trentaine de pages de notes, mélangeant explication de textes et glossaire (qui représente un réel apparat critique), où il insiste sur certaines caractéristiques du droit médiéval en donnant des indications bibliographiques de travaux anciens ou contemporains, n'hésitant pas à reproduire des textes médiévaux complets comme par exemple le *Feuda Agenesii* de 1260 ou des extraits comme les passages emprunté au *Livre des Fiefs de Bourbon*[27].

Avertissement : « Je souhaiterois que ces Doctes & Sçavans Auteurs eussent pris le soin de les faire imprimer avec leurs Notes & Observations, mais comme leurs grandes occupations ne leur ont pas permis de le faire, j'ay cru que je ferois plaisir aux curieux, & à tous ceux qui aiment les Origines de notre Jurisprudence Françoise, en les faisant imprimer avec mes Notes & Observations. Cela servira peut-être à exciter quelque autre à donner au Public les autres anciens Docteurs & Praticiens François qui n'ont pas jusques à present été imprimez, & qui meritent de l'être. »

23 *Cf.* J. Vendrand-Voyer, « Thaumas de la Thaumassière Gaspard », art. cité, p. 735-736.

24 John of Ibelin, *Le Livre des Assises*, éd. P. Edbury, Leiden-Boston, Brill, 2003.

25 *Cf.* E. Mallet, *Thaumas de la Thaumassière, Commentateur des Coutumes du Berry*, Paris, 1915, p. 159-162.

26 Il s'agit d'une production dérivée et révisée des manuscrits Venise, Marciana, fr. App. 20 (=265), Paris, BNF, fr. 19026, et du *Codex Vaticanus Latinus 4789*, qui rajoute des chapitres aux versions précédentes.

27 Gaspard Thaumas de la Thaumassière, *Coustumes de Beauvoisis, par Messire Philippes de Beaumanoir, Bailly de Clermont en Beauvoisis. Assises et bons Usages du royaume de Jérusalem,*

Gaspard Thaumas de la Thaumassière ajoute également le *Livre des lignages deçà mer*[28] sans que l'auteur ne fournisse des explications quant à l'existence de ce mystérieux livre, se contentant d'affirmer que le : « Livre des Lignages d'Outremer fait partie des Assises[29] ». L'auteur complète l'édition de ce livre par deux pages de notes lacunaires où il se cantonne de préciser sommairement l'identité de certains aristocrates[30], auxquelles il ajoute des arbres synthétisant les principales familles nobiliaires d'Outremer qu'il se contente de reprendre à Philippe Labbé[31].

CRITIQUE DE L'ÉDITION : UN GRAND INTÉRÊT SCIENTIFIQUE MALGRÉ DES FAIBLESSES PHILOLOGIQUES

En définitive, que penser en toute objectivité de l'édition de Gaspard Thaumas de la Thaumassière ? Force est de constater que nous sommes plutôt partagé, et en cela nous ne nous distinguons pas des éditeurs postérieurs des *Assises* qui ont tous reconnu les défectuosités de son édition[32]. En tant qu'historien juriste, accoutumé à la lecture des traités juridiques de l'ancien régime, nous sommes satisfait par cette édition, voir même un peu admiratif pour cet auteur qui a su porter à la connaissance des historiens et des jurisconsultes du XVIIe siècle une idée générale de la législation d'outre-mer, à une époque où la version italienne de cet ouvrage était quasiment inconnue[33]. Toutefois, d'un point de vue

par Messires Jean d'Ibelin, comte de Japhe & d'Ascalon, S. de Rames & de Baruth [...], éd. citée, p. 239-270.

28 *Ibidem*, p. 221-238.

29 *Ibid.*, avertissement.

30 *Ibid.*, p. 271-272.

31 *Ibid.*, p. 273-292.

32 Par exemple si P. Viollet, dans son *Histoire du droit civil français*, Paris, Sirey, 1905, loue les notes érudites et précieuses de Gaspard Thaumas de la Thaumassière. Kausler de son côté reproche à V. Faucher dans son édition des *Assises du Royaume de Jérusalem*, Genève, Slatkine Reprints, 1973, d'avoir renvoyé dans ses références à La Thaumassière, en critiquant beaucoup le jurisconsulte de l'Ancien Régime. Pour une référence à cette critique, voir *Revue bibliographique*, 4e année, n° 1 (1839), 68, p. 12 : « L'auteur y signale non seulement des omissions dans l'édition commencée par M. Foucher, mais encore 110 erreurs et non-sens sur 120 pages de texte, et reproche au nouvel éditeur d'avoir renvoyé, dans ses notes, à la version défectueuse de la Thaumassière, au lieu du texte du manuscrit de Venise. »

33 Beugnot, *R.H.C.*, *Lois*, I, p. LXXIX : « La version italienne étant, à la fin du XVIIe siècle, à peu près inconnue, La Thaumassière, en publiant même d'un manière peu correcte, le texte français, sinon des Assises, au moins du Livre d'Ibelin, mérite bien de l'histoire et de la jurisprudence, mais très peu de la philologie. »

philologique, nous devons reconnaître la faiblesse scientifique de ce travail. Tout d'abord, l'auteur ne précise jamais en détail ses sources. Ensuite, le texte français est publié de manière fort peu correct, et la fin de l'œuvre de Jean d'Ibelin est présentée de manière confuse, comme si l'auteur n'avait pas su articulé et agencé certains chapitres les uns par rapport aux autres.

En fait, nous avons l'impression que G. Thaumas de la Thaumassière n'a pas su organiser les éléments laissés par Philippe Labbé que celui-ci n'avait pas eu le temps de trier de son vivant. Ces soupçons d'amateurisme deviennent une certitude lorsque nous nous référons à l'« avertissement » de l'édition, où l'auteur avoue lui-même qu'il a constaté que Philippe Labbé avait omis quatre chapitres, mais parce qu'il n'a pas trouvé cette distinction dans les manuscrits qui lui ont été communiqués, il s'est juste contenter de : « cotter & nombrer les Chapitres dans l'ordre » qu'il les a trouvé, sans rien changer. Cet aveu témoigne à la fois d'une mauvaise maîtrise du texte et d'une faiblesse de compétence. Mais à sa décharge, il nous faut garder en tête les conditions dans lesquelles G. Thaumas de la Thaumassière a effectué son travail : sa vie de praticien très active et remplie ne devait lui laisser guère de temps pour procéder à une telle édition ; de plus, il paraît évident que son outillage était des plus insuffisants[34]. En prenant en compte toutes ces données, il est incontestable, que pour l'époque, l'essai est des plus louables, et au fond, cette édition ne mérite pas les critiques d'un Beugnot qui lui reproche son caractère peu rigoureux, obscur, répandant : « des idées incomplètes dont tant de personnes sont portées à abuser[35]. » En connaissant l'œuvre de Beugnot, nous ne pouvons être que consterné par ses critiques, surtout lorsque nous constatons qu'il a commis les mêmes erreurs que son prédécesseur dans l'utilisation qu'il fit de ce texte.

34 *Cf.* E. Mallet, *Thaumas de la Thaumassière, Commentateur des Coutumes du Berry*, *op. cit.*, p. 161-162.

35 Beugnot, *R.H.C.*, *Lois*, I, p. LXXIX.

L'OBJECTIF DE L'ÉDITION : UN INSTRUMENT ENTRE LES MAINS DE L'ÉCOLE HISTORIQUE

Une fois l'œuvre analysée, nous pouvons légitimement nous demander les raisons pour lesquelles un avocat de Bourges de la fin du XVIIe siècle a subitement décidé d'éditer Le *Livre des Assises* de Jean d'Ibelin, en même temps que les *Coutumes de Beauvaisis* de Philippe de Beaumanoir ? Ce choix est loin d'être anodin, mais pour le comprendre, il faut l'étudier au regard de l'ensemble des œuvres de Gaspard Thaumas de la Thaumassière, pour finalement se rendre compte que Beugnot, malgré son improbation, édite ce texte avec les mêmes visées.

LES *ASSISES DE JÉRUSALEM* SELON GASPARD THAUMAS DE LA THAUMASSIÈRE : LA PREUVE DE L'EXISTENCE D'UNE COUTUME GÉNÉRALE PRIMITIVE FRANÇAISE

Gaspard Thaumas de la Thaumassière était un jurisconsulte très cultivé et d'esprit curieux qui s'intéressait aussi bien à l'histoire qu'aux sources du droit français. Il faut noter que dans l'ensemble de ces œuvres, il prône la supériorité du droit coutumier sur le droit savant, que ce soit le droit canonique ou le droit romain. Ainsi, lorsque nous parcourons ses différentes œuvres, nous constatons son réel mépris pour les canonistes[36], eux qui : « n'ont jamais altéré leurs privilèges[37] ». Il leur oppose ceux qui ne sont pas canonistes, au nombre desquels nous trouvons Charles Dumoulin, son maître à penser[38]. Par ailleurs, il n'était également pas un fervent défenseur de droit romain qu'il admirait cependant : s'il l'utilise dans ses commentaires, c'est essentiellement pour expliquer les origines de certains articles de la coutume.

En fait, Gaspard Thaumas de la Thaumassière est un commentateur, dans toute l'acception du mot : c'est un auteur qui s'attache étroitement à la coutume, traitant les matières dans l'ordre qu'elle suivait sans exprimer d'idées générales : ce n'est donc pas un théoricien comme Domat,

36 Quand bien même Gaspard Thaumas de la Thaumassière connaissait le droit canon, il ne fut jamais un canoniste de profession.

37 Gaspard Thaumas de la Thaumassière, *Nouveaux commentaires sur les coutumes générales des pays et duché de Berry*, 1693, p 391.

38 *Cf.* J. Vendrand-Voyer, « Thaumas de la Thaumassière Gaspard », art. cité, p. 736.

préoccupé de présenter et d'étudier suivant une disposition logique les principes fondamentaux et généraux du droit. Jamais, il ne définit la nature juridique d'une institution. Il synthétise en sa personne tous les auteurs coutumiers qui l'ont précédé particulièrement ceux du Berry. Il s'est nourri de ce que ses prédécesseurs ont dit, tout en sachant garder son originalité, sa pensée personnelle, qui, du reste, est des plus conformiste. C'est d'ailleurs peut-être pour cette raison qu'il se montre si hostile à l'égard du droit savant, droit particulièrement technique demandant une culture juridique théorique poussée. Mais, il fut l'un des premiers à avoir sérieusement cherché à expliquer une institution juridique par l'histoire. Il tranche sur ses contemporains par sa connaissance de l'ancien droit français[39]. Les coutumes anciennes étaient pour lui d'une valeur primordiale, car elles se situaient à la source du système normatif[40].

Nous sommes là au cœur même des études humanistes et de l'école historique, et nous savons à quel point l'essor des études juridiques humanistes en France au cours du XVIe siècle bénéficia de quelques centres universitaires, dont Bourges fut le plus important. En réalité, Gaspard Thaumas de la Thaumassière est une fier représentant de ce courant, affirmant dans plusieurs de ses œuvres, sans pour autant lui donner des contours bien arrêtés, que le premier caractère du droit naturel[41] est d'échapper au temps, et d'exister antérieurement à toutes les lois humaines. Pour lui, le droit naturel est le droit gravé dans le cœur. Il s'oppose au droit civil (c'est-à-dire le droit romain) et possède son domaine distinct. Cependant, il l'accorde avec la loi positive en plusieurs occasions, ou plutôt il rapproche la loi positive du droit naturel, évitant

39 E. Mallet, *Thaumas de la Thaumassière, Commentateur des Coutumes du Berry*, *op. cit.*, p. 424-425.

40 *Cf.* par exemple R. Jacob, « Les coutumiers du XIIIe siècle ont-ils connu la coutume ? », *La coutume au village dans l'Europe médiévale et moderne*, Toulouse, Presses Universitaires du Mirail, 2001, p. 102-119 ; J.-L. Thireau, « La territorialité des coutumes au Moyen Âge », *Auctoritas. Mélanges offerts au professeur Guillot*, Paris, PUPS, 2006, p. 453-466 ; O. Guillot, « L'apparition en France des coutumes au sens d'exactions, et des coutumes au sens d'un corps de règles propres à un ressort fin X^e^-XIe siècle le cas de l'Anjou », *Arcana imperii III*, Limoges, PULIM, 2010, p. 243-290 ; *Id.*, « Sur la naissance de la coutume en Anjou au XIe siècle », *Arcana imperii III*, *op. cit.*, p. 291-316 ; G. Guyon, « La coutume et la romanisation du droit pénal », *Le droit bordelais dans tous ses états. Les anciennes coutumes, les juristes et la justice, les institutions de l'Église locale*, Limoges, PULIM, 2012, p. 47-66.

41 *Cf.* A. Wijffels, *Introduction historique au droit. France, Allemagne, Angleterre*, Paris, PUF, 2010, p. 192-225 ; Y. Jeanclos, « Si la loi était une coutume qui a réussi ? », *Le juriste et la coutume du Moyen Âge au Code Civil*, 2014, Nancy, PUN, p. 240-260 ; J. Fierens, *Le droit naturel pour le meilleur et pour le pire*, Namur, Presses Universitaires de Namur, 2014.

ou commettant une confusion en fonction des questions traitées[42]. Selon cette théorie, le droit coutumier est perçu comme un droit vivant, émanant de la volonté, du cœur du peuple. La coutume est donc la source fondamentale du système normatif. Elle engendre une continuité dans la vie sociale en liant les hommes dans la formation successive du droit. Les coutumes sont les mœurs dans le droit et elles sont aussi respectées par un sentiment moral de la communauté. Dès lors, la coutume apparaît comme la cause primitive des rapports juridiques[43].

Compris ainsi, nous entrevoyons mieux les raisons pour lesquelles Gaspard Thaumas de la Thaumassière a publié le texte du *Livre des Assises* : il tente de hisser les coutumes féodales françaises en une source universaliste, en voulant en faire la fille légitime du droit coutumier « hexagonal » des XIe-XIIe siècles comme il l'affirme dans l'avertissement de son édition : « Il est certain qu'elles ont été tirées des Coutumes & Usages de la France ». Et pour fonder son argumentaire il donne comme exemples les chapitres 294 et 295 de son édition[44], autrement dit les appendices [7-11-2] intitulé : « Ce est le dit dou conte de Braine après ce que le baill a fait sa requeste », et [7-11-3] « Ce est le segont dit dou baill a première dit dou conte » de l'édition de P. Edbury[45]. Dans le second de ces deux chapitres, il est écrit : « Et a ce que vous dites que les usages de ce pais furent pris et estrais des usages dou royaume de France[46] » ; tandis que dans le premier, nous pouvons lire :

> Et fort chose est a croire, que il ait usage en ce royaume qui soit contraire a l'usage de France ; que ceaus qui les y establirent ou conquest de la tere furent franceis, et au royame de France est usage que le fis de l'ainsné ou de l'ainsnee a l'eritage devant le fis dou mainsné ou de la mainsnee soit ainsné dou fis dou l'ainsné ou de l'ainsnee[47].

42 E. Mallet, *Thaumas de la Thaumassière, Commentateur des Coutumes du Berry*, *op. cit.*, p. 407.

43 *Cf.* H. Ahrens, *Cours de droit naturel ou de philosophie du droit*, Bruxelles, Bruylant Christophe, 1860.

44 Gaspard Thaumas de la Thaumassière, *Coustumes de Beauvoisis, par Messire Philippes de Beaumanoir, Bailly de Clermont en Beauvoisis. Assises et bons Usages du royaume de Jérusalem, par Messires Jean d'Ibelin, comte de Japhe & d'Ascalon, S. de Rames & de Baruth* […], éd. citée, p. 196-199.

45 John of Ibelin, *Le Livre des Assises*, éd. citée, p. 754-760.

46 Gaspard Thaumas de la Thaumassière, *Coustumes de Beauvoisis, par Messire Philippes de Beaumanoir, Bailly de Clermont en Beauvoisis. Assises et bons Usages du royaume de Jérusalem, par Messires Jean d'Ibelin, comte de Japhe & d'Ascalon, S. de Rames & de Baruth* […], éd. citée, p. 198.

47 *Ibidem*, p. 197.

Ce passage suffit par lui-même à témoigner des visées de l'auteur : pour lui, les *Assises de Jérusalem* reproduisent le droit coutumier français de l'époque de la première croisade. Il s'agirait donc d'un droit d'importation qui aurait régi le royaume de Jérusalem avec toute la symbolique que cette idée peut drainer dans l'imaginaire occidental : les coutumes françaises auraient donc régulées pendant un temps le plus haut lieu de la chrétienté de l'époque, concurrençant et primant à la fois sur le droit romain et le droit canonique.

LES *ASSISES DE JÉRUSALEM* SELON ARTHUR-AUGUSTE BEUGNOT : LA PREUVE DE L'EXISTENCE D'UNE FÉODALITÉ GÉNÉRALE PRIMITIVE FRANÇAISE

Cette opposition entre droit romain et coutumes réapparait dans l'édition de Beugnot au milieu du XIXe siècle. Dans l'introduction de son édition, l'auteur explique de manière complète les raisons de cette publication. Dès la première page il oppose droit romain et féodalité :

> Les lois romaines présentent l'application la plus étendue et la plus pure des principes du droit naturel aux usages particuliers d'un peuple. Les lois féodales, au contraire, montrent comment le droit conventionnel, ce droit qui est créé par les circonstances et qui repose sur l'injustice et le privilège, parvient à affermir et à illustrer sa puissance[48].

Quelques pages plus loin, il développe plus longuement cette idée :

> Sous le régime de la féodalité primitive il n'existait qu'une seule loi, la loi féodale : loi conventionnelle, absolue, immuable, qui avait été faite par et pour les seigneurs, et à laquelle le peuple n'avait à demander ni droits, ni garanties, ni secours. On ne pensait pas alors qu'il pût exister un droit commun, [...] et à en régler l'exercice. Le législateur n'apercevait rien au-dessous des possesseurs de fiefs, ou du moins il n'y voyait que des esclaves nés pour travailler de leurs mains, et dont l'état civil était abandonné au caprice ou à l'humanité de leurs maîtres. Cet ordre de choses si odieux dura pendant plusieurs siècles ; mais les affranchissements, la création des bourgeoisies et la restauration du système municipal tirèrent le peuple de son abaissement, et lui donnèrent une place dans la société. Alors il fallut bien lui accorder ou lui permettre d'adopter des lois civiles ; et comme ces lois ne pouvaient pas se rattacher au fief, elles se placèrent sous l'égide du droit commun, sous la sauvegarde de ces principes d'équité naturelle qui vivent dans la raison et dans le cœur de tous les hommes.

48 Beugnot, *R.H.C., Lois*, I, p. II.

> Les jurisconsultes français et anglo-normands du XIIIe siècle, [...] secondaient avec chaleur la politique du trône, et employaient la science qu'ils puisaient dans l'étude des lois romaines à propager les idées de droit commun[49].

Sous la plume de cet éditeur marquée fortement par le vocabulaire typique du droit naturel, la féodalité primitive possède toutes les caractéristiques de la coutume avec laquelle elle a tendance à se confondre puisqu'elle apparaît, à son tour, comme la cause primitive des rapports juridiques. Ainsi qu'il l'écrit, au milieu du XIXe siècle, il planait sur cette « coutume » primitive, beaucoup d'incertitudes[50]. Or, lorsque le royaume de Jérusalem fut fondé, les Croisés y amenèrent leur propre droit féodal. Le législateur des Croisés se proposait non pas de réserver à chaque Européen qui viendrait s'établir en Orient, l'usage des coutumes particulières de son pays, mais de fonder, sous le nom de *Chrétienté d'Orient*, une société dont les lois et les mœurs conviendraient au plus grand nombre des émigrants ; il dut donc se livrer à un travail d'analyse et de critique sur toutes les coutumes qui s'offraient à son choix, admettre celles qui lui paraissaient être des lois générales, et rejeter celles qui se présentaient avec le caractère d'exceptions[51]. Autrement dit, les Croisés ne se bornèrent pas à transplanter au Moyen Orient leurs institutions telles qu'elles existaient en Europe au XIIe siècle, qui avaient débutées leur longue déliquescence, mais instituèrent un régime féodal dans la plus pure de ses formes, c'est-à-dire celui de la fin du XIe siècle[52], époque où celui-ci n'avait subi aucune altération.

Cette synthèse est particulièrement révélatrice des intentions du comte Beugnot. Tout d'abord, il ne lui fait aucun doute que les *Assises de Jérusalem* montrent combien la féodalité recelait une force juridique créatrice : en somme le royaume de Jérusalem est la preuve incontestable de l'existence et de l'autonomie d'un système reposant uniquement sur la coutume. Ainsi qu'il l'écrit :

> Le jurisconsulte de la Haute Cour est un homme étranger à toute vue générale, à toute notion de droit romain et de droit canonique, qui se renferme exactement dans le cercle des idées féodales les plus rigoureuses, et ne suppose pas même qu'il y ait, en dehors de cette limite, un fait ou une pensée dignes d'être recueillis[53].

---

49 *Ibidem*, p. XLI.
50 *Ibid.*, p. V.
51 *Ibid.*, p. XVIII.
52 *Ibid.*, p. XIX-XX.
53 *Ibid.*, p. XLII.

Par ailleurs, les *Assises de Jérusalem* sont indiscutablement pour A. A. Beugnot le meilleur moyen pour pouvoir appréhender la féodalité primitive, qu'il présente comme une coutume commune à tous les peuples européens. En hissant ce texte en une source universaliste, Beugnot se place indiscutablement dans les pas de Gaspard Thaumas de la Thaumassière, en proposant également une édition des plus critiquables et en commettant les mêmes erreurs que son prédécesseur. Mais pour sa décharge la faiblesse de l'édition du comte Beugnot ne vient-elle pas en partie du fait qu'elle ne repose que sur les manuscrits localisés à Paris, et particulièrement sur l'édition de Gaspard Thaumas de la Thaumassière ? Il est parfois très difficile de tuer le père pour reprendre un vocabulaire psychanalytique.

En définitive, avant de porter un jugement sur l'édition de G. Thaumas de la Thaumassière, il faut remettre l'œuvre dans le contexte juridique et historique de l'époque. Même si cette publication n'est pas exempte de défauts, elle est l'œuvre de l'un des plus grands jurisconsultes que le Berry ait donné sous l'ancien régime, celui qui en a le mieux commenté le droit, qui a le plus fait pour la connaissance de son histoire. C'est donc une œuvre d'un praticien, et ce constat suffit probablement à expliquer par lui-même toutes les faiblesses éditoriales. Même si cette édition n'a pas été réalisée avec assez de soin, elle n'est cependant pas aussi mauvaise que certains ont pu l'affirmer, singulièrement Beugnot, qui s'est montré être son fidèle héritier, tant dans la défectuosité de la publication que dans les objectifs avoués de celle-ci.

En réalité, les *Assises de Jérusalem*, particulièrement le *Livre des Assises* de Jean d'Ibelin, ne sont pas la transposition du droit féodal coutumier du XIe ou du XIIe siècle. En effet, à l'époque de la rédaction de son livre, aux alentours de 1265, Jean d'Ibelin rédigea un traité pour un royaume qui, au fond, n'existait déjà plus. Ce qui se dégage de cette œuvre, à l'image du *Livre de forme de Plait* de Philippe de Novare[54], c'est la forte conscience identitaire sociétale de l'auteur[55]. Ce traité juridique repose

54 Philippe de Novare, *Le Livre de Forme de Plait*, éd. P. W. Edbury, Nicosie, Cyprus Research Centre, 2009.

55 P. W. Edbury, « Philip of Novara and the Livre de forme de plait », *Praktika tou tritou diethnous kyprologikou sunedriou*, t. 2, Nicosie, Etaireia Kupriakou Spoudou, 2001, p. 555-569 ; H. Charpentier, « Histoire, droit et morale du lignage dans l'œuvre de Philippe de Novare », *Les relations de parenté dans le monde médiéval*, Université de Provence, CUERMA,

avant tout sur des aspirations idéologiques émanant de certains grands lignages d'Outremer : ce n'est donc pas l'exacte transcription des règles juridiques en vigueur dans le royaume de Jérusalem. C'est une œuvre doctrinale et non un travail de commentateurs, et c'est cette mauvaise analyse des données qui est à la source du péché originel quant à la mauvaise utilisation des *Assises de Jérusalem.* En voulant y découvrir un ordre juridique coutumier primaire, G. Thaumas de la Thaumassière, et à sa suite le comte Beugnot, ne perçut pas la nature profondément politique de ce corpus, oubliant que le droit est avant tout une arme de domination laissée entre les mains des vainqueurs. Ainsi, le droit contenu dans les *Assises de Jérusalem* ne reflète pas la société du royaume de Jérusalem, et encore moins la société française. En fait, les opérations formelles du droit explicitées par ce texte ont indiscutablement une vocation à produire le monde, c'est-à-dire elles apparaissent comme des facteurs et des marqueurs importants du changement social de cette époque[56] dans cette région du Moyen Orient. Il est donc inutile d'y voir un moyen d'investigation pour accéder immédiatement, c'est-à-dire sans effort de contextualisation, à la connaissance des pratiques, des mentalités ou des idées du royaume de Jérusalem aux XIIe-XIIIe siècles[57].

Jérôme DEVARD
Université d'Orléans
CESFiMA-POLEN

1989, p. 323-334 ; J. Richard et G. Tyl-Labory, « Philippe de Novare », *Dictionnaire des lettres françaises : le Moyen Âge*, Paris, Fayard, 1992, p. 1148-1149 ; C. Gaullier-Bougassas, « Les ruses de Philippe de Novare et la publicité de sa défense des Ibelins contre Frédéric II. Écriture de l'histoire, instrumentalisation de la justice et fabrique du droit », *Cahiers de recherches médiévales et humanistes* n° 25 (2013), p. 45-61.

56 Voir Y. Thomas, « Présentation », *Annales. Histoire, Sciences Sociales*, vol. 57, n° 6 (2002), p. 1425-1428.

57 Voir J. Prawer, *Histoire du Royaume latin de Jérusalem*, *op. cit.*, *passim.*

DEUXIÈME PARTIE

REGARDS CROISÉS

LA JUSTICE, LE SOUVERAIN, ET LE POUVOIR DANS LE *LIVRE AU ROI*

De l'arbre au rhizome[1]

La couverture d'un livre sorti il y a quelques mois, intitulé *Le Droit le juste l'équitable*, sous la direction de Francis Jacques et Simone Goyard[2], représente saint Louis sous son chêne, rendant la justice. C'est là l'une des grandes images d'Épinal du Moyen Âge, bien sûr, presque un lieu de mémoire à part entière[3] ; mais c'est également révélateur de la façon dont on pense la justice médiévale : comme un acte unilatéral, mobilisant le roi seul, et qui participe autant de la construction de sa souveraineté que de la mise en scène de son autorité. Comme l'écrivait Marc Bloch, « le maître parmi les maîtres fut toujours, à l'ère féodale, le juge[4] », et Paul Zumthor renchérit en écrivant « être le chef, c'est dire le droit[5] ».

Certes fondée, cette vision me semble toutefois réductrice : l'articulation entre le souverain et la justice, entre le roi et le droit, gagne à être pensée d'une façon plus complexe, au carrefour des pratiques féodales et de la philosophie politique de l'époque. C'est l'exercice auquel je vais me livrer ici, à travers cette source exceptionnelle qu'est le *Livre au Roi*. Rédigé dans les premières années du XIIIe siècle, le *Livre au Roi* témoigne des ambitions de Amaury II, roi de Chypre et de Jérusalem, à l'heure où

---

1 Cet article a été préparé à l'occasion d'un séjour de recherche au Centre de Recherche Français de Jérusalem (Israël), grâce à une bourse de la Fondation Bettencourt Schueller, que je remercie ici. Je tiens aussi à remercier très sincèrement les organisateurs de ce colloque, Jérôme Devard et Bernard Ribémont, pour leur invitation et leur confiance, ainsi que tous les participants, pour leurs remarques et leurs suggestions. Un grand merci aussi à ma directrice de recherche, Élisabeth Crouzet-Pavan, ainsi qu'aux trois mousquetaires, Catherine Kikuchi, Pauline Guéna et Annabelle Marin, pour la relecture – et, forcément, à Marine Crouzet.

2 F. Jacques et S. Goyard-Fabre, *Le Droit, le juste, l'équitable*, Paris, Salvator, 2014.

3 *Cf.* bien sûr J. Le Goff, *Saint Louis*, Paris, Gallimard, 1996.

4 M. Bloch, *La Société féodale*, Paris, Albin Michel, 1968, p. 351.

5 P. Zumthor, *La Lettre et la voix. De la « littérature » médiévale*, Paris, Éditions du Seuil, 1987, p. 97.

son royaume, largement amputé par les conquêtes de Saladin, doit se reconstruire et se redéfinir[6]. Le texte est original à la fois par sa précocité et par son caractère pro-monarchique, contre les assises ultérieures fortement marquées par une idéologie nobiliaire, et inscrites, dès lors, dans un tout autre agenda politique. S'intéresser à la justice royale dans le *Livre au Roi*, ou plutôt au lien entre le roi et la justice, c'est se concentrer, il faut le préciser d'emblée, sur une image, une construction rhétorique, largement démentie par ce que l'on sait des pratiques « réelles » du pouvoir – si tant est que l'on ait jamais accès à ces pratiques. Cette image participe d'une culture politique complexe, qui contribue autant à dessiner des cadres à l'intérieur desquels les souverains peuvent agir qu'à inventer des normes selon lesquelles ils sont jugés[7].

JUGER POUR GOUVERNER

Le lien fondamental qui existe au Moyen Âge entre l'exercice de la justice et l'aptitude à gouverner est trop connu pour que je m'y attarde longuement[8] : rendre la justice est l'une des fonctions centrales du pouvoir, et le roi est toujours défini, dans toutes les sources, comme étant soucieux de justice. On peut simplement noter que le *Livre au Roi* s'inscrit pleinement dans ce schéma : ainsi, dans le chapitre 6, on précise que « le père doit avoir le baillage du royaume et de ses enfants jusqu'à ce que le plus aîné soit d'âge de rendre la justice et de gouverner son royaume[9] ». La mise en parallèle de « *gouverner* » et « *justiser* » – un verbe dont l'existence seule renvoie à la place fondamentale de cette activité

6 *Cf. Le Livre au roi*, éd. M. Greilsammer, Paris, Académie des Inscriptions et Belles-Lettres, 1995. Toutes les citations sont tirées de cette édition, désormais citée *Livre au Roi* ; les traductions proposées sont de mon fait.

7 J'ai été particulièrement stimulé par la lecture de l'article de B. Weiler, « The King as Judge : Henry II and Frederick Barbarossa as seen by their contemporaries », *Challenging the Boundaries of medieval History : the Legacy of Timothy Reuter*, Brepols, Turnhout, 2009, p. 115-140.

8 *Cf.* Y. Sassier, *Royauté et idéologie au Moyen Âge. Bas-Empire, monde franc, France, IVe-XIIe siècle*, Paris, Armand Colin, 2002.

9 *Le Livre au Roi*, éd. citée, p. 149 : « Jusque li plus ainsnés soit d'aage de justiser et de gouverner son reaume. »

dans la société médiévale – rappelle avec force à quel point ces deux actions sont liées dans l'esprit des contemporains. Dès lors, on pourrait s'attendre à ce que cette justice soit monopolisée par le roi, que sa voix soit la seule à pouvoir se faire entendre, mais il n'en est rien, bien au contraire. Le droit de rendre justice est en effet délégué aux seigneurs dans le chapitre 39, qui précise longuement qu'ils « ont le pouvoir de tenir cour en leurs terres pour juger les gens qui y vivent [...] Et ils ont le pouvoir de faire juger leurs bourgeois et les gens habitants en leur seigneurie qui commettront quelque méfait, et selon le méfait rendre la sanction [...] Et ils peuvent juger, et prendre, et défaire tous les malfaiteurs qui sont en leurs terres[10]. »

Dans l'une de ces accumulations caractéristiques du style de l'époque, le *Livre* répète trois fois en quelques lignes que les seigneurs ont le pouvoir de juger leurs gens. La justice n'est donc pas un monopole régalien. Par ailleurs, on sait que concrètement le roi ne rend que rarement la justice : les sentences sont prises et énoncées par ses hommes, et c'est d'ailleurs là l'une des formes principales du devoir de *consilium*. Dans un passage célèbre, Usâma ibn Munqidh voit, à la cour du roi, des chevaliers rendre la justice et affirme que « la décision, une fois que les cavaliers l'ont prononcée, ni le roi ni aucun chef des Francs ne peut ni l'altérer, ni l'atténuer, tant le cavalier est à leurs yeux de grande importance[11] ». Le *Livre* le dit dans le chapitre 24 : lorsqu'une plainte vient devant la Haute Cour, il appartient aux barons de donner leurs conseils au roi pour qu'il puisse ensuite, en suivant leurs suggestions, rendre la justice.

On pourrait penser que c'est là une perte pour le roi, mais ce serait anachronique. Car le roi reste impliqué lorsque la justice est rendue, et ce à toutes les échelles. On peut prendre ici deux exemples, qui nous renvoient aussi à deux situations concrètes. Le premier exemple vient du chapitre 14, qui détaille les prérogatives, considérables, du connétable, l'un des principaux officiers du Royaume de Jérusalem, représentant le

---

10 *Ibidem*, p. 249-250 : « Et ont bien poer de faire juger leur borgeis et les gens estagans en leur seignorie qui mau feront et segont le meffait rendre la deserte [...] Et peuvent juger et prendre et desfaire tous les mausfaitors qui mesfont en leur terre. »

11 Usâma Ibn Munqidh, *Des enseignements de la vie. Souvenirs d'un gentilhomme syrien du temps des Croisades*, trad. André Miquel, Paris, Imprimerie Nationale, 1983, p. 185. Passage finement commenté par A. Bishop, « Usâma ibn Munqidh and Crusader Law in the Twelfth Century », *Crusades*, n° 12 (2013), p. 53-65.

roi[12] ; parmi celles-ci, on nous dit qu'il doit rendre la justice lorsque le roi n'est pas là, et qu'il est particulièrement en charge d'appliquer la justice aux chevaliers[13]. Il a notamment un rôle-clé à jouer dans le cas d'une expédition armée :

> Aussitôt que le roi chevauche en ost, sachez bien que la raison commande que le connétable doit faire juger et amender toutes les mauvaises actions qui se feront dans l'ost, les meurtres et les larcins, et tous doivent être jugés devant lui, quels qu'ils soient qui ont mal agi, ou chevaliers ou bourgeois[14].

C'est là une clause extrêmement importante, qui s'explique bien sûr pour des raisons militaires : tout comme il revient au connétable de mettre l'armée en ordre de bataille, il lui appartient de rendre en permanence la justice afin que cette armée soit fonctionnelle. En plus de nous renvoyer au quotidien d'une armée féodale, qu'on devine assez animé (« meurtres et larcins »), c'est aussi l'un des très rares moments où les barrières sociales tombent, le connétable jugeant « quel qu'il soit qui a mal agi, ou chevalier ou bourgeois ». Certes, cela s'explique par le contexte exceptionnel de l'expédition armée, de la bataille qui menace, mais la guerre est souvent au contraire l'occasion de réaffirmer les frontières sociales : que l'on songe à l'assise de Bilbais, autorisant un noble à rester à cheval lors du siège d'une ville[15]. Et, en règle générale, le *Livre au Roi* ne cesse d'insister sur les différences sociales : les châtiments sont ainsi très différents pour les bourgeois et pour les chevaliers[16], et

---

12 Sur le connétable, on pourra lire entre autres J. J. La Monte, *Feudal Monarchy in the Latin Kingdom of Jerusalem, 1100-1291*, Cambridge, Mediaeval Academy of America, 1932, p. 117 ; A. Zouache, *Armées et combats en Syrie de 491/1098 à 569/1174 : analyse comparée des chroniques médiévales latines et arabes*, Damas, IFPO, 2008, p. 337-338.

13 *Le Livre au Roi*, éd. citée, p. 174 : « Par devant le counestable deivent estre jugiés et chastiés les mausfais as chevaliers par dreit. »

14 *Ibidem*, p. 175 : « Si tost come li rois chevauche dehors en ost, bien sachés que la raison coumande que au counestable ataint de faire juger et amender tous les mausfais qui se feront en l'ost, et les murtres et les larrecins, et tous deivent estre jugés devant luy, qui que il soient que le mal avera fait, ou chevaliers ou borgeis, par dreit. »

15 Jacques d'Ibelin, *Assises de la Haute Cour*, II, *RHC*, *Lois* I, Paris, Imprimerie Nationale, 1841, p. 455, note C. Commenté par J. Prawer, « Social Classes in the Latin Kingdom : the Franks », *A History of the Crusades*, vol. V, *The Impact of the Crusades on the Near East*, Madison, University of Wisconsin Press, 1985, p. 117-192. Pour une réflexion anthropologique sur le lien entre la guerre et les inégalités sociales, *cf.* A. Testart, *Les Chasseurs-cueilleurs ou l'origine des inégalités*, Paris, Société d'ethnographie, 1982, p. 57.

16 *Cf.* F. Besson, « "Il doit être puni, par droit et par l'assise". Le roi, le chevalier et le châtiment dans le Royaume latin de Jérusalem », *Revue Historique*, n° 676, 2015, p. 771-792.

le chapitre 45 rappelle qu'un fief ne peut être acheté « par un homme qui ne soit pas chevalier ou fils de chevalier ou de dame[17] ». Cette insistance sur les barrières sociales se comprend particulièrement bien à cette époque, à un moment où les mutations économiques et l'ascension rapide de la bourgeoise urbaine remettent en question les fondements mêmes de la seigneurie[18].

Au contraire, ici, bourgeois et chevaliers sont mis sur le même plan, et le connétable juge sans faire de différence[19]. Significativement, devant celui qui représente le roi, tout le monde est égal : on a bien là l'affirmation d'une justice régalienne, presque étatique, qui harmonise les différences sociales pour mieux mettre en ordre l'ensemble du corps politique.

Tout aussi significativement, le connétable est également chargé – c'est le paragraphe suivant du même chapitre – de gérer tout ce qui ressort des divisions des casaux et des fiefs[20]. Le connétable cumule ainsi trois fonctions : une fonction administrative, une fonction juridique, et une fonction militaire, puisque le chapitre précise enfin qu'il doit mettre l'armée en ordre de bataille, sous le commandement du maréchal. Il y a là un lien difficilement compréhensible pour nous mais évident pour les contemporains : punir les malfaiteurs, enregistrer une vente de terre, ou mettre en ordre de bataille les troupes, sont trois actions qui vont ensemble. On peut simplement noter, sans rentrer dans les détails, que ces trois actions renvoient à l'ordre, à la nécessité d'organiser et de réguler les choses. Les actions du connétable n'en font en fait qu'une : il est celui par qui le roi met le monde en ordre. Plus encore, on ne peut que remarquer que ces trois actions, en articulant la justice, la terre et la guerre, touchent aux racines mêmes de la féodalité.

---

17 *Le Livre au Roi*, éd. citée, p. 271 : « Ni a home qui ne soit chevalier ou d'estraite a chevalier ou a dame ».

18 *Cf.* G. Duby, « La Situation de la noblesse en France au début du XIIIe siècle », *Hommes et structures du Moyen Âge*, Paris, Masson, 1973, p. 343-352.

19 En théorie du moins; il est permis de penser que la pratique devait être sensiblement différente. Cela dit, on peut trouver un exemple : Philippe de Novare rapporte avoir pendu plusieurs hommes qui avaient conspiré pour l'assassiner et livrer la ville lors du siège de Kyrenia (1232-1234), et si leur meneur, Martin Rousseau, est un homme du commun, plusieurs de ses associés sont des hommes-liges du roi (Philippe de Novare, *Geste des Chiprois*, éd. G. Raynaud, Genève, Imprimerie Flick, 1887, § 199, p. 109-110).

20 *Le Livre au Roi*, éd. citée, p. 175 : « Toutes les devisions des casaus et des terres dou seignor et d'autruy [...] tout doit estre en l'office dou counestable ».

Deuxième exemple, tiré du chapitre 18 : si un bourgeois vient devant la Haute Cour et accuse un chevalier de l'avoir agressé, et qu'il n'y a pas de trace de coup[21], alors le chevalier peut se disculper en jurant son innocence. Le serment médiéval est traditionnellement prêté sur l'Évangile[22], ce qui est précisé ici : « il devra jurer sur les Saintes Écritures qu'il ne fit ni ne fit faire ce dont on l'accuse[23] ». Mais si le chevalier est un homme-lige, autrement dit s'il dépend directement du roi, il lui suffit de jurer sur cette fidélité : « Le chevalier, si c'est un homme lige, ne doit rien faire d'autre que de jurer et de dire que, par la fidélité qu'il a prêtée à son seigneur, il ne l'a pas touché, ni blessé, ni fait battre, et qu'il ne sait pas qui l'a battu, et alors il en est quitte[24]. »

Rappelons que, par la célèbre *Assise sur la ligèce*, longuement commentée par Jonathan Riley-Smith[25], tous les vassaux étaient des hommes-liges du roi : cela revient donc à dire que n'importe quel vassal peut s'innocenter en jurant sur la fidélité qu'il doit au roi. Autrement dit, le roi est sans cesse impliqué dans la justice : même s'il ne la rend pas, sa seule présence, *via* le lien qui l'attache à ses hommes, la garantit. Et tout comme on pense que Dieu punira le parjure, on s'attend à ce que le roi punisse le vassal qui oserait invoquer sa fidélité alors qu'il est coupable. Dès lors peu importe que le roi soit véritablement celui qui rende la sentence : il est au principe même de la justice, à son origine. Le roi a bien une position dominante : mais ce n'est pas tant celle de l'arbitre suprême jugeant du haut de son trône que celle de la clé de voûte, assurant par sa seule présence l'équilibre et la solidité de toute la construction. Mais se pose alors la question : le roi peut-il être injuste ? Et que se passe-t-il si c'est le cas ?

21 Référence à l'*Assise du coup apparent*, qui daterait, selon Philippe de Novare, des premiers temps du Royaume de Jérusalem ; *cf.* J. Prawer, *Crusader Institutions*, Oxford, Clarendon Press, 1980, p. 428.

22 *Cf. Le Serment .1, Signes et fonctions*, Paris, CNRS Éditions, 1991, p. 93-101.

23 *Le Livre au Roi*, éd. citée, p. 189 : « Il devra jurer sur Sainte Évangile que il se ne fist ni ne la fist faire se que l'on lit met sus… »

24 *Ibidem*, p. 188 : « Le chevalier, c'il est home lige, ne li en fera ja autre se non que il det jurer et dire que par la feauté qu'il a fait a son seignor, que il ne le toucha ne ne feri ni ne le fist batre ni ne sot qui le bati, et a tant en est quite ».

25 J. Riley-Smith, *The Feudal Nobility and the Kingdom of Jerusalem, 1174-1277*, Londres, Macmillan, 1973, p. 145-184 ; à compléter par la lecture de G. A. Loud, « The Assise sur la Ligece and Ralph of Tiberias », *Crusade and settlement. Papers reads at the First Conference of the Society for the Study of the Crusades and the Latin East and presented to R. C. Smail*, Cardiff, University College Cardiff Press, 1985, p. 204-212.

LIMITER POUR RÉGNER

Contre la possibilité de l'injustice du roi, qui mettrait à mal l'ensemble de l'édifice politique et social, le *Livre au Roi* a à cœur de fixer des normes que le roi lui-même doit respecter. C'est ce que précise le chapitre 25 : le chapitre commence par rappeler que le roi ne peut pas faire arrêter ni punir un vassal sans jugement de la cour – et on peut penser ici qu'Amaury a en tête l'altercation qui, quelques années plus tôt, l'a opposé à Henry II de Champagne, agissant alors en tant que roi de Jérusalem : celui-ci l'avait fait emprisonner à Acre, malgré les protestations d'Amaury[26]. Puis le chapitre précise que si le roi le fait, alors « la raison commande et juge que c'est le roi qui agit mal et qui renie Dieu, car il ment à la foi promise à son homme, et c'est là déloyauté, s'il transgresse à la loyauté envers laquelle il est tenu pour tous ses hommes[27] ». En cas de violence du roi, il y a rupture du contrat, et même de deux contrats : tout d'abord, du contrat vassalique qui l'unit à ses hommes (il ment à la foi promise à son homme) ; et ensuite, du contrat qui l'unit à Dieu et fait de lui le dépositaire du pouvoir (il renie Dieu). Or qu'est le roi médiéval dès lors qu'il renie Dieu ? Précisément, il n'est plus. Quand le roi franchit la limite, on n'est plus tenu de lui obéir[28] ; il est à mon sens très significatif que le premier chapitre du *Livre au Roi*, qui s'ouvre sur une réaffirmation très forte des pouvoirs et de la place centrale du roi, se termine par la phrase suivante :

26 « L'Estoire de Eracles empereur et la conqueste de la Terre d'Outre-mer », *RHC*, *Historiens Occidentaux*, II, p. 208 : « dès que Amaury fut venu devant le comte Henri, celui-ci le fit prendre et mettre aux fers, et le fit jeter dans une prison du château d'Acre. Le connétable s'étonna de ce que le comte avait fait, lui qui était son seigneur, et lui son homme-lige. Il lui fit demander pourquoi il avait fait cela. » (je traduis).

27 *Le Livre au Roi*, éd. citée, p. 209 : « La raison si comande et juge que li rois fait tout premier tort et renee Dieu, por ce que il mente sa fei vers son home, et se desleaute, si que trop mesprent vers sa leautés dont il est tenus vers tous ses homes. »

28 On sait que cette idée d'un pouvoir limité par un contrat auquel il a consenti est au cœur de la féodalité, et aura d'importantes conséquences par la suite : Otto Hintze en fait dériver le parlementarisme contemporain (*cf.* O. Hintze, *Féodalité, capitalisme et État moderne : essai d'histoire sociale comparée*, Paris, Maison des sciences de l'homme, 1991). Sans forcément aller jusque-là, on peut citer les dernières lignes du maître-ouvrage de Marc Bloch : « dans cet accent mis sur l'idée d'une convention, capable de lier les pouvoirs, réside l'originalité de notre féodalité à nous. Par là, si dur aux petits qu'ait été ce régime, il a véritablement légué à nos civilisations quelque chose dont nous souhaitons vivre encore » (M. Bloch, *La Société féodale*, *op. cit.*, p. 619).

> S'il advenait que le roi ou la reine voulût mettre une de ses forteresses au pouvoir des gens qui sont cités plus haut [soit l'Église soit les Sarrasins], la raison juge que ses hommes-liges peuvent bien empêcher et se défendre contre cette action, et ce faisant ils ne seront pas coupables d'un méfait envers leur seigneur, ni par le droit ni par l'assise du royaume de Jérusalem[29].

Le roi ne peut pas distribuer les forteresses de son royaume : il ne possède pas la terre, pas plus, d'ailleurs, qu'il ne possède le pouvoir, se contentant de l'exercer. Il y a ici, bien qu'encore d'une façon extrêmement diffuse, un vrai sens de la chose publique, incarnée dans les forteresses du royaume. On retrouve la même idée dans le chapitre 28 : si le fief d'un vassal est occupé par les Sarrasins, les vassaux peuvent forcer le roi à attaquer les musulmans pour reprendre ce fief[30]. La force royale est ici très proche d'une force publique, mise au service de tous.

Cette force publique, ou plutôt cette utilisation publique de la force royale, joue en fait contre une menace toujours omniprésente, celle d'un roi qui utiliserait pour son propre compte la force militaire dont il dispose. Ainsi dans le troisième chapitre : on précise que le roi peut donner ce qu'il veut à qui il veut, mais qu'il ne saurait distribuer la propriété de ses hommes sans leur accord écrit et scellé : « si le roi qui fait le don le scelle de son propre sceau, la raison commande et juge que cela ne vaut rien [...] car c'est une action violente sans raison[31] ». Contre l'image encore trop répandue d'un Moyen Âge ne connaissant d'autre loi que le droit du plus fort[32], on voit ici à quel point la construction politique et juridique se fait contre la violence : d'un côté, cette « *chose de force* », illégitime et même dé-légitimante, et de l'autre, l'écrit, le

---

29 *Le Livre au Roi*, éd. citée, p. 137 : « Et si il avenoit que li rois ou la royne vosist metre aucune de ses forteresses el poer de ses gens que sont dites desus, la raison juge que ses homes liges peuent bien destorber et deffendre de se faire, et si ne mesferont por ce les homes liges vers leur seignor de rien, par dreit ni par l'asise dou reaume de Jerusalem. »

30 *Ibidem*, p. 215 : « Et ses hommes liges peuvent le forcer, par sa foi, à délivrer la terre de ses hommes liges qui sont au pouvoir d'un autre. Et il est tenu de les délivrer par la force, s'il le peut. », « et bien l'en pevent semondre ses houmes liges par sa fei, qu'il delivra la terre a ces homes liges de l'autruy pooir. Et il en est tenus dou delivrer par force, se il peut. »

31 *Ibid.*, p. 142 : « C'il li roi meysmes qui fist le don le seela de son ceau, la raison juge et le dreit comande que ne vaut celuy don ne ne doit valoir por raison ne par dreit [...] por ce que ce est chose de force sans raison ».

32 Image qu'on retrouve sous-jacente dans le dernier ouvrage de T. N. Bisson, *La Crise du XIIe siècle. Pouvoir et seigneurie à l'aube du gouvernement européen*, Paris, Les Belles Lettres, 2014. Voir mon compte-rendu sur Nonfiction : http://www.nonfiction.fr/article-7425-les_chevaliers_des_hommes_politiques_.htm.

sceau, l'accord, la raison. En opposant ainsi la « raison graphique », pour parler comme Jack Goody[33], et l'arbitraire d'un roi qui ne serait plus dès lors qu'un tyran, le *Livre au Roi* reprend ici à la fois des pratiques politiques – l'accent mis sur l'accord et le consentement des vassaux – et des principes politiques, qu'on retrouverait, par exemple, dans le *Policraticus* de Jean de Salisbury[34].

Par ailleurs, il est intéressant de noter que le *Livre* construit un lien très fort entre l'écrit et la vérité[35] : c'est ce que dit le chapitre 50, qui parle des reconnaissances de dette des seigneurs : « en aucun cas on ne doit rien écrire ou consigner dans la Secrète du seigneur qui ne soit vrai, et qui dit la vérité pour tous ensemble[36] ». L'écrit, c'est le vrai, car on ne doit écrire que la vérité : cette affirmation générale, qui nous renvoie à l'autorité propre à l'écrit au Moyen Âge[37], a aussi ici une valeur performative et métatextuelle très fine : le *Livre au Roi* étant lui-même un écrit, il y a là une mise en abyme qui lui permet de se donner comme vrai, et donc comme efficace. C'est d'ailleurs sur cette affirmation que s'achève le *Livre* : « que nul n'en fasse une autre version, car elle sera entièrement fausse[38] ». Le texte construit ainsi un lien très fort entre l'autorité et la vérité, entre la capacité du roi de dire le droit et son obligation de dire le vrai. Pour dire qu'il trahit la fidélité jurée, le texte dit explicitement que le roi « ment à la foi promise à son homme[39] ». Le mauvais vassal est un traître, un félon ; le mauvais roi est un menteur. On est proche, là encore, de conceptions politiques plus larges, qu'on

33 J. Goody, *La Raison graphique. La domestication de la pensée sauvage*, Paris, Les Éditions de Minuit, 1978.

34 « Le prince doit lire la loi tous les jours, car le jour où il cesse de lire la loi est le jour de sa mort », Jean de Salisbury, Policraticus, éd. et trad. Cary J. Nederman, Cambridge, Cambridge University Press, 1990, p. 144, je traduis.

35 C. Leveleux-Teixeira, « Droit et vérité. Le point de vue de la doctrine médiévale (XIIe-XVe siècles) ou la vérité entre opinion et fiction », *Bien dire et bien aprandre*, n° 23, 2005, p. 333-349.

36 *Le Livre au Roi*, éd. citée, p. 281 : « Pour nule riens ne deit aver fait ni escrit se verité no, et dit verités por tous coumunaument ».

37 *Cf.* M. Clanchy, *From Memory to Written Record, England, 1066-1307*, Cambridge, Harvard University Press, 1979 ; J. Morsel, « Ce qu'écrire veut dire au Moyen Âge. Observations préliminaires à une étude de la scripturalité médiévale », *Memini. Travaux et documents de la Société d'études médiévales du Québec*, n° 4, 2000, p. 3-43 ; F. Menant, « Les Transformations de l'écrit documentaire entre le XIIe et le XIIIe siècles », *Écrire, compter, mesurer. Vers une histoire des rationalités pratiques*, Paris, Éditions rue d'Ulm, 2006, p. 33-50.

38 *Le Livre au Roi*, éd. citée, p. 285 : « Nus hom après se n'en orra dire qui tout faus ne soit ».

39 *Ibidem*, chapitre 25, p. 209 : « Il mente sa fei vers son home ».

retrouve par exemple à la même époque dans la littérature : on peut citer par exemple ces vers bien connus d'*Érec et Énide* de Chrétien de Troyes, donnant la parole à Arthur :

> Je suis roi, je ne dois donc pas mentir
> ni permettre la malhonnêteté,
> l'iniquité ou la démesure :
> il me faut garder raison et droiture.
> Il appartient à un roi loyal
> de maintenir la loi,
> la vérité, la bonne foi et la justice[40].

Et, dans le *Roman de Thèbes*, Tydée, le messager de Polynice, menace Étéocle en lui disant qu'« il ne mérite pas d'être roi, celui qui manque à sa parole[41] ». On retrouve d'une façon frappante, dans notre texte, cette articulation entre la vérité, la raison, et la loi. Derrière, on devine tout l'héritage de la philosophie politique antique, revivifiée par la lecture chrétienne – on pense, bien sûr, à la célèbre étymologie d'Isidore de Séville, *rex a recte agendo*[42], le roi est celui qui agit droitement, ou au jeu de mots d'Albert le Grand, *rex eris si te bene rexeris*[43], tu seras roi si tu te gouvernes bien. Le bon roi est le roi de justice : cette conception du pouvoir participe plus généralement de toute une théologie politique qui place les vertus au cœur de l'acte de gouverner[44]. Dans le *Livre au Roi*, le couple Vérité et Justice permet l'équilibre politique, mais aussi et surtout l'union du corps social : juste avant de rappeler qu'il ne faut pas faire une autre version du *Livre*, le chapitre 52 affirme : « ici finit le livre de tous les jugements, qu'établirent les anciens rois, pour les bourgeois, les chevaliers, les Syriens et toutes les autres lois[45] ». Le

---

40 Chrétien de Troyes, *Érec et Énide*, vers 1789-1801, trad. J.-M. Fritz, Paris, Lettres Gothiques, 1992, p. 154-157 : « Je sui rois, ne doi pas mentir / ne vilenie consentir, / ne fauseté, ne desmesure : / raison doi garder et droiture. / Ce apartient a leal roi, / que il doit maintenir la loi, / verité et foi et justise ».

41 *Le Roman de Thèbes*, éd. L. Constans, Paris, Didot, 1890, vers 1380, p. 70 : « A tort est reis qui sa fei ment », je traduis.

42 Isidore de Séville, *Étymologies*, livre IX, chapitre 3, 4, éd. M. Reydellet, Paris, 1984, p. 120-121.

43 P. Buc, « Pouvoir royal et commentaires de la Bible (1150-1350) », *Annales. Économies, Sociétés, Civilisations*, 44e année, n° 3, 1989, p. 691-713, ici p. 700.

44 *Cf.* D. Boutet, *Charlemagne et Arthur, ou le roi imaginaire*, Paris, Honoré Champion, 1992.

45 *Le Livre au Roi*, éd. citée, p. 285 : « Ici fenist le livre de tous les jugements qui establirent les anciens roys, et de borgés et de chevaliers et de Suriens et de toutes autres leus ».

jeu du singulier et du pluriel est ici révélateur : d'un côté, « toutes les autres lois » confessionnelles, de l'autre, le livre. Cette affirmation ne va pas de soi à une époque où la loi est surtout utilisée pour renforcer les barrières confessionnelles en séparant les communautés[46]. Dans le Royaume de Jérusalem, ou plutôt dans le royaume tel que l'imagine le *Livre au Roi*, la loi est une, car elle est vraie ; et, parce qu'elle est une, elle est unificatrice, passant au-dessus ou au-delà des frontières sociales et confessionnelles, pour dessiner l'image d'un royaume unifié.

Le *Livre* propose donc un lien fondamental entre la justice, la vérité, et l'unité. Comment dès lors régler les conflits qui ne peuvent manquer de se présenter ?

DIVISER POUR RÉUNIR

Il n'y a en fait que peu de chapitres qui portent vraiment sur les conflits et sur les moyens de les dénouer. Le chapitre 16, célèbre, reprend l'assise de Baudouin III, et donne de très importants pouvoirs au roi en cas de trahison apparente ; cela dit, non seulement J. Riley-Smith a rappelé que le roi n'avait ici que le droit de rendre la sentence, la culpabilité du vassal étant toujours décidée par le cour[47], mais surtout ce chapitre est l'exception. Il est de plus contrebalancé par le chapitre 25, déjà cité, où l'on réaffirme que le roi ne peut pas « rendre la justice que bon lui semblera[48] » envers un vassal qui aurait mal agi envers lui. Et ce chapitre réaffirme avec force le droit à « *l'esgart de court* », c'est-à-dire le droit d'être jugé par ses pairs.

L'enjeu d'une telle affirmation est de taille et ne fait sens que si on le réinscrit dans la culture politique féodale de cette époque. La société féodale se méfie en permanence de la concentration du pouvoir,

---

46 J. Tolan, « Lex alterius : Using Law to Construct Confessional Boundaries », *History and Anthropology*, n° 26 (1), 2014, p. 55-75.

47 J. Riley-Smith, *The Feudal Nobility and the Kingdom of Jerusalem, 1174-1277*, *op. cit.*, p. 145-184.

48 *Le Livre au Roi*, éd. citée, p. 208 : « Li rois n'a nul poier de metre tant tost main sur son home lige par dreit, se être en batre le, ou en fayre ly telle justize qui li semblera que faire dee por celuy mesfait. »

et privilégie systématiquement la circulation du pouvoir, ne serait-ce que symbolique, entre les différents acteurs. En cela, la société féodale ressemble jusqu'à un certain point à ces « sociétés contre l'État » qu'analysait Pierre Clastres[49] : une société qui refuse l'État pour mieux laisser le pouvoir circuler dans l'ensemble du corps social[50]. Cette circulation du pouvoir prend ici la forme de l'échange de mots, échange dont P. Clastres a souligné l'importance dans les relations politiques de ces sociétés contre l'État : rendre justice, c'est avant tout écouter. C'est ce que dit le chapitre 14 : le connétable doit « ouïr et entendre les plaintes et les torts qu'un chevalier fait à un autre ». On ne dit pas qu'il doit trancher – et de fait il ne le doit pas : son devoir est d'écouter, de permettre la circulation des mots. Il n'est pas la voix du roi, mais son oreille. L'important est de laisser parler : les seigneurs, on le sait, accordent un grand prix à ces palabres sans fin – « les Latins sont de grands parleurs », disait Anne Comnène[51] – et l'oralité, plus généralement, occupe une place de choix dans les relations sociales au Moyen Âge[52]. C'est pourquoi le roi menteur est si dangereux : il se fait alors « faux-monnayeur du discours[53] », détruisant la valeur fondatrice des mots échangés. Parler, donc, pendant des heures, laisser les seigneurs discuter entre eux, laisser les mots jouer leur rôle : jeté en prison par le comte Henry, Amaury doit sa libération à des nobles qui « parlèrent au comte et firent si bien qu'ils les réconcilièrent[54] ». Les paroles sont opposées aux gestes : dans le chapitre 25, on a d'un côté les actions du seigneur, décrites en termes physiques (« mettre la main sur », « le faire battre »,

49 P. Clastres, *La Société contre l'État*, Paris, Les Éditions de Minuit, 2011, en particulier les chapitres 2 « échange et pouvoir » et 7 « le devoir de parole ».

50 Précisons tout de même que c'est une société très hiérarchisée qui ne pense cette circulation que parmi les membres de l'élite, différence de taille avec les sociétés amérindiennes étudiées par P. Clastres.

51 A. Comnène, *Alexiade*, trad. fr. B. Leib, Paris, Les Belles Lettres, 1945, tome II, chapitre IX, 3, p. 221.

52 *Oralité et lien social au Moyen Âge (Occident, Byzance, Islam). Parole donnée, foi jurée, serment*, Paris, ACHCByz, 2008.

53 Pour reprendre la belle expression de C. Leveleux-Teixeira dans sa conclusion de *La Trahison au Moyen Âge. De la monstruosité au crime politique (Ve-XVe siècle)*, Rennes, Presses Universitaires de Rennes, 2009, ici p. 394.

54 *L'Estoire de Eracles empereur et la conqueste de la Terre d'Outre-mer*, éd. citée, p. 208 : « des prudhommes parlèrent au comte Henri, et lui montrèrent qu'il avait eu tort de mettre la main sur son homme, de l'arrêter et de le prendre ainsi ; et ils firent si bien qu'ils les réconcilièrent ».

« trancher un membre[55] »), et de l'autre le jugement de la cour. Contre la brutalité des gestes, contre la violence des corps saisis et malmenés, les paroles des juges, les mots de la raison. Ces longues conversations, qui permettent aux seigneurs de se mettre en scène en faisant la preuve de leur éloquence, servent également de mécanismes de sécurité : cela laisse le temps aux esprits de refroidir, aux alliances de jouer, et permet donc d'éviter qu'un conflit ne dégénère trop rapidement. Contre l'immobilité de la sentence, venue d'en haut, la société féodale préfère la souplesse des paroles échangées dans le tissu social, entre égaux. Comme l'écrivait Marc Bloch, « si le livre favorise l'immobilité, la parole [est] toujours facteur de mouvement[56] » ; et c'est l'un des tours de force du *Livre au Roi* que d'arriver à tenir ensemble l'autorité des mots écrits et l'efficacité des paroles orales.

Dès lors il n'est pas surprenant que la grande majorité des conflits se dénouent par des compositions[57], c'est à dire par des processus qui relèvent de ce qu'on a longtemps appelé l'infra-judiciaire, avant que des études plus récentes ne réintègrent ces négociations dans la sphère du juridique[58]. On le voit ici avec le chapitre 20 : si un chevalier a tué un bourgeois, il doit être puni, sauf s'il s'est accordé avec les parents du mort[59], et ces pratiques sont pleinement acceptées par la Cour. Hélène Débax, dans sa belle étude sur le Languedoc féodal, a montré l'importance de ces accords, de ces médiations, qui permettent de réconcilier les différents acteurs bien mieux que ne saurait le faire un jugement formel[60] – ce qu'ont également mis

55 *Le Livre au Roi*, éd. citée, p. 208-209 : « metre tant tost main sur », « en batre le », « le fisoit coper aucun de ses menbres ».

56 M. Bloch, *La Société féodale*, *op. cit.*, p. 121.

57 Sur l'importance de ce mode de règlement des conflits, *cf.* entre autres P. J. Geary, « Vivre en conflit dans une France sans État : typologie des mécanismes de règlement des conflits (1050-1200) », *Annales. Économies, Sociétés, Civilisations*, 41e année, nº 5, 1986, p. 1107-1133 ; N. Offenstadt, « Interaction et régulation des conflits. Les gestes de l'arbitrage et de la conciliation au Moyen Âge », *Les Rites de la justice*, Paris, Cahiers du Léopard d'Or, 9, 2000, p. 201-228.

58 *Cf.* A. Soman, « L'Infra-justice à Paris d'après les archives notariales », *Histoire, Économie et société*, 1, 1982, p. 328-372 ; à compléter par la lecture de *L'Infrajudiciaire du Moyen Âge à l'époque contemporaine*, Dijon, Édition Universitaire de Dijon, 1996. Je remercie Claude Gauvard pour cette référence.

59 *Le Livre au Roi*, éd. citée, p. 193 : « C'il advient que celuy chevalier se soit acordés o les parents dou mort… ».

60 H. Debax, « Médiations et arbitrages dans l'aristocratie languedocienne aux XIe et XIIe siècles », *Actes des congrès de la Société des historiens médiévistes de l'enseignement supérieur public*, 31e congrès, Angers, Paris, Publications de la Sorbonne, 2000 ; repris dans H. Debax

en valeur, pour d'autres sociétés, les anthropologues[61]. Ces conciliations passent fréquemment par le compromis, bien mis en valeur par Stephen White[62], qui prend assez souvent la forme du partage des biens, évoqué dans le *Livre* aux chapitres 14 et 43[63]. Ces partages sont bien attestés dans les actes de la pratique, par exemple dans une charte datée de 1162, par laquelle Pierre, archevêque de Tyr, se réconcilie avec les moines de Sainte-Marie-de-Josaphat en partageant une terre en litige[64]. La division occupe une place particulièrement forte dans la société féodale, car elle renvoie là encore à cette circulation du pouvoir dans le tissu social ; elle se rapproche en fait de l'échange, donc du don, créateur par excellence de relations sociales[65]. Pour cette division, le *Livre* dit « *devise* » : faut-il s'étonner que le terme puisse aussi signifier discours, conversation[66] ? Il y a là un lien fondamental, inscrit au cœur de la culture médiévale, entre le partage des biens et l'échange des mots[67]. La division féodale n'est pas la *stasis* grecque[68] : elle n'est pas placée sous l'aune de la guerre civile,

---

La Féodalité languedocienne (XIe-XIIe siècles). Serments, hommages et fiefs dans le Languedoc des Trencavel, Toulouse, Presses Universitaires du Mirail, 2003.

61 *Cf.* par exemple Jared Diamond, *Le Monde jusqu'à hier. Ce que nous apprennent les sociétés traditionnelles*, Paris, Gallimard, 2013, en particulier le chapitre « compensation pour la mort d'un enfant », p. 99-103.

62 S. D. White, « "Pactum… Legem vincit et Amor Judicium" – The Settlement of Disputes by Compromise in Eleventh-Century Western France », *The American Journal of Legal History*, vol. 22, n° 4, 1978, p. 281-308.

63 Le chapitre 14, déjà cité, précise que le connétable doit s'occuper des divisions des casaux et des fiefs ; le chapitre 43 évoque le cas d'une noble rentrée dans les ordres, qui peut sortir de son monastère pour procéder à la vente des biens d'un sien parent, si celui-ci ne s'est pas occupé de les partager avant sa mort (« est mort sans devise faire »). L'absence de division des biens est ici une anormalité qu'il faut corriger, même au prix d'une autre anormalité, celle d'une nonne sortant de son monastère et maniant les biens et l'argent du siècle.

64 *Le Cartulaire du Chapitre du Saint-Sépulcre de Jérusalem*, éd. G. Bresc-Bautier, Paris, P. Geuthner, 1984, charte n° 57, p. 148-149.

65 *Cf.* dans une bibliographie pléthorique, M. Mauss, *Essai sur le don : forme et raison de l'échange dans les sociétés archaïques*, Paris, Presses Universitaires de France, 2012 ; J. T. Godbout et A. Caille, *L'Esprit du don*, Paris, La Découverte, 1992.

66 Par exemple *Les Cent nouvelles nouvelles*, éd. F. P. Sweetser, Genève, Droz, 1966, p. 371 : « les autres en eurent maintes devises ensemble… ». On pense aussi au titre du récit de voyage de Marco Polo, *Le Devisement du monde*.

67 Jean-Baptiste de La Curne de Sainte-Palaye, *Dictionnaire historique de l'ancien langage françois ou Glossaire de la langue françoise : depuis son origine jusqu'au siècle de Louis XIV*, tome 5, Paris, H. Champion, 1878, p. 180-181, signale que le mot veut également dire volonté, mais aussi ordre ou rang : il y a donc un lien, fabuleusement complexe et qui serait à analyser en profondeur, entre la conversation, le partage des choses, la prise de décision, et la mise en ordre du monde.

68 *Cf.* N. Loraux, *La Cité divisée. L'oubli dans la mémoire d'Athènes*, Paris, Payot, 1997.

mais au contraire de la paix, de la réconciliation. Le *Livre au Roi* reprend le grand rêve de l'ère féodale : partager les mots et les biens pour mieux réunir les hommes.

Mais, dans ce tissu social sans cesse reprisé, le *Livre* introduit quand même une coupure majeure : le chapitre 24 précise que le vassal, convoqué pour venir donner son conseil, ne peut pas s'en dispenser sous peine de perdre son fief : il doit venir « donner son conseil en toute bonne foi[69] ». Rien que de très classique jusque-là : c'est le *consilium*, qui complète l'*auxilium*. Mais le *Livre au Roi* va beaucoup plus loin : le vassal convoqué devra aider son seigneur de ses conseils, même si la querelle oppose le plaignant à son père ou à sa mère[70]. On attend donc du vassal qu'il se montre fidèle à son seigneur, le roi, plus qu'à ses parents : la fidélité au roi l'emporte car, précisément, le roi est au principe de toutes les fidélités. On retrouve ici notre idée de la chose publique, du bien de tous, mais aussi l'idée, bien mise en valeur par Dominique Barthélémy, d'un État qui se construit contre le lignage[71]. Et c'est, là aussi, une affirmation à laquelle fait écho la philosophie politique de cette époque : Jean de Salisbury écrit ainsi, à nouveau dans le *Policraticus* : « pour ce qui est de la fondation de la royauté, le respect du lignage ne devrait pas l'emporter [...] c'est le désir de bien agir envers les bons sujets qui doit dominer[72] ». Ce qui se dessine à travers ces idées, en filigrane, c'est une opposition entre privé et public, la sphère politique sortant progressivement des logiques familiales – ce qui recoupe le phénomène que Joseph Morsel a appelé une « déparentalisation du social[73] ». Le royaume plutôt que les parents : c'est là, probablement, la revendication la plus forte du *Livre*, extraordinaire au fond tant elle s'oppose à ce qui est le ciment de la société féodale[74]. Mais c'est aussi, pour cette raison, la revendication

69 *Le Livre au Roi*, éd. citée, p. 207 : « Douner conceill a bone fei ».

70 *Ibidem* : « Neys se la querelle de celuy plait meysmes ou l'on li demandoit conceill fust contre son pere et contre sa mere, c'il l'avoit, c'il li doit il douner conceill le miaudre qu'il savera ».

71 D. Barthélémy, « L'État contre le lignage », *Médiévales*, n° 10, 1986, p. 37-50.

72 Jean de Salisbury, *Policraticus*, éd. citée, p. 33.

73 J. Morsel, *L'Histoire (du Moyen Âge) est un sport de combat... Réflexions sur les finalités de l'histoire du Moyen Âge destinées à une société dans laquelle même les étudiants d'histoire s'interrogent*, Paris, LAMOP, 2007 (texte disponible en ligne), p. 109-135.

74 *Cf.* M. Aurell, « Introduction. Rompre la concorde familiale : typologie, imaginaire, questionnements », *La Parenté déchirée. Les luttes intrafamiliales au Moyen Âge*, Turnhout, Brepols, 2010, p. 7-48.

la plus vide : toute l'histoire postérieure montre en effet que les nobles continuèrent à mettre la fidélité au lignage au-dessus de la fidélité à la couronne.

CONCLURE POUR FINIR

Tout ce qu'on a souligné ici relève de l'image, et on sait à quel point la pratique est différente : furieux contre Raoul de Tibériade, qu'il pense être le commanditaire de l'attentat qui l'a presque tué, Amaury fait saisir ses fiefs et le fait expulser du royaume, malgré l'opposition de ses nobles, et en ignorant totalement l'*Assise sur la ligèce*[75]. De toute évidence, la marge de manœuvre du roi est grande, et il convient, lorsqu'on étudie les assises, de ne pas surestimer ces textes, qui fonctionnent surtout comme des constructions rhétoriques.

Et c'est précisément quand on le prend comme tel que le *Livre au Roi* révèle toute sa richesse : ancré dans une culture politique complexe, il dessine un modèle de bonne gouvernance, articulée autour de la personne royale. La justice s'impose dès lors comme la clef de voûte de cette ambition royale : c'est le roi qui dit le droit, en punissant ceux qui l'enfreignent. Mais le roi lui-même doit agir comme il faut : il n'a d'autorité que tant qu'il est juste, et donc qu'il respecte les limites. C'est ce à quoi sert le *Livre au Roi* : non pas à poser l'autorité royale comme absolue, mais au contraire à en dessiner les limites, pour mieux souligner que le roi ne les enfreint pas[76]. Loin de ne servir qu'à mettre en scène l'autorité souveraine, la justice est dès lors une notion complexe, qui renvoie à la nature fondamentalement relationnelle du pouvoir royal. La justice ne permet pas au roi de se faire le maître de tous : elle l'oblige à se montrer au service

75 J. Riley-Smith, *The Feudal Nobility and the Kingdom of Jerusalem, 1174-1277*, *op. cit.*, p. 159.

76 On peut aussi penser que ce discours, qui insiste sur les limites et présente donc les relations entre le roi et ses vassaux sous l'angle du contrat, permet au roi de justifier ses actions, même les plus arbitraires : il suffira en fait de prouver que le vassal attaqué ou accusé a rompu en premier ce contrat – qu'on pense encore une fois à l'opposition entre Amaury et Raoul de Tibériade. Dès lors le vainqueur sera celui qui saura le mieux argumenter, et on comprend que, dans ce bras de fer verbal, le roi peut penser qu'il aura toujours le dernier mot – surtout après avoir exilé le meilleur juriste du royaume…

de chacun[77]. On passe, au fond, de l'arbre de saint Louis au rhizome de Deleuze[78], autrement dit d'un pouvoir s'exprimant dans la verticalité de l'institution à un pouvoir qui se constitue dans des interactions horizontales, sans cesse renouvelées, avec des groupes sociaux qui lui échappent toujours au moins en partie, d'un pouvoir qui fait racine à un pouvoir qui fait réseau. En construisant une telle grammaire du pouvoir royal, le *Livre au Roi* va bien au-delà du simple horizon juridique.

Le texte contribue également à bannir la violence : qu'elle soit exercée à la demande des chevaliers et pour le bien du royaume, ou au contraire tenue à distance par l'usage de la raison et de l'écrit, la violence est mise à l'écart. Le *Livre au Roi* joue dès lors comme un message adressé aux vassaux : il s'agit de réaffirmer l'autorité royale tout en condamnant le spectre de l'*arbitrarium regis*. Le *Livre au Roi*, tant dans le fond que dans la forme, répond ainsi aux troubles du temps en dessinant l'image d'un monde ordonné, où chacun est à sa place. À l'image des fresques du bon gouvernement de Sienne, représentant une cité idéale pour mieux conjurer la peur[79], le *Livre* invente un roi parfait pour conjurer le spectre du tyran. Ce faisant, il contribue aussi à construire le royaume comme chose publique : en insistant sur la disponibilité du roi, en le représentant au service de ses hommes, en mettant sans cesse en scène la circulation des biens, des mots, et du pouvoir, le *Livre au Roi* propose l'image – pas même le modèle, tout au plus l'esquisse – d'un État qui se fonde moins dans le monopole d'une violence légitime que dans le partage d'une parole politique. Il y a, là aussi, un legs « dont nous souhaitons vivre encore[80] ».

Florian BESSON
Université Paris-Sorbonne

77 L'autorité royale ainsi comprise se rapproche du pastorat, tel qu'il est analysé par Michel Foucault, une forme de « gouvernementalité » qui associe l'autorité à l'humilité. *Cf.* M. Foucault, *Sécurité, territoire, population. Cours au Collège de France (1977-1978)*, Paris, Gallimard, 2004 ; on lira J. Dalarun, *Gouverner c'est servir. Essai de démocratie médiévale*, Paris, Alma, 2012.

78 G. Deleuze et F. Guattari, *Mille Plateaux*, Paris, Les Éditions de Minuit, 1980, en particulier p. 31.

79 P. Boucheron, *Conjurer la peur. Sienne, 1338 : essai sur la force politique des images*, Paris, Seuil, 2013.

80 M. Bloch, *La Société féodale*, *op. cit.*, p. 618. *Cf.* page 5, note 3.

LES ASSISES DE LA COUR DES BOURGEOIS DE JÉRUSALEM, LA QUESTION DE LEURS SOURCES[1]

Il existe plusieurs traités médiévaux portant sur les *Assises* des royaumes de Jérusalem et de Chypre. La majorité de ces traités se rapportent à la Haute Cour, la cour royale, à laquelle sont assujettis les nobles latins et francs qui régissent les deux royaumes. Rédigés au cours du XIIIe siècle par des juristes aristocratiques dont les noms, en grande partie, nous sont connus – Jean d'Ibelin, Philippe de Novare, etc. – ces traités abordent, entre autres, des questions relatives au droit « féodal » : les services dus au roi ou à un autre seigneur, l'héritage de la propriété, les procédures de plaider devant la Haute Cour et des crimes commis par les nobles francs. Or parmi ces nombreux textes, il y en à un qui diffère nettement des autres. Ce traité, les *Assises de la Cour des bourgeois*, est rédigé en ancien français par un auteur anonyme, probablement au milieu du XIIIe siècle au même moment que les *Assises de la Haute Cour*. Les *Assises des bourgeois*, cependant, développent toutes les affaires pouvant être portées devant la basse cour de Jérusalem, la Cour des bourgeois.

À Jérusalem (et à Chypre, où les assises des deux cours sont également utilisées), la Cour des bourgeois existait dans toutes les villes et tous les villages où les Francs s'étaient établis[2]. Elle avait compétence sur la grande majorité des habitants du royaume. Tous ceux qui ne faisaient pas partie de la noblesse latine et franque relevaient de l'autorité de la Cour des bourgeois, notamment les marchands et artisans européens catholiques non nobles, les chrétiens orientaux, les musulmans, les juifs, et les esclaves. Sous la responsabilité de la Cour des bourgeois se trouvaient

---

1 Je voudrais remercier infiniment Ahmed Oulddali de L'IREMAM (Aix-en-Provence), mon ancien collègue de l'Université de Nantes, pour avoir fait la relecture du texte français.

2 J. Riley-Smith, *The Feudal Nobility and the Kingdom of Jerusalem, 1174-1277*, London, Macmillan, 1973, p. 85.

aussi la cour du marché ou la cour de la chaîne, et peut-être les cours des « Syriens », les cours autochtones dans les communautés non latines. Ces cours traitaient des affaires commerciales entre les marchands francs et non francs à Saint-Jean d'Acre et dans d'autres villes le long de la côte méditerranéenne, et des cas mineurs entre des chrétiens orientaux, des musulmans ou d'autres membres des communautés autochtones. Pour les crimes gaves, définis dans les assises comme une affaire dont la propriété ou le dommage valait plus d'un marc d'argent ou un crime punissable de la peine de mort, ou pour tout crime commis par une personne non latine contre un Franc, les parties devraient comparaître devant la Cour des bourgeois principale[3].

La Cour des bourgeois gérait des cas de vol, d'agression, de meurtre et d'autres crimes, ainsi que des dettes, de l'esclavage, des successions entre la population non noble, de la faute professionnelle médicale, de la vente des animaux et des droits de douane exigibles à l'importation des marchandises dans le royaume – autrement dit, toute affaire sur laquelle la Haute Cour n'avait pas de compétence[4].

Une différence essentielle entre les *Assises de la Haute Cour* et celles de la Cour des bourgeois est l'origine et les sources de ces dernières. Tandis que les *Assises de la Haute Cour* sont les coutumes et traditions féodales d'une noblesse essentiellement européenne, les *Assises de la Cour des bourgeois* ont souvent une origine plus diverse et difficile à comprendre. Les historiens des croisés débattent depuis longtemps de la nature des Assises des bourgeois. Celles-ci comprennent essentiellement le droit coutumier de Jérusalem, des assises d'origine romaine, des lois influencées par le droit canonique, et des lois ayant peut-être une autre origine. Qui a écrit ces *Assises* ? Furent-elles écrites par un seul auteur à un seul moment, ou par plusieurs personnes avant d'être compilées ultérieurement en un livre ?

J'ai l'intention de donner un aperçu de l'histoire de la Cour et des *Assises des bourgeois*, des manuscrits contenant les assises et les éditions critiques modernes de celles-ci, et de leurs dates de rédaction possibles.

---

3 J. L. La Monte, *Feudal Monarchy in the Latin Kingdom of Jerusalem*, Cambridge, Medieval Academy of America, 1932, (rééd.) New York, Krauss, 1970, p. 106-109 ; J. Prawer, *Crusader Institutions*, Oxford, Oxford University Press, 1980, (rééd.) Oxford, Sandpiper Books, 1998, p. 153-154.

4 M. Nader, *Burgesses and Burgess Law in the Latin Kingdoms of Jerusalem and Cyprus (1099-1325)*, Aldershot, Ashgate, 2006, p. 150.

Ensuite, je traiterai de plusieurs types de lois qui figurent dans les assises et qui prêtent foi à l'idée que les assises sont une compilation de lois rédigées plus tôt au XIIe et XIIIe siècles, par différentes personnes qui furent ensuite compilées par un ou plusieurs juristes au milieu du XIIIe siècle, époque à laquelle elles étaient utilisées régulièrement par la Cour des bourgeois de Jérusalem.

Les *Assises de la Cour des bourgeois* ont été un peu négligées par les historiens spécialistes des croisés et du système juridique de Jérusalem. Toutefois, plusieurs éditions des *Assises* ont été imprimées. La toute première édition, pour ainsi dire, était une traduction italienne qui parut à Venise en 1535. Mais la première édition moderne a été publiée en 1839 par Édouard Kausler, d'après un manuscrit qu'il a trouvé à Munich. Selon l'historien du droit Maurice Grandclaude, ce manuscrit a été écrit à Chypre vers 1315[5]. La même année en 1839, Victor Foucher a publié une édition de la version en ancien français avec la traduction italienne sur la page opposée sur la base de l'édition italienne de 1535[6]. Ces deux publications furent aussitôt éclipsées par de nouvelles éditions regroupant tous les traités juridiques de Jérusalem et Chypre par Auguste-Arthur Beugnot dans les deux premiers volumes du *Recueil des historiens des croisades* en 1841 et 1843. Le volume de 1843 contient les *Assises des bourgeois*, sur la base du manuscrit de Venise sur lequel la traduction italienne et l'édition de Foucher sont également basées. Comme l'a fait remarquer Grandclaude, le manuscrit de Venise est en fait postérieur à celui de Munich et c'est Kausler qui a produit la meilleure édition fondée sur le meilleur manuscrit[7]. Cela dit, les trois éditions sont aujourd'hui très anciennes et il n'y en a pas eu de nouvelle depuis presque deux cent ans. Il existe, cependant, une traduction anglaise récente réalisée à partir d'une autre tradition manuscrite, celle des manuscrits grecs traduits de l'ancien français au seizième siècle. Cette version publiée par Nicholas Coureas en 1997 est très utile, même si

5 J. Prawer, *Crusader Institutions*, *op. cit.*, p. 359 ; M. Grandclaude, *Étude critique sur les Livres des Assises de Jérusalem*, Paris, Jouve, 1932, p. 65-66.

6 *Les Assises du Royaume de Jérusalem (textes français et italien)*, vol. 1, part. 1 : *Assises des Bourgeois*, éd. V. Foucher, Rennes, Blin, 1839.

7 M. Grandclaude, *Étude critique sur les Livres des assises de Jérusalem*, *op. cit.*, p. 65-66. La conclusion de M. Grandclaude est généralement acceptée par les historiens et l'édition de Kausler a été utilisée ici (*cf.* la note 14 ci-dessous).

la traduction d'une traduction peut différer grandement par rapport à l'ancien français[8].

Le contenu des *Assises des bourgeois* est assez désordonné et ne présente pas le même cadre organisationnel que les *Assises de la Haute Cour*. Dans une certaine mesure, les assises sont organisées selon des thèmes généraux. Les premiers vingt-six chapitres de l'édition de Kausler traitent de la procédure devant la cour. Les chapitres suivants abordent l'achat, la vente et la location des biens et des animaux, le paiement des dettes, la capacité de différentes personnes de témoigner devant la cour, le droit du mariage, les testaments et l'héritage. Le droit pénal apparaît de façon très aléatoire dans les assises, mais de nombreuses lois criminelles sont placées à la fin du texte dans les chapitres 236 à 292 (sans tenir compte des lois criminelles qui se trouvent ailleurs ou des assises non criminelles incluses dans ces chapitres).

Il est relativement facile de dater les *Assises de la Haute Cour*, car elles furent écrites par des personnes connues et à des moments spécifiques. Il n'en va pas de même des *Assises des bourgeois* dont la datation présente quelques difficultés. Le comte Beugnot a remarqué qu'elles furent écrites pendant la période où Jérusalem était entre les mains des chrétiens, et que, le roi Amaury étant le dernier roi mentionné dans le texte, leur rédaction datait de la période entre la mort de ce roi survenue en 1174 et la prise de Jérusalem par Saladin en 1187. Beugnot a suggéré une date située entre 1174 et 1180, c'est-à-dire au début du règne du roi Baudouin IV[9]. Les conclusions de Beugnot ont été acceptées par d'autres historiens au dix-neuvième siècle, y compris l'allemand Hans Prutz, qui a proposé une date plus proche du début du règne d'Amaury[10].

Au XXe siècle, cependant, Grandclaude a mis en exergue la présence dans le traité d'un « bailli » à Jérusalem, c'est-à-dire un régent pour un roi absent, ce qui fixerait la rédaction du texte entre 1229 et 1244. Jérusalem est revenue sous contrôle des chrétiens en 1229 en vertu d'un traité conclu pendant la croisade de l'empereur Frédéric II, mais le royaume était administré par les nobles à Saint Jean d'Acre et un bailli

8 *The Assizes of the Lusignan Kingdom of Cyprus*, éd. N. Coureas, Nicosia, Cyprus Research Centre, 2002.

9 A.-A. Beugnot, *RHC*, *Lois*, II, Paris, éd. Académie royal des inscriptions et belles-lettres, 1843, repr. Farnborough : Gregg, 1967), introduction, p. XXXVII.

10 H. Prutz, *Kulturgeschichte der Kreuzzüge*, Berlin, Ernst Siegfried Mittler und Sohn, 1883, p. 345.

représentait les intérêts du fils de l'empereur, Conrad IV d'Allemagne, le roi légitime qui ne s'est jamais rendu à Jérusalem. La ville fut prise à nouveau par les musulmans en 1244. Des références dans le texte à une reine ont amené Grandclaude à croire que la rédaction des assises datait de 1243 ou 1244, lorsque la reine de Chypre, Alice, agissait au titre de régent pour Conrad[11]. Le grand historien israélien des institutions franques, Joshua Prawer, a suggéré une date entre 1240 et 1244 pour des motifs similaires[12]. De son côté, Marwan Nader est d'accord avec Grandclaude et Prawer, tout en soulignant la possibilité que les assises dans leur ensemble ne soient pas écrites par un seul auteur au même moment. Selon lui, on ne peut exclure l'idée d'une compilation utilisant beaucoup de lois émises à différents moments au cours du XIIe et XIIIe siècles[13]. Un chapitre qui semble indiquer une date particulière ne peut donc être utilisé que pour déterminer la date de rédaction du chapitre lui-même, et non pas toutes les assises en général.

Quant aux sources des *Assises des bourgeois*, on peut mettre en relief au moins trois types de lois pouvant nous aider à préciser la date de compilation des Assises, à savoir le droit romain, le droit canonique et le droit coutumier germanique. Le plus important et le plus facile de discerner dans le texte est le droit romain.

Beaucoup d'historiens ont déjà proposé que les *Assises des bourgeois* soient grandement influencées par le droit romain. Cela ne devrait pas nous surprendre, car l'introduction des assises reprend la définition de la justice donnée par les *Institutes* de l'empereur Justinien, créateur du *Corpus Iuris Civilis* au sixième siècle – *justicia est constans et perpetua uoluntas, ius suum cuique tribuens* – « la justice est la volonté constante et perpétuelle de rendre à chacun ce qui lui est dû[14] ». De toute évidence, l'auteur des assises, ou la personne qui les a compilées, croyait que les *Assises de Jérusalem* se fondaient sur le droit romain. Cela peut également démontrer que cette personne a été formée au droit romain, dans l'une

11 M. Grandclaude, *Étude critique sur les Livres des assises de Jérusalem*, *op. cit.*, p. 66-69.

12 J. Prawer, *Crusader Institutions*, *op. cit.*, p. 366-367.

13 M. Nader, *Burgesses and Burgess Law in the Latin Kingdoms of Jerusalem and Cyprus (1099-1325)*, *op. cit.*, p. 50-53.

14 *Les Livres des Assises et des Usages dou Reaume de Jerusalem sive Leges et Instituta Regni Hierosolymitani*, éd. E. H. Kausler, Stuttgart, Adolf Krabbe, 1839, chap. 1, une citation du premier chapitre des *Institutes* ; *Justiniani Institutiones*, éd. P. Krüger, Berlin, Weidmann, 1867, chap. I.i.

des écoles d'Europe. L'auteur en question avait-il amené un livre de droit avec lui à Jérusalem ? A-t-il copié cette phrase directement d'une copie physique d'un livre ? Ou s'agit-il ici d'une phrase bien connu parmi les juristes médiévaux ?

Hans Prutz a proposé une réponse à ces questions en soutenant que les chrétiens grecs et syriens auraient toujours utilisé le droit romain sous la forme de droit byzantin, et que les francs l'auraient emprunté à leurs nouveaux sujets orientaux[15]. Grandclaude a également cru que les chrétiens orientaux auraient pu avoir une influence sur les assises des croisés, mais comme il est précisé dans les *Assises* elles-mêmes, la Cour des bourgeois a commencé en 1251 à enregistrer tous les cas dans un registre. La création d'un registre, selon Grandclaude, est une preuve concrète de l'influence du droit romain, car le droit médiéval européen n'avait pas de tradition écrite[16]. De plus, puisque les autres traités juridiques de Jérusalem ne mentionnent aucunement le droit romain, l'auteur ou le compilateur des *Assises des bourgeois* aurait été un amateur du droit romain qui, de l'avis de Grandclaude, ne le comprenait réellement pas[17].

Joshua Prawer a rejeté l'idée que les Francs auraient emprunté le droit romain aux chrétiens orientaux. Il a plutôt pensé que les colons francs l'apportèrent avec eux du Sud de France, de l'Italie ou de la Sicile, où la tradition romaine avait déjà été redécouverte au moment des croisades[18]. Prawer était convaincu que les *Assises des bourgeois* étaient initialement divisés en livres, titres et chapitres, à l'instar des volumes du droit romain, et plus spécifiquement que les assises pouvaient être divisés en 26 chapitres ; mais il a admis que les copies des *Assises* qui nous sont parvenues ne sont pas divisées de telle manière[19].

Prawer est allé beaucoup plus loin que les historiens antérieurs en identifiant une source spécifique que les Francs auraient utilisée pour compiler les *Assises de la Cour des bourgeois*, à savoir un traité juridique écrit en Provence et connu sous le nom *Lo Codi*. Rédigé vers 1149 en occitan, ce traité fut ensuite traduit en catalan et en latin, et est lui-même fortement influencé par le droit romain. Selon Prawer, la traduction latine était la source de soixante-trois chapitres des *Assises des bourgeois* et a inspiré cinquante-trois

15 H. Prutz, *Kulturgeschichte der Kreuzzüge*, *op. cit.*, p. 347-348.

16 M. Grandclaude, *Étude critique sur les Livres des assises de Jérusalem*, *op. cit.*, p. 67.

17 *Ibidem*, p. 123-125.

18 J. Prawer, *Crusader Institutions*, *op. cit.*, p. 385-389.

19 *Ibidem*, p. 369-371.

autres chapitres[20]. Nader est d'accord pour reconnaître qu'il existe des similitudes entre *Lo Codi* et les *Assises*, mais l'organisation générale et le manque de traductions directes montrent que les *Assises* ne sont pas copiées du *Lo Codi*. Contrairement à ce que dit Prawer, les *Assises* ne sont pas (selon Nader) écrites par une seule personne, donc aucune personne n'a copié *Lo Codi* directement dans le texte des *Assises*[21].

Prawer a également noté qu'au XIIIe siècle, il existait à Jérusalem de nombreux notaires et autres professionnels du droit formés dans les universités d'Europe[22]. L'américain James Brundage a identifié plusieurs « maîtres » de droit romain et droit canonique présents dans le royaume de Jérusalem aux XIIe et XIIIe siècles, époque à laquelle les *Assises* furent rédigées[23]. Dès lors, des personnes disposant des connaissances juridiques nécessaires habitaient et travaillaient dans le royaume. Ils ont certainement participé de manière active à la culture juridique en rédigeant des actes notariés et en établissant des chartes, et une telle expertise juridique aurait été nécessaire pour authentifier le registre créé en 1251.

L'un des ces maîtres auraient pu introduire le droit romain dans les *Assises des bourgeois*. En effet, il semble que bon nombre des assises sont tirées ou inspirées directement par le droit romain publié au sixième siècle par Justinien, et non pas par un autre traité médiéval comme *Lo Codi*. Pour en donner un exemple, certaines assises mettent l'accent sur une question pertinente à Rome et à Jérusalem, à savoir l'esclavage.

Deux chapitres des *Assises des bourgeois* traitent des esclaves blessés ou malades qui meurent à la suite d'une intervention médicale inadaptée à leur maladie. Si l'esclave est rendu invalide à cause de l'incompétence du médecin, c'est-à-dire si le médecin prescrit un médicament nocif ou qu'il pratique une chirurgie qui provoque une infirmité durable, ce médecin sera tenu responsable et subira une sanction pécuniaire. En revanche, si l'esclave meurt à la suite de l'intervention d'un médecin compétent, celui-ci ne subira aucune peine[24]. En général, ces assises

20 *Ibid.*, p. 372-377.

21 M. Nader, *Burgesses and Burgess Law in the Latin Kingdoms of Jerusalem and Cyprus (1099-1325)*, *op. cit.*, p. 56-57.

22 J. Prawer, *Crusader Institutions*, *op. cit.*, p. 290-292.

23 J. A. Brundage, « Latin jurists in the Levant : the legal elite of the Crusader States », *Crusaders and Muslims in Twelfth-Century Syria*, Leiden, Brill, 1993, p. 21.

24 *Les Livres des Assises et des Usages dou Reaume de Jerusalem sive Leges et Instituta Regni Hierosolymitani*, éd. citée, chap. 231 et 233.

correspondent à une loi particulière remontant à l'ère de la république romaine appelée la *Lex Aquilia*. Cette loi traitait des dommages aux biens, y compris les esclaves, qui représentaient une catégorie spéciale des propriétés dans le droit romain[25]. La *Lex Aquilia* est utilisée même plus clairement dans une autre assise, le chapitre 264 de l'édition de Kausler, qui précise que lorsqu'un esclave est frappé par une personne autre que son maître, l'esclave lui-même ne peut porter une plainte contre cette personne, mais son maître peut le faire et peut demander une indemnisation. Cependant, si l'esclave est mort à cause des coups reçus, la personne qui l'a frappé doit indemniser le maître de l'esclave en lui versant une somme correspondant à la valeur de l'esclave pendant toutes ses années de service[26].

Cette assise présente de grandes similitudes avec les dispositions de la *Lex Aquilia*, mais il existe aussi quelques différences importantes. La différence essentielle entre les esclaves romains et ceux des croisés est que la plupart des esclaves dans le royaume de Jérusalem, sinon tous, sont musulmans capturés lors d'une bataille. Ceux-ci pouvaient ensuite être rachetés par leurs coreligionnaires, et il était possible qu'ils ne servent d'esclaves que pendant une courte période[27] ; ce qui pourrait expliquer la différence entre les façons d'estimer la valeur d'une esclave à Rome et à Jérusalem. La formulation de cette assise serait donc inspirée par la *Lex Aquilia*, mais quand cette loi romaine parle des esclaves en général, les assises de Jérusalem parlent des musulmans uniquement – un esclave et un musulman sont la même chose.

L'auteur/compilateur des assises a fait un travail similaire lorsqu'il traite du témoignage devant la cour – en règle général, à Jérusalem les chrétiens occidentaux pouvaient témoigner en toute circonstance, ce qui n'était pas le cas des musulmans. Ceux-ci ne témoignaient que rarement, voire jamais. Le chapitre 264, par exemple, dit également qu'en témoignant contre les chrétiens, les esclaves (c'est-à-dire les musulmans) se trouveraient dans une position supérieure à ceux-ci, ce qui serait intolérable.

Ici on passe à l'une des autres sources des *Assises*, à savoir le droit canonique. On trouve exactement le même cas dans le droit canonique où il

---

25 *Iustiniani Digesta*, éd. T. Mommsen and P. Krüger, Berlin, Wiedmann, 1872, chap. 9. 2.

26 *Les Livres des Assises et des Usages dou Reaume de Jerusalem sive Leges et Instituta Regni Hierosolymitani*, éd. citée, chap. 264.

27 Y. Friedman, *Encounter Between Enemies : Captivity and Ransom in the Latin Kingdom of Jerusalem*, Leiden, Brill, 2002, p. 113-116, 147-148.

y a une loi qui empêche les juifs de témoigner pour les mêmes motifs[28]. Notre auteur ou compilateur a simplement remplacé les juifs du droit canonique par les musulmans, pour refléter la réalité sociale à Jérusalem.

L'influence du droit canonique sur les *Assises*, bien que mineure, est une autre preuve que des « maîtres » juridiques furent présents à Jérusalem et qu'ils ont participé activement à l'élaboration de la législation, même la législation « séculière ». L'une des définitions de la justice dans les *Assises des bourgeois* dit que la Cour doit entendre toute affaire de manière impartiale et sans favoriser l'une des parties au détriment de l'autre[29]. Évidemment, cela est un conseil judicieux pour toute cour, mais la formulation spécifique de l'assise en ancien français contient une citation en latin tirée des *Décrétales* de Grégoire IX[30].

Les *Assises des bourgeois* parlent largement des enjeux liés au mariage. La Cour des bourgeois ne disposait pas de compétence dans le domaine car le mariage relevait de la compétence des cours ecclésiastiques[31]. Tout de même, la Cour des bourgeois était responsable des questions découlant du mariage de deux bourgeois, telles que la succession et des droits de propriété. L'auteur/compilateur des assises se base parfois sur le droit canonique pour répondre à ces questions.

Le droit canonique et le droit séculier interdisaient le mariage de certaines personnes pour des raisons de consanguinité. Des liens de consanguinité pourraient être crées par le baptême. Par exemple, un homme était interdit de se marier avec sa filleule[32]. Ce type de mariage est également interdit par le droit canonique[33]. Mais des liens de sang pourraient également survenir de manière naturelle. Jusqu'à l'année 1215, le mariage était interdit pour les personnes ayant des liens de sang dans sept générations ou moins[34]. Cette interdiction a été modifiée lors du Quatrième concile du Latran en 1215[35]. Cependant, dans les *Assises*

28 Par exemple, *Clementinae* 2.8.1, *Liber Extra*, 5.6.16, *Corpus Iuris Canonici, Pars Secunda : Decretalium Collectiones*, éd E. L. Richter et E. Friedberg, Leipzig, Tauchniz, 1881.

29 *Les Livres des Assises et des Usages dou Reaume de Jerusalem sive Leges et Instituta Regni Hierosolymitani*, éd. citée, chap. 9.

30 *Corpus Iuris Canonici*, éd. citée, Lib. 5, Tit. 32, c. 2.

31 *Les Livres des Assises et des Usages dou Reaume de Jerusalem sive Leges et Instituta Regni Hierosolymitani*, éd. citée, chap. 178.

32 *Ibidem*, chap. 172.

33 *Corpus Iuris Canonici*, éd. citée, c. 30, q. 1, part. 2, chap. 5.

34 *Ibidem*, c. 35, q. 2, chap. 1.

35 James A. Brundage, *Medieval Canon Law*, London, Longman, 1995, p. 75, n. 5.

des bourgeois, on trouve encore la règle de sept degrés de consanguinité[36]. Est-il possible qu'un canoniste du XIIIe siècle ignore la décision du concile ? Ou cette assise est-elle rédigé avant le concile, peut-être au XIIe siècle ? Cette deuxième possibilité semble plus probable.

De plus, les chapitres portant sur le mariage interdisent le divorce, et cette interdiction est justifiée sur la base du droit canonique. Le mari et sa femme ne pouvaient obtenir le divorce parce qu'en se mariant, ils étaient devenus deux âmes à l'intérieur d'un seul corps, du point de vue de l'église[37]. Il est également noté dans les *Assises* que le divorce est interdit parce que le corps du mari appartient à sa femme, et inversement[38]. Ces deux principes, qui sont en fait tirés de la *Bible*, sont pareillement évoqués par le *Decretum* de Gratien contre le divorce[39]. Apparemment, un juriste utilisait le *Decretum* pour informer et enrichir la législation séculière de Jérusalem. Mais compte tenu de la présence de la règle des sept degrés de consanguinité, cette influence date peut-être du XIIe siècle, c'est-à-dire avant que la législation sur le mariage ne fût copiée par un compilateur au milieu du XIIIe siècle sans être modifiée ou mise à jour.

Finalement, la troisième source du droit qu'il convient de souligner brièvement, c'est le droit « germanique » ou le droit coutumier qui fut probablement amené à Jérusalem par les croisés, mais qui n'est pas tiré d'une source spécifique susceptible d'être identifié, contrairement au droit romain ou canonique. Pour illustrer l'utilisation de ce type de droit coutumier, on peut examiner les assises qui traitent des ordalies.

L'ordalie par l'eau froide est mentionnée deux fois dans les *Assises* comme méthode de preuve dans les cas de meurtre[40]. Cette ordalie ne semble pas avoir été très utilisée ; seul le poète et diplomate damascène Oussama ibn Mounqidh la mentionne[41]. L'ordalie la plus importante dans les *Assises* est le combat judiciaire. L'historien du XIIe siècle Guillaume de Tyr a remarqué que le combat était une « coutume des Francs »,

36 *Les Livres des Assises et des Usages dou Reaume de Jerusalem sive Leges et Instituta Regni Hierosolymitani*, éd. citée, chap. 156.

37 *Ibidem*, chap. 183.

38 *Ibid.*, chap. 155-156.

39 *Corpus Iuris Canonici*, éd. citée, c. 27, q. 2, part. 1, chap. 1.

40 *Les Livres des Assises et des Usages dou Reaume de Jerusalem sive Leges et Instituta Regni Hierosolymitani*, éd. citée, chap. 259 et 278.

41 Usâma Ibn Munqidh, *The Book of Contemplation : Islam and the Crusades*, trad. P. M. Cobb, London, Penguin, 2008, p. 152-153.

c'est-à-dire une loi non écrite des ancêtres germaniques des croisés[42]. Ce type d'ordalie n'a certainement aucunement été influencé par le droit romain ou canonique, où les ordalies étaient inconnues. Le combat judiciaire est décrit en détail dans les *Assises*. Un combat pouvait avoir lieu typiquement lors d'une affaire concernant la propriété d'une valeur de plus d'un marc d'argent[43]. Les bourgeois devaient lutter à l'aide d'une massue et un bouclier en bois, et la cour leur fournissait des vêtements et des chaussures rouges[44]. Si les deux parties ne pouvaient se réconcilier avant le jour du combat, ils commenceraient la lutte à midi. À la fin du combat, le vaincu était pendu – même s'il avait déjà été tué pendant le combat[45]. C'est encore une fois Oussama ibn Mounqidh qui nous donne des preuves que ces ordalies eurent lieu à Jérusalem ; sa description d'un combat vers l'année 1140 est remarquablement similaire aux règles décrites dans les *Assises*[46].

Le combat judiciaire fait également partie des *Assises de la Haute Cour.* La noblesse de Jérusalem et de Chypre pouvait participer à un combat pour les mêmes raisons que les bourgeois, mais les chevaliers luttaient à cheval avec des armes en fer[47]. Il est intéressant de noter que plusieurs combats judiciaires sont survenus au cours des XIIe et XIIIe siècles, y compris un combat décrit par Philippe de Novare qui suit dans une large mesure les règles de combat élaborées par l'auteur lui-même dans son traité juridique[48].

Il est un peu étrange de trouver le combat juridique dans les sources juridiques et historiques de Jérusalem du XIIIe siècle, car les ordalies furent interdites par le Quatrième concile du Latran en 1215[49]. C'est

42 *De consuetudine Francorum*, *Willelmi Tyrensis Archiepiscopi Chronicon*, éd. R. B. C. Huygens, Turnout, Brepols, 1986, chap. 14.16.

43 M. Nader, *Burgesses and Burgess Law in the Latin Kingdoms of Jerusalem and Cyprus (1099-1325)*, *op. cit.*, p. 150.

44 *Les Livres des Assises et des Usages dou Reaume de Jerusalem sive Leges et Instituta Regni Hierosolymitani*, éd. citée, chap. 266.

45 *Ibidem*, chap. 268.

46 Usâma Ibn Munqidh, *The Book of Contemplation : Islam and the Crusades*, trad. cit., p. 151-152.

47 Philippe de Novare, *Le Livre de forme de plait*, éd. et trad. P. W. Edbury, Nicosia, Cyprus Research Centre, 2009, chap. 14 ; Jean d'Ibelin, *Livre des Assises*, éd. P. W. Edbury, Leiden, Brill, 2003, chap. 61 et 84, entre autres.

48 Philippe de Novare, *Guerra di Federico II in Oriente (1223-1242)*, éd. et trad. S. Melani, Naples, Liguori Editore, 1994, chap. 22(117).

49 R. Bartlett, *Trial by Fire and Water : The Medieval Judicial Ordeal*, Oxford, Oxford University Press, 1986, p. 100.

donc un autre cas où les Francs de Jérusalem ont apparemment ignoré les dispositions du concile, à l'image des différences entre les lois de consanguinité mentionnées ci-dessus.

Pour conclure, il est évident que les *Assises de la Cour des bourgeois* n'ont pas de source unique et, de plus, qu'elles ne furent pas rédigés à une seule époque par un seul auteur au milieu du XIIIe siècle comme c'est le cas pour la plupart des *Assises de la Haute Cour*. Il y a probablement beaucoup de différentes sources utilisées dans la rédaction des *Assises*, parmi lesquelles le droit romain, le droit canonique, et le droit coutumier germanique que nous avons étudiés ici.

L'introduction du droit romain dans les *Assises* est le résultat d'un travail créatif par un ou plusieurs auteurs. Il n'est pas emprunté aux chrétiens orientaux, et même si des lois similaires existent dans *Lo Codi*, l'effort d'adapter le droit romain est une preuve que l'auteur ou le compilateur des *Assises des bourgeois* de Jérusalem n'a pas utilisé *Lo Codi* directement, car l'auteur de ce texte occitan a simplement copié le droit romain sans le modifier pour prendre en compte la réalité de l'époque où il était rédigé. Cela semble suggérer qu'au lieu d'avoir une influence directe sur les *Assises de Jérusalem*, *Lo Codi* et les *Assises* sont tous les deux influencées par le droit romain, de façons différentes.

Le droit canonique est également utilisée parfois dans les *Assises des bourgeois*, mais non pas de la même manière que le droit romain. Les œuvres de droit canonique de Gratien et du pape Grégoire IX étaient connues et utilisées par les juristes de Jérusalem. Cependant, il y a un manque d'adaptation, un manque de créativité par rapport aux assises tirées du droit romain. Les *Assises* ont tendance à refléter l'état du droit canonique au XIIe siècle, sans tenir compte des énormes changements introduits au concile du Latran en 1215. Des maîtres du droit romain et canonique sont clairement présents à Jérusalem aux XIIe et XIIIe siècles, mais il est évident que plus d'un de ces juristes ont contribué à la rédaction des *Assises*.

Les *Assises* influencées par le droit « francique » montrent qu'il y avait un autre volet du droit de Jérusalem qui n'est pas influencé par le droit romain et canonique étudié par les maîtres formés dans les universités d'Europe. Il est rare que nous puissions voir les *Assises* appliquées dans des situations réelles dans les sources historiques, mais les assises qui traitent des ordalies montrent qu'au moins certaines assises avaient une application pratique. Les *Assises des bourgeois* ne sont pas un traité théorique reflétant les opinions d'un seul auteur, mais une compilation des lois utilisées, selon toute probabilité, par la cour de Jérusalem au XIIIe siècle.

Ce ne sont pas toutes les sources possibles du droit de Jérusalem. Elles sont plutôt les sources qui illustrent le mieux la possibilité que les *Assises* contiennent plusieurs lois différentes rédigées par différentes personnes à différents moments pendant toute l'histoire du royaume de Jérusalem. La conclusion qui nous semble inévitable est que plusieurs Assises ont été émises par la cour des bourgeois au cours des deux siècles, et qu'un compilateur ultérieur nous a donné le texte final.

Adam M. BISHOP
Toronto

LE RÈGLEMENT DES CONFLITS DANS LE *LIVRE DES ASSISES* DE JEAN D'IBELIN

Ayant eu l'occasion d'aborder le règlement des conflits dans ma thèse pour une région, le Poitou et une époque : la fin du Moyen Âge, il m'a paru intéressant de confronter deux sociétés à priori très dissemblables : celle que révèlent les coutumiers rédigés à partir des XIIIe-XIVe siècles en métropole et celle qui se dévoile en filigrane dans le traité de Jean d'Ibelin. Celui-ci constitue avec ceux de Philippe de Novare, Geoffroy Le Tort et Jacques d'Ibelin, un manuel de procédure à l'usage de la Haute Cour de Jérusalem, à la fois organe législatif et cour de justice réservée à la noblesse.

À l'époque de sa rédaction, probablement peu avant la mort de Jean aux alentours de 1265, le royaume de Jérusalem est en pleine agonie : suite aux attaques répétées des Musulmans, il se réduit à une étroite bande côtière, qui ne tarde pas à se désagréger[1]. Jean d'Ibelin rédige donc un traité pour un État qui a cessé d'exister. Le royaume de Chypre constitue alors la base arrière des grandes familles franques auxquelles appartient Jean. À une solide culture juridique[2], s'ajoute une forte conscience identitaire particulièrement prégnante chez l'auteur dont le lignage domine cette aristocratie d'outre-mer. Pour rédiger son traité, Jean s'inspire d'ailleurs d'un ami de la famille : Philippe de Novare, chevalier courageux[3] mais aussi et surtout grand juriste.

---

1 Après Hattin (1187), les Croisés seront refoulés sur la partie littorale, laquelle va s'effilocher progressivement sous les assauts des Musulmans à partir de la 2e moitié du XIIIe siècle ; les citadelles (Tyr, Montfort, Haïfa, Césarée …) se rendront les unes après les autres. Acre sera la dernière (prise en 1291). *Cf.* J. Prawer, *Histoire du royaume latin de Jérusalem*, Paris, CNRS éditions, 2007 (2e édition), t. II, p 469 et suiv.

2 Celle-ci est commune à une bonne partie de la chevalerie d'outre-mer ; *cf.* M. Aurell, *Le chevalier lettré : savoir et conduite de l'aristocratie aux XIIe et XIIIe siècle*, Paris, Fayard, 2011, p. 198-199.

3 Il participe à la 4e croisade aux côtés de saint Louis en 1218.

L'intérêt de ce traité juridique réside non seulement dans la procédure qui y est décrite mais également dans l'idéologie qui la sous-tend. En effet, Philippe de Novare et surtout Jean d'Ibelin, ne se limitent pas à transcrire des règles et des coutumes mais transmettent également leur propre conception du pouvoir. Or, celui-ci répond d'abord aux intérêts de l'aristocratie ; de ce fait, ce traité propose une autre lecture des conflits et de leur règlement dans les États latins.

Il apparaît d'emblée que le duel judiciaire constitue la seule alternative au règlement des litiges, au sein d'une société saturée de violence. Les autres moyens de règlement des conflits feront l'objet d'une seconde partie : même si ceux-ci sont évoqués de façon plus succincte, ils n'en sont pas moins intéressants. Enfin, nous tenterons de montrer que cette aristocratie imprégnée de valeurs qui lui sont propres possède sa propre conception des moyens et des objectifs de la régulation des conflits.

UNE VIOLENCE OMNIPRÉSENTE

Les actes violents imprègnent le traité de Jean d'Ibelin, qu'ils désignent les meurtres, les homicides ou les « simples » violences.

DÉFINIR LA VIOLENCE

Ce sont le meurtre et l'homicide qui apparaissent le plus souvent. Jean d'Ibelin les définit précisément au début de son ouvrage[4]. Le meurtre est « quant home est tué de nuit ou en repost dehors ville ou dedens vile » alors que Philippe de Beaumanoir[5], auteur des *Coutumes du Beauvaisis*, est plus précis puisqu'il intègre le « guet apensé », c'est-à-dire la préméditation, la rupture de trêve ou d'asseurement. Quant à l'homicide, c'est quand « home est tué en apert (de façon visible) devant la gent[6] », nous dit Jean d'Ibelin ; « si est quand aucuns tue autrui en chaude

4 John of Ibelin, *Le Livre des Assises*, éd. P. W. Edbury, Boston, Leiden and Boston, 22003, chap. 72, p. 191.

5 Philippe de Beaumanoir, *Coutumes de Beauvaisis*, Paris, Picard, 1899-1900, art. 825, p. 430.

6 John of Ibelin, *Le Livre des Assises*, éd. citée, chap. 81, p. 222.

meslée[7] » rétorque Philippe de Beaumanoir. Si la différence entre le meurtre et l'homicide réside dans la préméditation chez ce dernier, c'est la présence ou non de témoins qui les distingue dans les *Assises de Jérusalem*. C'est bien la perception de la violence qui est en jeu ici. Le contraste qui existe entre les longs développements que Jean d'Ibelin consacre au meurtrier et la concision de sa définition du meurtre montre qu'à défaut d'être jugé de façon négative, le fait de porter atteinte à la vie d'autrui est considéré comme un fait somme toute très habituel. Ceci explique en partie le recours à un mode de preuve archaïque et peu culpabilisant. Il n'est d'ailleurs pas étonnant que la bataille soit le moyen de règlement favori de notre légiste tant il rappelle l'état de guerre qui lui était si familier[8].

Intéressons nous maintenant aux simples faits de violences. Le terme « coups[9] » est employé à plusieurs reprises. La mutilation est évoquée parmi les cas justifiant la bataille[10]. Plus rarement, Jean utilise le mot « force[11] ». Si on ne peut guère prouver leur fréquence, ces situations conflictuelles apparaissent toutes frappées du sceau de la « normalité » en tout cas dans l'esprit de Jean. De ce fait, elles trouvent leur exutoire « normatif » dans le duel judiciaire.

LA BATAILLE, REINE DES PREUVES

Au sein d'une société où la guerre est valorisée parce qu'elle constitue non seulement un moyen d'affirmation identitaire mais surtout une stratégie de survie, rien d'étonnant à ce que le duel judiciaire soit si prisé. Rappelons cependant que celui-ci constitue d'abord une preuve avant d'être une sanction.

Jean d'Ibelin énonce au moins 5 cas débouchant de manière quasi obligatoire sur un duel judiciaire : le meurtre, l'homicide, la trahison,

7 *Coutumes de Beauvaisis*, éd. citée, article 828, Jean d'Ibelin précise bien qu'il peut être commis « en meslée ou sans meslée ».

8 H. Couderc-Barraud note justement qu'au XIIe siècle il est très difficile de distinguer le duel judiciaire de la guerre privée dans les cartulaires gascons. *Cf.* H. Couderc-Barraud, « Le duel judiciaire en Gascogne d'après les cartulaire », *Le règlement des conflits au Moyen Âge*, Paris, Publications de la Sorbonne, 2001, p. 107-109.

9 John of Ibelin, *Le Livre des Assises*, éd. citée, chap. 100-101, p. 262-265.

10 *Ibidem*, chap. 68, p. 186.

11 *Ibid.*, chap. 94, p. 251 : Celui « qui se claime de force » ; doté d'une connotation positive puisqu'il fait référence au courage et aux capacités physiques, ce terme fait également référence au viol : « efforcer une femme ».

une dette d'au moins 1 marc d'argent, la saisie du fief du seigneur auxquels s'ajoutent tous les autres cas dont la vie, un membre ou l'honneur seraient l'enjeu[12]. Les coutumiers de la métropole sont beaucoup plus restrictifs. Ainsi, les *Coutumes de Beauvaisis* excluent les conflits d'intérêts. Quant aux coutumiers du Midi, ils restreignent fortement son recours[13]. En effet, les provinces méridionales subissent dès le XIIe siècle l'influence du droit romain par l'intermédiaire de l'école de Bologne[14], et du droit canonique. Or, l'un comme l'autre ignorent le duel judiciaire et nous savons que la plupart des chevaliers de Palestine sont originaires du nord de la France ; leur savoir juridique est par conséquent fortement influencé par les coutumiers septentrionaux, mais pas exclusivement, comme nous le verrons plus loin. Il faut de surcroît différencier la norme incarnée par la coutume, de la pratique : Hélène Couderc-Barraud oppose ainsi pour la Gascogne du XIIe siècle les chartes de coutume mentionnant l'usage général du duel aux recours réels cités dans les cartulaires et beaucoup moins fréquents[15]. Rien ne nous prouve donc que dans les faits, nos chevaliers font un usage général de la bataille pour résoudre leurs conflits.

L'autre point soulevé par le texte de Jean d'Ibelin réside dans le statut des personnes concernées par le duel judiciaire. Si nous savons qu'il s'adresse au premier chef à l'aristocratie, la coutume n'interdit pas moins aux autres catégories sociales d'y avoir recours ; en témoignent les *Assises des bourgeois* qui en font état assez fréquemment. Philippe de Novare mentionne même la possibilité d'une bataille entre chevalier et sergent. D'autre part, le duel judiciaire s'est démocratisé au fil du temps : des registres judiciaires de la fin du Moyen Âge font état de gages de batailles concernant des artisans[16] alors que ce mode de preuve tend à disparaître. Toutefois, le duel

12 *Ibid.*, chap. 68.

13 P. Ourliac, « Le duel judiciaire dans le sud-ouest », *Études d'Histoire du droit médiéval*, Paris, Picard, 1979, p. 253-258. La coutume de Montpellier la tolère si les parties y consentent (*Cf.* A. Tardif, *Le droit privé au XIIIe siècle d'après les coutumes de Toulouse et de Montpellier*, Paris, Picard, 1886). Il en est de même dans les *Fors anciens de Béarn* qui la mentionnent dans les cas les plus courants : trahison, meurtre ; l'accord des intéressés est également requis (*Les fors anciens de Béarn*, éd. P. Ourliac et M. Gilles, Toulouse, 1990, article 22), ce qui ne semble pas être le cas dans les assises de Jérusalem où le gage de bataille est présenté comme la seule alternative.

14 A. Gouron, *Droit et coutume en France aux XIIe et XIIIe siècle*, Adershot, 1993.

15 H. Couderc-Barraud, « Le duel judiciaire en Gascogne », art. cité, p. 98 et suiv.

16 *Chartrier de Saint-Loup*, E 1646, registre de plaids, folios 281v et 285 v. B. Lemesle mentionne également un duel auquel a participé un paysan au XIe siècle, dans « La pratique du duel judiciaire au XIe siècle », *Le règlement des conflits au Moyen Âge*, Paris, Publications de

judiciaire est interdit aux non Francs[17]. Pour un Jean d'Ibelin imprégné de la littérature de son temps[18], celui-ci exalte les vertus guerrières de la chevalerie[19], et à ce titre doit lui être réservé en priorité.

Le comte de Jaffa décline ensuite en bon juriste toutes les étapes de la procédure conduisant les parties ou leur champion sur le champ.

LES ÉTAPES D'UN RITUEL

Jean d'Ibelin consacre trois chapitres[20] à la description minutieuse du rituel de la bataille, preuve de l'intérêt qu'il lui porte en tant que représentant d'une noblesse très consciente de ses privilèges. Après avoir précisé l'heure : entre prime et tierce, Jean précise que le « champ » sera préparé par le seigneur hors de la ville ; suivent les dimensions : « 40 canes de carrures » ; sachant qu'une canne, unité de mesure proche de la toise approche les deux mètres[21], nous aurions un espace équivalent à celui d'un terrain de football. Le champ doit être nécessairement « clos de foscés et de paleys[22] » ; celles-ci étant suffisamment hautes et solides pour éviter que le cavalier soit jeté à terre hors du champ, ce qui lui ferait perdre son duel.

Une description minutieuse de l'armement suit : chausses de fer et épaulières, haubert, heaume à visière, cotte et gambisson[23]. Les chevaux doivent être pareillement couverts. Quant aux armes proprement dites, il est mentionné un écu, une lance et deux épées. Enfin, rien n'empêche d'avoir « un ou deus fouriaus plain de ce que il vodra » à condition « quei il ne puisse son aversaire gregier (blesser) ». Cette longue liste reflète davantage

la Sorbonne, 2001, p. 11. Le recours au duel dans la paysannerie s'explique à une époque où la chevalerie n'a peut être pas encore confisquée à son seul profit l'art de la guerre.

17 P. W. Edbury, « Culturel encounters in the Latin East : John of Jaffa and Philip of Novara », *Cultural Encounters during the Crusades*, Odense, University Press of Southern Denmark, 2013, p. 229-236.

18 Il faut mentionner notamment le cycle arthurien. Ainsi, *cf.* M. Aurell : *Le chevalier lettré : savoir et conduite de l'aristocratie aux* XII*e et* XIII*e siècle*, *op. cit.*, p. 199.

19 M. Demaules, « Droit féodal contre éthique courtoise. L'épisode de la fausse Guenièvre dans le *Lancelot propre* », *Éthique et droit du Moyen Âge au siècle des Lumières*, Garnier, Paris, 2012, p. 47.

20 John of Ibelin, *Le Livre des Assises*, éd. citée, chap. 88 à 90, p. 235-245.

21 P. Bernardi et J.-M. Mignon, « Évaluation et mesure des bâtiments. Exemple de la Provence médiévale », *Histoire et Mesure*, XVI, 3-4, 2001, n. 2.

22 Les « paleys » désignent des haies.

23 Le « gambisson » désigne un pourpoint rembourré porté sous le haubert et la cotte de mailles, *cf.* F. Godefroy, *Dictionnaire de l'Ancienne Langue Française*, t. IV, Paris, F. Vieweg, 1937-1938, p. 215.

la proximité de Jean d'Ibelin avec l'art militaire que la réalité. En effet, au moment où celui-ci rédige son traité, les États latins, du moins ce qu'il en reste sont en pleine déliquescence. Nombre de chevaliers n'ont plus ni fief ni revenus ; Jean d'Ibelin lui-même est ruiné[24]. De plus, l'omniprésence du duel judiciaire dans les assises (y compris celle des Bourgeois) ne « colle » pas avec la réalité d'une chevalerie qui, lorsqu'elle n'est pas occupée à combattre les musulmans est plongée dans les nombreuses guerres qui les mettent aux prises les uns aux autres. Il est donc permis de s'interroger sur l'effectivité de la bataille, en tout cas telle qu'elle est décrite par notre chevalier-juriste. Néanmoins, des témoignages attestent de tournois organisés par les ordres militaires auxquels étaient invités des Musulmans[25]. En effet, les Francs ne vivent pas en vase clos : le partage des mêmes valeurs guerrières permet un certain dialogue.

Avant de commencer le combat, les chevaliers ou leurs champions doivent prêter un double serment. C'est d'abord le présumé coupable qui doit jurer sur les Évangiles de son innocence, puis la victime ou celui qui le représente doit « le prendre par le poing » et l'accuser de « parjure » ; ainsi est mis en scène le processus d'accusation qui justifie la bataille. Rappelons que le duel judiciaire s'inscrit justement dans une procédure accusatoire, les deux parties se substituant au juge dans la résolution du conflit. Enfin, chacun doit jurer qu'il ne porte pas d'armes cachées ni de lettres magiques ou de sortilèges. Nous retrouvons mot pour mot la même description dans les *Coutumes du Beauvaisis*, preuve encore une fois d'une influence des coutumiers du Nord.

Concernant l'issue de la bataille, il est prévu la mort par pendaison pour le vaincu, comme dans les *Coutumes du Beauvaisis* ou la *Très ancienne coutume de Bretagne*[26]. À défaut d'avoir été réellement pratiqué, la présence du duel judiciaire dans le traité de Jean d'Ibelin atteste surtout de sa popularité au sein d'une chevalerie en mal de reconnaissance.

Intéressons nous maintenant aux autres moyens de règlement des conflits.

---

24 En octobre 1256, le pape Alexandre IV demande aux Templiers d'aider financièrement Jean, sire de Jaffa, écrasé de dettes, *cf. Regesta Regni Hierosolymitani*, éd. R. Röhricht, Oe niponti, Innsbruck, 1893-1904, 1338, n. 2.

25 A. Demurger, *Croisades et croisés au Moyen Âge*, Paris, Flammarion, 2010, p. 270.

26 *La Très ancienne Coutume de Bretagne*, éd. M. Planiol, Rennes, 1896, p. 162. Par contre, les coutumes de Normandie comme d'ailleurs les *Usages de Barcelone* n'imposent qu'une amende : *cf. Établissements et coutumes de Normandie au* XIII*e siècle*, Paris, Marnier, 1839, p. 35 ; et *Les Usages de Barcelone*, éd. C. Poumarède, Toulouse, Bonnet, 1920, article 27.

LES AUTRES MOYENS DE RÈGLEMENT DES CONFLITS

Jean d'Ibelin n'y consacre que peu de lignes à l'exception de l'assise du « coup apparent », seule tentative de régulation de la violence par la monarchie.

L'*ASSISE DU COUP APPARENT*

Elle est attribuée au roi Baudouin III couronné roi de Jérusalem en 1152. Considéré comme un grand administrateur[27], il fut tout autant un roi guerrier qui entraîna le royaume dans une guerre des frontières dès les années 1157-1158, et cela jusqu'à sa mort en 1163. Il eut néanmoins le temps et l'énergie pour imposer ses décisions à l'aristocratie. Si la notion de « coup apparent » n'est pas propre aux *Assises de Jérusalem*[28], l'assise du même nom révèle une réelle volonté politique de pacifier les relations. Elle nous permet également d'apprécier le regard que Jean d'Ibelin porte sur elle.

Celui-ci y consacre deux chapitres[29]. Dans le premier, il explique la procédure à suivre : l'appelant qui reconnaît les coups paiera une amende ; dans le cas contraire, un serment « sur sains de son poin destre » suffira. On peut s'interroger sur la validité d'un tel jugement puisque par définition un coup apparent ne peut être nié puisqu'il a lieu devant témoins ; mais la place de l'oralité dans la société médiévale impose que la parole soit constamment vérifiée ; au tribunal, c'est le rôle dévolu au record[30] ; c'est également la multiplication des serments qui atteste au final le peu de fiabilité qu'on lui accorde[31].

---

27 J. Prawer, *Histoire du royaume latin de Jérusalem*, *op. cit.*, t. 1, p. 413.

28 *Cf. Les Établissements de saint Louis*, tome II, chapitre XXIII Paris, Renouard, 1881 ; ou encore les *Anciennes Coutumes de Normandie* qui y font référence, *cf. Établissements et coutumes, assises et arrêts d el'Echiquier de Normandie au XIIIe siècle*, éd. A. J. Marnier, Paris, Techener et Delamotte, 1839.

29 John of Ibelin, *Le Livre des Assises*, éd. citée, chap. 100-101, p. 262-265.

30 Le record désigne le personnage qui au tribunal va témoigner de la véracité du discours du sergent par exemple.

31 Je renvoie ici à C. Leveleux-Teixeira, *La parole interdite : le blasphème dans la France médiévale (XIIIe-XVIe siècles) : du pêché au crime*, Paris, De Boccard, 2002 et à N. Gonthier : « La parole condamnée d'après les relations judiciaires de la fin du Moyen Âge », *Conformité et déviances au Moyen Âge*, Cahiers du CRISIMA n° 2 (1995), p. 145-157. Ces deux auteurs

Les sanctions varient en fonction du statut de l'agresseur et de la victime. Et l'on s'aperçoit que Jean d'Ibelin établit une savante hiérarchie qui dépend de l'appartenance sociale, religieuse et ethnique. Ainsi, si l'agression a mis aux prises deux chevaliers, le coupable paiera au seigneur 1 000 besants d'or et à la victime un harnais. Si un noble est agressé par un roturier, ce dernier perd la main droite pour « l'ennor et la hautece que chevalier et chevalerie a et doit avoir sur toutes autres manieres de gens[32] ». En toute logique, le chevalier agresseur d'un « vilain » ne lui versera que 100 sous et si la victime « est d'autre nassion que la lei de Rome », il n'en percevra que la moitié. Cette ségrégation, à condition qu'elle ait été réellement effective, s'est limitée au cadre juridique ; dans les faits, l'aristocratie franque n'a pas hésité à mêler son sang avec celui des populations autochtones. Ici, la préoccupation de Jean est de donner à voir une chevalerie exempte de toute « contamination » extérieure. C'est la peur de voir disparaître les valeurs qu'elle est censée incarner qui le pousse à en présenter une vision idéalisée[33]. D'autre part, la mention d'une amende de 1 000 besants laisse rêveur lorsque l'on sait que la quasi-totalité de la noblesse vit dans un état d'endettement endémique ; l'écart entre la norme et la pratique se vérifie néanmoins dans tous les coutumiers. L'intérêt du texte de Jean d'Ibelin provient plutôt du système de valeurs qu'il incarne. Ainsi en va-t-il de la prise au corps par le seigneur du chevalier fautif.

CHÂTIER LE VASSAL FAUTIF

Environ 6 % des règlements de conflits mentionnent la prise de corps et de biens par le seigneur. Mais sachant que toute autorité centrale a disparu, on peut douter de la réalité de cette mesure. Pour autant, il est clair que Jean d'Ibelin a voulu faire apparaître dans son traité le droit féodal dans son application la plus stricte. Ainsi, la mainmise sur le bien d'autrui, mais également le non respect de la foi jurée envers son seigneur

---

montrent bien la volonté de plus en plus affirmée de contrôle de la parole à partir du XIIIe siècle.

32 John of Ibelin, *Le Livre des Assises*, éd. citée, chap. 101, p. 264-265.

33 En effet, les Francs sont minoritaires au sein de la population des États latins d'où ce fort sentiment identitaire s'apparentant ici davantage à un réflexe de survie. D'après J. Prawer, les trois-quarts de la population est non franque, les Francs se regroupant surtout dans les villes ; *cf.* J. Prawer, *Histoire du royaume latin de Jérusalem*, t. 1, *op. cit.*, p. 570.

imposent que le vassal félon soit livré corps et biens. Jean d'Ibelin a pris soin d'énumérer tous les cas justifiant la confiscation du fief[34].

Les peines corporelles ne sont pour ainsi dire jamais évoquées à l'exception de la mutilation de la main du roturier ayant agressé un chevalier. Il faut noter à ce propos que d'ordinaire celle-ci est réservée aux voleurs ; c'est le XVIe siècle qui la verra renaître pour punir sacrilèges et parricides[35]. Sur ce point, on est en droit de se demander si la sévérité de la législation des Assises ne reflète pas ce désir de présenter la chevalerie comme une élite quasiment intouchable.

De même, la prison n'est mentionnée que pour dette[36]. Rien d'étonnant dans la mesure où la précarité n'est que trop familière à cette chevalerie dont les revenus déclinent avec la perte de ses possessions. Par contre, si l'emprisonnement est un moyen de pression, les coutumiers de la métropole ne prévoient pas que le débiteur devienne l'esclave de son créancier. Perce ici l'influence d'une société habituée à l'esclavage, notamment à Chypre, où les esclaves sont particulièrement nombreux.

Par contre, l'asseurement, seul moyen de prévention de la violence, n'est mentionné qu'une fois.

LA FAIBLE PART DE L'ASSEUREMENT

Puisant son origine dans les « trêves de Dieu » imposées par l'Église à partir du XIe siècle, l'asseurement s'en distingue par sa vocation non pas collective mais individuelle. En effet, tout individu craignant pour sa vie ou ses biens peut se présenter devant un juge et réclamer un « asseurement ». Bien connu dans le nord de l'Europe, on le retrouve également dans certains coutumiers du sud comme les *Fors anciens de Béarn*[37]. Dans le livre de Jean d'Ibelin, un seul chapitre y fait référence[38] et pour une fois de manière très concise. Il y est dit « quant aucun home est menassié ou en perill », il doit présenter au seigneur une demande d'asseurement. Mais alors que les coutumiers y consacrent plusieurs

34 S'inspirant des coutumiers en usage, il mentionne le défaut d'hommage, le meurtre ou l'homicide, la foi mentie (terme polysémique englobant le parjure) et la trahison ; *cf.* John of Ibelin, *Le Livre des Assises*, éd. citée, chap. 173, p. 431.

35 J.-M. Carbasse, *Histoire du droit pénal et de la justice criminelle*, Paris, PUF, 2000, p 268.

36 John of Ibelin, *Le Livre des Assises*, éd. citée, chap. 103, p 267.

37 *Les Fors anciens de Béarn*, éd. citée, article 160.

38 John of Ibelin, *Le Livre des Assises*, éd. citée, app. 3.8.1, p. 652.

articles[39] et détaillent la procédure, à l'image de la *Coutume du Poitou* précisant que celui qui refuse l'asseurement doit être jeté en prison[40], Jean d'Ibelin se contente de noter que si l'appelant ne reçoit aucune garantie, « il en deit faire connoissance quanque il pora par sa court[41] ». Ce peu de considération envers un moyen de conciliation très répandu en Europe s'explique. L'aristocratie pratique peu l'asseurement dans la mesure où elle possède d'autres moyens de se faire respecter, moins pacifiques, mais plus efficaces. En effet, les actes de la pratique montrent bien que si les trêves s'adressaient à la noblesse dans la mesure où c'est elle qui a le monopole de la guerre, au contraire l'asseurement protège les populations à qui le privilège de porter des armes est justement refusé.

Ce qui ressort du traité de Jean d'Ibelin n'est pas tant la volonté de pacifier les relations que de donner les clefs au justiciable pour sortir d'un procès avec le moins de dommages. C'est ce que nous montre un chapitre pour le moins curieux.

« QUANT L'ON DOIT PLAIDEER DE MURTRE SOUTILMENT[42] »

Dans celui-ci, l'auteur prend en compte alternativement l'intérêt du meurtrier et celui de sa victime. Le terme « soutilment », c'est à dite subtilement, avec ingéniosité, traduit bien l'esprit de son auteur ; celui-ci considère le meurtre uniquement sous son aspect juridique et ne porte donc pas de jugement moral à son encontre[43] ; de là à penser que pour Jean d'Ibelin, l'assassinat n'est pas un acte répréhensible, il n'y a qu'un pas qu'il faut se garder de franchir ; en effet, on retrouve dans d'autres coutumiers les mêmes préoccupations. C'est le cas par exemple des *Fors de Béarn*[44].

Les subtilités de langage propres aux juristes tels que Jean d'Ibelin trahissent une fois de plus l'influence du droit romain. En effet, dans le

39 *Les Coutumes de Beauvaisis*, éd. citée, art. 44, 297, 347 ; *Le Vieux Coustumier de Poictou*, éd. R. Filhol, 1956, titres XXVII, LXX.

40 *Le Vieux Coustumier de Poictou*, éd. citée, art. 230, p. 100.

41 John of Ibelin, *Le Livre des Assises*, éd. citée, app. 3.8.1, p. 652.

42 *Ibidem*, chap. 70, p. 189.

43 *Ibid.*, chap. 77, p. 205-210. Dans le chapitre XC, Jean d'Ibelin conseille un plaignant pour homicide qui veut pousser l'accusé au duel judiciaire ; en effet, le meurtre se prouvait par bataille alors que le témoignage suffisait pour un homicide. Jean d'Ibelin donne alors une formule qui confond volontairement homicide et meurtre, puis propose de modifier de nouveau la formule en fin de plaidoyer au moment où les plaideurs et les conseils sont les moins attentifs.

44 *Les Fors anciens de Béarn*, éd. citée, art. 172, p. 239.

Code Justinien on retrouve ces mêmes digressions où l'on n'hésite pas à mettre en scène des études de cas. Peut-être faut-il y voir l'influence du *Codi provençal*, compilation du milieu du XIIe siècle issue du droit romain[45].

Ainsi, l'originalité du traité de Jean ne tient pas tant dans ce mélange entre droit savant et coutumier, que l'on retrouve ailleurs en métropole, mais dans la volonté de garder intact un droit féodal et une procédure de type accusatoire qui tend à disparaître.

Si les règlements des conflits attestent de la faiblesse de l'autorité centrale, ils révèlent *a contrario* la forte conscience identitaire de cette chevalerie.

UNE FORTE CONSCIENCE IDENTITAIRE

Les conflits dont il est question dans son traité opposent pour presque la moitié les chevaliers à leur seigneur. Si l'assise d'Amaury que l'on évoquera a transformé cette noblesse en une société de pairs, elle n'a pas éliminé les différends. D'ailleurs, ceux-ci s'expliquent autant par la volonté d'indépendance de cette noblesse que par les contraintes imposées par la royauté. Citons le cas du service militaire sans limitation de durée dans les États Latins[46]. Celui-ci entraîne bien évidemment des contestations. Garants et pleges sont là pour prêter main forte aux justiciables en difficulté.

LA PLEIGERIE[47]

Elle désigne le fait de se porter garant pour quelqu'un en justice, ce qui induit le paiement d'une caution. Dans le traité de Jean d'Ibelin, tourné essentiellement vers les relations vassaliques, la pleigerie renvoie à l'obligation d'aider financièrement son seigneur. Les *Assises de Jérusalem*

45 *Lo Codi* (*cf. Les Études sur la diffusion des doctrines juridiques médiévales d'André Gouron, Londres, Variorum reprintes, 1987*) a fortement influencé les légistes des *Assises de Jérusalem* et particulièrement le *Livre des Bourgeois* (*cf. Les Assises de la Cour des Bourgeois*, éd. A. A. Beugnot, Imprimerie Royale, Paris, 1843. Les influences provençales, et avec elles le droit romain, concurrencent donc celles du nord.

46 M. Balard, *Croisades et orient latin (XIe-XIVe siècles)*, Paris, A. Colin, 2001, p. 86. En Occident, ce service est limité à 40 jours.

47 John of Ibelin, *Le Livre des Assises*, éd. citée, chap. 104 à 116, p. 269-293.

poussent très loin cette solidarité féodale puisque contrairement à ce qui se passe en Europe, les vassaux se doivent de vendre leur fief pour aider leur seigneur[48]. Inversement, le seigneur s'engage à payer la solde[49] due à celui qui a combattu pour lui : si celle-ci n'est pas acquittée, elle est considérée juridiquement comme une dette et dans ce cas, on « doit faire prendre (au seigneur) tant do sien et vendre ». Rappelons que la solde correspond au paiement du service rendu au-delà des 40 jours obligatoires ; l'usage de mercenaires si répandu dans les armées musulmanes et byzantines[50] a pu contribuer à généraliser cette pratique que l'on ne rencontre pas en Europe.

L'endettement est si fréquent que plusieurs chapitres sont consacrés au pleige-dette[51]. Si le pleige remplit le rôle de protecteur envers une personne le plus souvent en mal d'argent, le pleige-dette se rapproche davantage du créancier ; celui-ci peut ainsi faire appel aux héritiers pour se faire rembourser, ce qui n'est pas permis au simple pleige.

Jean d'Ibelin consacre enfin un chapitre au débiteur qui « n'a guage ne plege ne garans[52] » ; celui-ci peut se dégager sur simple serment.

Ainsi, les difficultés financières des chevaliers se dessinent en filigrane, révélant du même coup les préoccupations d'un Jean d'Ibelin également aux abois.

TÉMOIGNER POUR : LE GARANT

Si les garants, cités souvent aux côtés des pleiges, sont d'abord des témoins[53], leur activité dépasse souvent le cadre strict de cette définition : on attend en effet du garant qu'il doit « faire de sairement et de bataille et d'autres choses[54] ». Son rôle se confond même avec celui de pleige[55].

48 *Ibidem*, chap. 113 à 115, p. 289-291 : Trois chapitres détaillent le service que le vassal doit à son seigneur dans le cadre de la plegerie. Le premier enjoint au chevalier de servir son seigneur avant son plege car « que plege et il donoit a vendre tout ou partie de son harnois…il ne porroit faire le service sans harnois au seignor qu'il li doit ». Par voie de conséquence, le gage du au plege ne doit pas être acquitté tant que le vassal doit le service.

49 *Ibid.*, chap. 102 à 122, p. 299-302.

50 C. Cahen, *Orient et Occident au temps des Croisades*, Paris, Aubier, 1983, p. 171.

51 John of Ibelin, *Le Livre des Assises*, éd. citée ; *cf.* également chap. 116 p. 292 et app. 4. 2, p. 689.

52 *Ibidem*, chap. 119, p. 298.

53 *Les Coutumes de Beauvaisis*, éd. citée, art. 1046, p. 26. *Cf.* également *Li livres de justice et de plet*, éd. Rapetti, Paris, 1850, chapitre XV, p. 177.

54 John of Ibelin, *Le Livre des Assises*, éd. citée chap. 57, p. 166.

55 C'est le cas dans *Le Vieux Coustumier de Poictou*, éd. citée, titre VII : « quant aucun est convenu en action personnelle…. que celluy qu'il demande a garant estoit tenu de l'acquitter ou

Le garant doit répondre à un certain nombre de critères pour être reçu comme tel à la Haute Cour. Si les coutumes de métropole[56] excluent de la garantie le bâtard, le fou, le mineur, celui convaincu de parjure, les *Assises de Jérusalem* y ajoutent le traître, l'adultère, celui dont le champion a été vaincu, les renégats mais aussi les Grecs et les Syriens « n'obéissant pas aux lois de Rome ». L'exclusion des non-francs est peut-être à rapprocher de l'héritage « barbare » de la personnalité des lois[57]. Enfin, l'allusion au champion vaincu rappelle combien cette société de chevaliers est tournée vers le règlement du conflit par l'acte guerrier ; celui-ci est même envisagé comme un critère de moralité dans le choix du garant, son échec ou celui de son champion sonnant comme une condamnation, le rangeant de ce fait dans la catégorie de ceux ne pouvant porter garantie ou témoignage.

Le garant comme le pleige est là pour représenter et soutenir le chevalier en mauvaise posture devant la justice. Ce sont en général des membres de l'entourage qui remplissent ce rôle : familiers ou alliés. Les lignages aristocratiques d'Outre-mer tissent entre eux des liens très forts, du fait même de la précarité de leurs possessions. Il n'est que de faire référence au clan des Ibelins[58]. Cette solidarité s'exerce également contre le pouvoir central, ce que le comte de Jaffa ne manque pas de souligner dans plusieurs chapitres intitulés : « le seigneur qui ne fait droit ».

« LE SEIGNEUR QUI NE FAIT DROIT »

L'Assise dite « du roi Amaury » ou « Assise sur la ligece » va complètement transformer les relations entre le roi et la noblesse. Suite à un conflit entre un vassal et son seigneur[59], le frère de Baudouin III oblige dorénavant vassaux et arrière-vassaux à prêter directement hommage

payer pour luy… ». Citons également *Les Coutumes du Beauvaisis*, éd. citée, article 1011, p. 6 : « qu'il requiere jour a avoir son garant pour lui defendre de quelque chose que ce soit ».

56 *Li livres de Jostice et de Plet*, *op. cit.*, chapitre XV, p. 177.

57 En effet, le caractère multiethnique et multiconfessionnel des États latins fait penser d'une certaine façon à la période franque : la personnalité des lois constitua la réponse juridique au brassage de populations dont les intérêts pouvaient diverger.

58 *Les lignages d'Outremer*, p. 441-475, éd. M-A Nielen, Paris, Académie des Inscriptions et des Belles lettres, 2003.

59 Il s'agirait du différend qui aurait opposé Amaury au fils d'Eustache Garnier ou Grenier, seigneur de Sidon et de Césarée qui fut régent durant la captivité du roi Baudouin dans les années 1120. Celui-là aurait confisqué le fief d'un de ses vassaux de manière arbitraire, *cf.* John of Ibelin, *Le Livre des Assises*, éd. citée, chap. 126, p. 307.

au roi. Cette décision va à long terme se retourner contre la royauté au moment où l'autorité centrale, en position de faiblesse après Hattin, va trouver en face d'elle une aristocratie renforcée par la disparition de toute hiérarchie en son sein. De ce fait, la Haute-Cour devient son organe de gouvernement. Au moment où Jean d'Ibelin écrit son traité, celle-ci est en plus investie par les représentants des communes et des ordres militaires qui profitent de cette tribune pour régler leurs comptes.

Si cette Assise n'a plus guère de sens au moment de la rédaction, elle constitue une base légale pour justifier le comportement de ces nobles qui refusent toute autorité centralisée. Ce n'est certes pas un hasard si Jean d'Ibelin, dans le chapitre consacré au seigneur qui « faut a aucun de ses homes[60] » évoque les multiples conflits qui ont opposé la noblesse à la royauté : que ce soit la lutte entre son propre clan et l'empereur Frédéric ou celle qui mit aux prises le roi Henri (1218-1252) à Philippe de Gibelet ; lorsque l'on sait que ce monarque n'est qu'une marionnette aux mains des Ibelin et que la famille Gibelet est apparentée aux précités, on ne sera guère étonné de la teneur des propos du sire de Jaffa. L'aristocratie a pris réellement le pouvoir.

En témoignent les « conjurements » de vassaux, singulièrement absents des coutumiers métropolitains. Ce terme qui fait référence au serment (« conjurare » : « jurer ensemble ») n'est cependant pas inconnu : au XIIIe siècle, il désigne la « semonce » présentée par le seigneur à ses vassaux pour les inviter à remplir leur devoir d'aide et de conseil[61]. Or, dans l'esprit de Jean d'Ibelin, le « conjurement » est d'abord celui des chevaliers contre leur seigneur : c'est l'idée présente dans les chapitres 178 à 195 consacrés à celui qui ne respecte pas ses engagements envers ses vassaux ou les condamne « sans esgard et sans conoissance de court[62] ». Le chevalier peut alors refuser de répondre à la « semonce » et gagner ses pairs à sa décision : ainsi, si le seigneur refuse de « faire droit », les autres nobles ne sont pas tenus d'effectuer le service féodal.

Or, les nombreux juristes au service de ces derniers ne se firent pas faute de mettre en avant la possibilité pour les vassaux de se conjurer pour mettre fin aux abus d'un seigneur malveillant. Ainsi, la place prise par les « conjurements » dans le livre de Jean d'Ibelin est surtout

60 *Ibidem*, chap. 178, p. 453.

61 F. Godefroy, *Dictionnaire de l'ancienne langue française*, *op. cit.*, vol. 2, p. 240.

62 John of Ibelin, *Le Livre des Assises*, éd. citée, chapitre 178, p. 453.

révélatrice de la lutte entre la haute aristocratie franque[63] et les tentatives de l'empereur Frédéric II pour restaurer un état centralisé. C'est ce qui confère en partie l'originalité à ce traité.

En conclusion, la première impression qui ressort à la lecture du livre de Jean d'Ibelin est la place occupée par le duel judiciaire. Or, au milieu du XIIIe siècle, ce mode de résolution des conflits est en nette régression en Europe. Il faut donc replacer dans leur contexte les longs développements que notre auteur y consacre. En effet, la bataille cadre mieux avec l'idéal chevaleresque qu'une peine, laquelle dans tous les cas sera jugée infamante pour un noble. Dans le même ordre d'idées, Jean d'Ibelin prend soin de ne jamais citer les non Francs. Le duel reste l'apanage de l'aristocratie franque ; or, celle-ci ne compose qu'une infime minorité de la population, raison pour laquelle elle s'est mêlée malgré ses préjugés à la population autochtone[64]. Si le traité du comte de Jaffa s'écarte probablement de la réalité, il est cependant très précieux pour la compréhension des mentalités de cette aristocratie qui se définit en s'opposant à l'Autre. Mais cette politique d'exclusion qui participe de la construction de son identité varie en fonction de l'interlocuteur. Reposant sur un mépris « de classe » face à la bourgeoisie des villes, elle s'explique davantage par l'antagonisme religieux face aux Musulmans. Néanmoins, certains chevaliers francs ont noué des liens avec ces derniers[65]. De ce point de vue, on assiste à un certain brouillage des frontières sociales et culturelles : l'écart qui sépare la chevalerie de la paysannerie, chrétienne ou non, est sans doute plus grand que celui censé éloigner les deux chevaleries : franque et syrienne[66].

---

63 Celle-ci est de plus servie par des juristes talentueux qui sont aussi les rédacteurs des *Assises de la Haute Cour* : Jean d'Ibelin, Philippe de Novare, Geoffroy le Tort.

64 Le clan Ibelin n'y échappe pas : la grand-mère de Jean d'Ibelin est Marie Comnène, petite-nièce de l'empereur de Byzance. Citons encore Foucher de Chartres qui décrit la nouvelle société née de la constitution des États latins : « Nous qui étions occidentaux, nous sommes devenus orientaux, [...], tel autre a épousé une femme, non parmi ses compatriotes, mais syrienne, arménienne, parfois même une Sarrasine baptisée », Foucher de Chartres, *Historia Hierosolymitana*, Lib. III, cap. 37, *Recueil des Historiens des Croisades, Historiens occidentaux*, t. III, p. 468.

65 *Cf.* le témoignage souvent cité de Usma Ibn Munqidh, *Chroniques arabes des Croisades*, réunies par F. Gabrieli, Paris, Actes Sud, 1996, p. 99 et suiv. : celui-ci fait le récit de ces rencontres ave des Francs, dont certains sont devenus des amis.

66 Citons une nouvelle fois l'émir de Shaizar, dans *Usama*, *48*, *op. cit.*, p. 99 : « Chez les Francs [...], il n'est pas de vertu humaine qui soit appréciée en dehors de la valeur guerrière ; nul chez eux n'a de rang ou de prérogative en dehors des chevaliers, seules personnes qui soient appréciées ».

Quant aux autres moyens de règlement des conflits, ils restent très proches du duel judiciaire. C'est le jugement de Dieu qui prévaut. Il en va ainsi du recours très fréquent au serment. Celui-ci ponctue chaque étape d'une procédure judiciaire qui reste exclusivement accusatoire. De même, s'il est fait mention de peines corporelles telles que la mutilation, afflictives comme la prison, ou financières, celles-ci restent secondaires. Ce qui intéresse Jean d'Ibelin n'est pas tant de proposer des solutions pour rétablir la paix que de montrer ses talents de juriste. C'est ce qui ressort du surprenant article sur la manière de plaider le meurtre « subtilement ». S'il donne des clefs pour permettre à la famille de la victime d'obtenir réparation, il fait de même avec le coupable. Nous sommes bien dans une société où l'idéal de paix publique est absent. Les seuls représentants de l'ordre établi sont justement constitués des membres du clan Ibelin dont les préoccupations vont davantage à la reconnaissance de leur indépendance qu'à la volonté de mettre fin à des conflits qu'ils entretiennent eux-mêmes. C'est particulièrement manifeste si l'on compare l'auteur des *Assises de la Haute-Cour* avec celui des *Coutumes du Beauvaisis*. Si les deux partagent une origine aristocratique et un solide bagage juridique, la ressemblance s'arrête là. En effet, Philippe de Beaumanoir est avant tout un serviteur du roi, comme le montrent ses fonctions de bailli. Le comte de Jaffa, lui, ne sert que son clan, et s'il met en avant sa culture courtoise, c'est pour célébrer les vertus de la chevalerie. Or, à partir du XIVe siècle, les juristes à l'origine de la rédaction des coutumiers vont s'effacer complètement derrière leur œuvre ; et dans le cas où on peut les identifier, leur noblesse, qu'ils doivent à leur fonction et donc au roi, trahit des origines bourgeoises récentes. Au moment où Jean rédige son traité, cette évolution est en marche en métropole ; elle n'atteindra jamais les États latins et pour cause. À ce titre, le livre de Jean d'Ibelin est un témoignage précieux sur la culture et les aspirations d'une aristocratie qui n'a pas pu ou su gouverner.

Muriel Bonnaud
CESCM – Université de Poitiers

THE *ASSISES DE JÉRUSALEM* AND LEGAL PRACTICE

The Political Crisis in Cyprus in the Early Fourteenth Century

There can be no question that the assemblage of legal treatises from the Latin East constitutes one of the most notable literary achievements from the lands conquered by the crusaders. Many of these works are concerned with the workings of the High Court of either Jerusalem or Cyprus, and of these the most important are the *Livre au Roi*, an anonymous work from the kingdom of Jerusalem datable to *circa* 1200, and the treatises by Philip of Novara and John of Ibelin count of Jaffa. Philip was writing with the High Court of Cyprus chiefly in mind in about 1250, although he later added some extra material, and John was concerned with the Kingdom of Jerusalem and was writing in the mid 1260s[1]. The High Court provided the forum for the king's judicial business, and it was there that fief holders had the right to engage in litigation and would attend to the legal formalities arising from their feudal tenures. Anyone else would need to seek legal redress, or would be answerable, in either the *Cour des Bourgeois* or their own communal tribunals.

Both Philip of Novara and John of Jaffa were concerned primarily with the question of how to plead in the High Court, and it was from the standpoint of the advocate that they turned their attention to the substance of the law and, in Philip's case, to some of the moral issues confronting the lawyers. They described a system that was largely based on customary law and precedent rather than on specific legislative acts. When they do refer to legal enactments–the *assises*–they manage to give

1 *Le Livre au Roi*, éd. M. Greilsammer, Paris, 1995; John of Ibelin, *Le Livre des Assises*, éd. P. W. Edbury, Leiden-Boston, 2003; Philip of Novara, *Le Livre de Forme de Plait*, éd. et trad. P. W. Edbury, Nicosie, 2009.

the impression that they all predated the collapse of the Kingdom of Jerusalem in 1187[2], and the authors are strangely silent about more recent law making. What is more, they readily admit to uncertainty about the precise wording and scope of the twelfth-century *assises*, and they make it clear that the distinction between custom and precedent on the one hand and enacted law on the other was blurred. It would seem that by the mid-thirteenth century the procedures and modes of proof employed in the High Courts in Cyprus and Jerusalem would have appeared cumbersome and archaic to outside observers and would have compared badly with both Roman Law and the law as administered in the royal court in France. It could well be that Philip and John were conscious of contemporary criticisms of the system with which they were familiar and so, in writing their treatises, they were on the defensive and so were giving a somewhat idealized portrait of how things operated[3].

It is therefore pertinent to ask how well the legal system as described by these authors continued to operate in Cyprus in the fourteenth century, and in particular to examine what happened in practice in the years 1306–1324 during and after the extended political upheavals associated with the rule of Amaury of Lusignan, lord of Tyre. Here it will be necessary to make use of the principal account of these events as preserved in the so-called *Chronique d'Amadi*[4]. *Amadi*, as this text

2 See John of Ibelin, *Le Livre des Assises*, ed. cit., p. 684 where a later editor of John's work states that the *assises* were established by the seven kings of Jerusalem up to and including Baldwin V (d. 1186). In the coronation oath as given by John (p. 571) the new king is to swear to uphold the *assises* of Amaury and Baldwin IV. (See also G. Bresc-Bautier, *Le Cartulaire de chapitre du Saint-Sépulcre de Jérusalem*, Documents relatifs à l'histoire des croisades, 15, Paris, 1984, n° 172, p. 329–330; Philip of Novara (*Le Livre de Forme de Plait*, ed. cit., p. 120, 179) wrote that Aimery of Lusignan (d. 1205) had an unparalleled knowledge of the usages and the *assises* and that would appear to corroborate the idea that they pre-dated 1187.

3 See the editor's introductions: Philip of Novara, *Le Livre de Forme de Plait*, ed. cit., p. 22–25; John of Ibelin, *Le Livre des Assises*, ed. cit., p. 43–44. For a treatise on Roman Law composed in the Latin East; J. Rubin, "John of Ancona's *Summae*. A Neglected Source for the Juridical History of the Latin Kingdom of Jerusalem", *Bulletin of Medieval Canon Law*, 29 (2011-2012), p. 183–218. For the impact of Roman Law on the *Livre des Assises de la Cour de Bourgeois*, see the paper by Adam Bishop in this volume.

4 *Chronique d'Amadi*, éd. René de Mas Latrie in *Chroniques d'Amadi et de Strambaldi*, Paris, 1891–1893, vol. 1. English translation: *The Chronicle of Amadi*, trad. N. Coureas and P. Edbury, Nicosia, 2015. The other sixteenth-century account of these events, Florio Bustron's 'Chronique de l'île de Chypre', éd. René de Mas Latrie in *Collection des documents inédits sur l'histoire de France: Mélanges historiques*, 5 (1886), is essentially derived from *Amadi* and of little independent value for this period.

will be referred to from now on, is an anonymous Italian-language compilation of historical narratives from Cyprus covering the period from before the First Crusade to 1442. It is datable to *circa* 1520[5]. Until about 1300 almost all *Amadi's* sources can be identified from among the extant French vernacular histories from the Latin East, and it is only occasionally that it contains material that cannot be traced to earlier writings. However, for the early years of the fourteenth century *Amadi* provides a translation of a French narrative that has not survived in its original form. It consists of a lengthy account of the rule of Amaury of Tyre and the restoration of King Henry II along with other matters such as the Hospitaller conquest of Rhodes and the arrest of the Templars in Cyprus. It would seem that the original version of this narrative was written shortly after the events described; for the years 1306–1310 it is unusually detailed, and the account of these four years fills well over a quarter of the entire book.

King Henry II had come to the throne in 1285[6]. His reign had witnessed the loss of the last Christian strongholds in Syria and the Holy Land in 1291 and the failure of forces based on Cyprus to make any effective response in the years that followed. He suffered from epilepsy and was generally regarded as ineffectual. He was held responsible for the deteriorating relations with Genoa and accused of making insufficient provision for defence. Frustration with the way affairs were heading was exacerbated by his reliance on the advice of the seneschal, Philip of Ibelin, who was his maternal uncle, to the exclusion of the other members of the nobility. In April 1306 he was suspended from power in a bloodless *coup d'état* that brought his younger brother and heir-presumptive, Amaury, to power. Amaury initially enjoyed wide support, but for various reasons enthusiasm for his rule dwindled, and he took increasingly harsh measures against his opponents, culminating in the king's exile to Cilician Armenia in February 1310. Then in June 1310 Amaury was murdered. His supporters wanted to establish his younger brother, Aimery the Constable, in his place, but a number of knights, many of them drawn from the middling ranks of the Cypriot nobility,

5 For the date, see the introduction to the English translation, p. XV–XIX.

6 For accounts of his reign, see G. Hill, *A History of Cyprus*, Cambridge, CUP, 1940–1952, vol. 2, p. 179–285; P. Edbury, *The Kingdom of Cyprus and the Crusades, 1191–1324*, Cambridge, CUP, 1991, p. 96–140.

seized control of Famagusta and, with the support of the Hospitallers, managed to secure Henry's restoration the following August. Aimery and the leading members of his party had tried to establish a base at Kormakiti to the north-west of Nicosia, but, when that failed, they belatedly submitted to the king's mercy. They were imprisoned and within a few years they had all died in captivity.

The *Amadi* account of these events is pro-royal. It is clearly well-informed–in places it looks as if it may have been based on a contemporary journal–and although the author left no autobiographical clues to his identity, it would seem likely that he was knight or a member of a noble household. There can be doubt that he was familiar with the law as administered in the High Court and with the legal language and procedures that were in use. On one occasion he mentioned that a knight named John of Brie, the lord of the estate of Paradissi, had a very good knowledge of the *assises* and *usages* of the kingdom of Cyprus[7]. In what would seem to be an allusion to the cut and thrust of pleading in the court where a lawyer would seek to get his adversary to contradict himself or make improper use of legal terminology and so weaken his case, the author put into the king's mouth the statement: 'We are not here as litigants so that you might wish to catch us out with the aim of pleasing the court.'[8] On an earlier occasion, when faced with forcible expulsion from Cyprus, Philip of Ibelin the Seneschal had said, 'I am ready and willing to accept such punishment as my peers may determine that I deserve to suffer'[9]. There is a conscious echo here of a procedure described by Philip of Novara: when a lord sought to expel a vassal from his lordship without the judgement in his court, the vassal should call on peers to insist that due process be followed, saying that he would be entirely bound by whatever their decision (*esgart*) might be[10].

In a number of places there is no doubt that behind the sixteenth-century Italian of the translation lay the language of the law books.

7 *Chronique d'Amadi*, ed. cit., p. 268: *il quale sapeva benissimo le assise et usanze del regno de Cypro.*

8 Ibidem, p. 308: *Noi non semo quì per litigar, che noi ne vogliate pigliar per ponto del piedezar de corte.*

9 Ibid., p. 273: *io son prompto et apparechiato de recever quella pena che li mei pari cognoscerano che io meriti patire.* See Philip of Novara, *Le Livre de Forme de Plait*, ed. cit., p. 112 et 129.

10 Philip of Novara, *Le Livre de Forme de Plait*, ed. cit., p. 129, *cf.* p. 112. See also John of Ibelin, *Le Livre des Assises*, ed. cit., p. 455–459.

Figure 1 provides just a few examples, and there are other instances of phraseology that can be readily translated back into the French of the thirteenth-century treatises quoted in the footnotes to this paper.

1. *Amadi*, p. 248: *dovesseno guarder et salvar el signor de Sur contra tutti li homini del mondo eccetto la persona del re loro signore al qual erano tenuti.*
   Amadi, p. 369: *debba giurar de guardar et salvar el re … et soi drette et rason … contra tutti li homini del mondo che pono viver et morir.*
   Cf. John of Ibelin p. 646: *il deit jurer … qu'il bien et leaument sauvera et aidera et maintendra et defendera a tot son leau poeir contre totes riens qui vivre et morir puissant.*
   Philip of Novara, p. 124: *en la fei que il deivent le seignor garder et sauver contre toute rien qui puisse vivre ou morir.* (= John of Ibelin p. 649)
2. *Amadi*, p. 294: *come più dretta herede apparente*
   Cf. Philip of Novara, p. 83: *le plus prochain heir aparant*
   Philip of Novara, p. 136: *le plus dreit heir aparant en court*
3. *Amadi*, p. 321: *Credando … ne alcuna de li soi homini non havessano ardire di fare così gran dislealtà ne così gran tradimento come è di metter man supora de lui.*
   Amadi p. 322: *Traditor, voi sete ribaldo, che havete fatto tradimento al vostro dretto signor al quale sete tentuto de fede et juramento et hora sete venuto a prenderlo come mentitor de fede.*
   Cf. John of Ibelin, p. 460: *… s'il li court sus … por metre main a son cors.*
   John of Ibelin, p. 469: *… il mentira sa foy vers son … seignor et l'en porroit l'on apeler de trayson.*
4. *Amadi*, p. 322: *Io vi sconzuro per la fede et per el sacramento che voi me havete fatto de.*
   Amadi p. 319: *… et vi sconguiuro, sopra la fede che mi dovete, per l'homagio che me havete fato.*
   Cf. John of Ibelin, p. 155: *… les doit conjurer par la foi que il li doivent.*
   Philip of Novara, p. 116–117: *… il le conjure par la fei qu'il li deit que.*
5. *Amadi*, p. 388: *…metteva la persona sua et il suo feudo a la mercede et voluntà del re.*
   Cf. John of Ibelin, p. 431: *… encheu en la merci dou seignor dou cors et dou fié et tout quanqu'il a.*
6. *Amadi*, p. 402: [Hugh IV in 1324] *… recevete li homagii …*
   Cf. Philip of Novara, p. 78: [the lord] *… doit recever son homage…*

FIG. 1 – Examples of legal phraseology from the *Chronique d'Amadi.*

The legal writers describe the procedures for summoning a vassal to perform service or to answer charges in the court. There were various ways of doing this, but the most formal comprised a party of three men–one as president and the other two as witnesses to constitute a quorum–who were delegated by the High Court to issue the summons; they would deliver it in person and then return to the court to bear *recort* that they had indeed done so. There could then be no argument over whether the summons had in fact been issued, and so failure to comply would lead directly to the court declaring the vassal to be in default[11]. In 1310 Aygue of Bethsan, the leader of the pro-royal knights in Famagusta, attempted to use that procedure on his opponents: he '… sent three knights as a court … and had the knights (i.e. those opposed to the royal restoration) summoned again with their arms and horses as they were obliged to serve … and if they would not obey the summons they would incur the penalty of losing their fiefs as the men of the court should judge'[12].

That particular ploy came to nothing, but the practice of having three vassals act as a microcosm of the court who would then, if required, bear *recort* in a full session had appeared earlier. In the summer of 1309 *Amadi* records two incidents on the same day. In the first Philip of Ibelin *el giovene* (so called to distinguish him from his namesake the Seneschal) came into the king's presence bringing with him as a court three liege men and offered the king his homage. This the king refused. What had happened was that the lord of Tyre had given Philip an heiress, and Philip, who was a staunch support of Amaury, was offering homage in respect of his new wife's fief; the king's action signified his denial of Amaury's right to control the marriage of heiresses which he considered to be his own prerogative[13]. A lord's control of the marriage of an heiress was an accepted principle, and the king had reserved his right to do so in four instances at the time of his deposition in 1306[14]. Philip

11 Philip of Novara, *Le Livre de Forme de Plait*, ed. cit., p. 257–258, 286–287, 290, 291, 319; John of Ibelin, *Le Livre des Assises*, ed. cit., p. 478–480, 484, 486–488.

12 *Chronique d'Amadi*, ed. cit., p. 360: *manda tre cavalieri per corte … et fece citar iterum li cavalieri con arme et cavalla come erano tenuti a server … et se non volesseno obedir la citacion che sariano incorsi in la pena de perder i loro feudi, si come judicariano li homini della corte.*

13 Ibidem, p. 302: *meno secco, corte, tre cavaglieri homini ligii ….* *Cf.* ibid., p. 348 where the question of Henry giving retrospective approval to Amaury's patronage over marriages is raised.

14 C. Schabel and L. Minervini, Laura, « The French and Latin Dossier on the Institution of the Government of Amaury of Lusignan lord of Tyre, Brother of King Henry II of

of Novara described the evolution of a system whereby the lord would select three possible suitors and the heiress, or her family, would choose one of them. There is, however, no anecdotal evidence to illustrate that procedure in operation, and it may be assumed that the lord's exercise of this form of patronage–what *Amadi* calls *maridazo* ('the giving in marriage')–was normally a matter of negotiation behind closed doors[15].

In the other incident a widowed noblewoman came with *tre cavaglieri homini ligii per corte* and offered homage for her dower and the wardship of her two daughters, and again Henry refused to accept it. Quite why is not explained, but other evidence suggests that there was a proposal at around that time for all three women to marry three of Amaury of Tyre's sons, and so the king would have had a strong political motive for not co-operating[16]. There was no reason why Amaury himself could not have taken the homage from these people in his capacity as governor of the kingdom, and it may well be that these incidents were specially stage-managed as part of a wider campaign to wear down Henry's continued opposition to his rule.

One incident that by contrast did not have political overtones was a trial by battle for murder that occurred in 1314:

> On 12 May a lady who was the wife of James *Artude* was killed in her home. The lady's mother appeared and made a formal accusation against her son-in-law, James, alleging that he had killed her. He defended himself by denying it, and the mother offered a champion for proof. The king, being obliged to protect widows and orphans, wanted to know the truth and had a squire of his named John *Pansan*, mounted and had him enter the field against James. Both knights entered the field on the 12 June, where James was defeated for John *Pansan* drove him from the field. The court gave *conoissance* (*la corte conobbe*) that James had been defeated, while John had been slightly wounded on the shoulder by the tip of the sword point. When James was led away to be hanged, he confessed below the gallows that he himself had not killed his wife but had had her killed by another so that,

Cyprus », *Επετηρίδα του Κέντρου Επιστημονικών Ερευνών*, 34, (2008), p. 106. *Cf. Chronique d'Amadi*, ed. cit., p. 329.

15 Philip of Novara, *Le Livre de Forme de Plait*, ed. cit., p. 161–162. *Cf.* John of Ibelin, *Le Livre des Assises*, ed. cit., p. 381, 508–509. For the use of the term *maridazo* in these years, see *Chronique d'Amadi*, ed. cit., p. 302, 329, 348. For further discussion, see the paper by Myriam Greilsammer in this volume.

16 C. Perrat, «Un diplomate gascon au XIVe siècle: Raymond de Piis, nonce de Clément V en Orient », *Mélanges d'archéologie et d'histoire de l'École française de Rome*, 44 (1927), p. 80; *Chronique d'Amadi*, ed. cit., p. 374.

> should the need arise for him to swear that he had not killed her, he could swear truly. Thus was he hanged[17].

To an appreciable extent the procedure seems to follow the detailed description of an appeal for murder as described by John of Ibelin, although the reference to John Pansan being mounted (*cavalcar*) shows that they fought on horseback and not, as John of Ibelin describes, on foot. Murder was defined as witness-less killing, and only a close relative of the deceased could bring charges[18]. No other account of a murder trial from the Latin East goes into such detail. Neither protagonist appears elsewhere in our sources, but the fact that the author chose to recount this incident suggests that it caused a sensation at the time. It may be assumed that cases involving knights that ended in a judicial duel and a hanging were something of a rarity.

So far attention has been drawn to some examples of phraseology in the text that suggest that the *Amadi*-author was familiar with the language of the courts and the thirteenth-century legal treatises, and there have been a few illustrations that show legal procedures being conducted more or less in accord with the system that is familiar from the works of Philip of Novara and John of Ibelin. The problem remains, however, that, at least at first sight, many of the episodes that are recorded in these years seem to run counter to the legal provisions. Thus we have what appear to be the exile or imprisonment of a number of liege men without trial and a state of affairs in which violence and intimidation–both by the supporters of Amaury of Tyre and by the royalists in 1310–were widespread. In particular we might ask whether the king's treatment of his leading opponents after 1310 should be regarded as illegal as well as being harsh and vindictive.

---

17 *Chronique d'Amadi*, ed. cit., p. 396. *Alli 12 di mazo, fu occisa in casa sua una dama che era moglie de messer Zaco Artude. La madre della dama comparse et si querellò contra suo zenero, messer Zaco, imponendoli che lui l'haveva morta; lui si diffendeva denegando, la madre offerse campion de provar. Il re che è tenuto de guarder le vidue et orfani, volse saver la verità, et fece cavalcar uno di suoi valletti chiamato Jovanin Pansan, et lo fece intrar in campo contra messer Zacho; et fu fatto il campo de li doi cavalieri a li 12 del mese di zugno; dove fu vinto messer Zaco, perchè messer Jovani Pansan l'haveva tratto for del campo. Et la corte conobbe che messer Zacco era vinto; et messer Joan fu ferito nelle spale un poco da basso de ponta de spade, et quando messer Zacho fu menato ad impiccar, confessò, su le force, che lui non haveva occisa sua moglie, ma fatto occiderla per un altro, con intention de jurar el vero, se statto fusse de bisogne che el dovesse jurar de non haverla lui morta, et così fu apeso.*

18 John of Ibelin, *Le Livre des Assises*, ed. cit., p. 187–204, 214–215, 236–239.

We have to remind ourselves that the authors of the treatises were concerned primarily with the question of how to plead and how to approach the sort of issues that might arise at a session of the High Court. What happened outside the court was not part of their remit. For example, there can be little doubt that litigation often ended with the parties reaching an out-of-court settlement. The procedures allowed plenty of opportunities for adjournments, and, although that may well have made it possible for one party in a dispute to prolong the hearings almost indefinitely, it also allowed ample opportunity for conciliation and informal arbitration. Indeed, the formal court hearings could well have had the effect of persuading one of the parties that its case was weaker than had first been thought and that the best policy would be to compromise or compensate the other party rather than pursue the case to its ultimate–and possibly lethal–conclusion; on one occasion, using the verb 'finer', Philip of Novara, explicitly alludes to the advisability of reaching an out of court settlement[19]. That, however, is not something that is mentioned in the course of our account of the events of 1306–1310.

What is mentioned–indeed it comes to play a central role in the narrative–is the option of submitting to the mercy of the lord. This occurred on two separate occasions. Of these the second is by far the more famous. On Henry's restoration in 1310 and the collapse of the opposition led by his brother Aimery of Lusignan, his leading opponents surrendered to the king and submitted to his mercy. The account describes this as an act of public humiliation that lead directly to their imprisonment. It would appear that any attempt at engaging in self-justification was silenced and that the individuals were obliged to submit by reading aloud a prescribed statement[20].

The earlier episode occurred at the beginning of 1307. *Amadi's* narrative is rather vague at this point, but it looks as if there had been the beginnings of a royalist counter-coup against Amaury of Tyre that fizzled out before anything of significance could take place. A number of knights loyal to the king had gathered in the royal residence in Nicosia, and there was also an aborted military demonstration by a group of knights based in Paphos. The royalists were then induced to make a

19 Philip of Novara, *Le Livre de Forme de Plait*, ed. cit., p. 37, *cf.* p. 164.
20 *Chronique d'Amadi*, ed. cit., p. 384–388.

public and humiliating submission. The king's kinsmen, Philip of Ibelin the Seneschal and John Dampierre, were consigned to house arrest on their estates, and a large group of lesser knights were imprisoned and held until after the king's exile early in 1310[21].

From a legal point of view, the act of submission to the mercy of the lord or the king meant that the individuals concerned had forfeited their right to trial by their peers in the High Court, or, looking at it from the opposite standpoint, they had avoided having to answer charges in the High Court. Their bodies, fiefs and other possessions were now subject to the lord's discretion, and the protection that their legal status as vassals afforded them had now gone. Although the submission would appear to have taken place at a session of the court, whatever happened to them subsequently was not a court matter and hence of little interest to the authors of the legal treatises. The reason for wanting to adopt this course of action was simple: if they had not submitted and placed themselves at the king's mercy, they would have been arraigned for treason in the High Court, and because their treason was self-evident or notorious, the court would probably have given *conoissance* that no defence was admissible; there would therefore be no trial by battle between the defendants and their respective accusers, and conviction was the inevitable outcome; the penalty was death for those thus convicted and disinheritance for their heirs[22].

Philip of Novara briefly describes the procedure of submitting to the mercy of the lord. He envisaged the situation in which a vassal had attempted to bring a charge against his lord for withholding part of his fief–presumably his money-fief or fief-rent had not been paid in full–and it transpired that the claim was unjustified. In so doing the vassal had falsely impugned the lord's honour and was arguably in breach of his own oath of fealty. Clearly an argument about whether or not a vassal's fief-rent had been paid in full was a far less serious matter than treason or armed rebellion, but all the same the man had laid himself open to an accusation of breaking his faith and would need to act speedily to preclude the possibility that someone might bring this charge against him in the court. Philip writes:

21 Ibidem, p. 259–266, 325. By 1310 other knights had been exiled to Armenia. Ibid., p. 299.

22 John of Ibelin, *Le Livre des Assises*, ed. cit., p. 227–229, 244–245, 433–438.

> ... the vassal should kneel before [the lord] in court, with as many of his friends as he can get, and he should beg for mercy and say that, by the faith that he owes him, he believed that he could do so rightly, that he believed he was certain of what is owed, and that he did not act knowingly for the detriment of the lord. So he should call on his peers to beseech the lord to pardon him. This they should do, and the lord should pardon him for conjuring him [falsely][23]...

We can now see the events of both 1307 and 1310 in a new light. In 1307 the offence was presumably plotting armed rebellion, and according to *Amadi* the royalists were given to understand that, if they submitted, Amaury of Tyre would treat them far more leniently than in fact he did. Even so, he did not invoke the full rigour of the law. A few months later there were further arrests of royalist supporters including another leading nobleman, Baldwin of Ibelin, although on that occasion there is no indication in the narrative that they had made a formal submission[24]. Then in 1308 John Dampierre was accused of breaking the terms of his house arrest; Aimery of Lusignan the Constable and Balian prince of Galilee, Amaury's leading supporters–respectively his brother and brother-in-law–are said to have advised that he should be put to death, but Amaury disagreed; in the event John died shortly afterwards anyway. In April 1308 Philip of Ibelin the Seneschal and Baldwin were escorted into exile in Armenia. *Amadi* gives a detailed account of the exchanges between Philip and those sent to take him into exile. Philip protested vigorously, but he made no suggestion that he had been denied trial, only that exile–or, as he feared, death–was out of all proportion to his culpability. He evidently accepted that he was at the lord of Tyre's mercy, although he did at one point suggest that his punishment should be determined by his peers[25]. It will be recalled that, for the thirteenth-century legal writers, King Aimery of Lusignan's exile of Ralph of Tiberias in the late 1190s without a trial by his peers was a *cause célèbre*[26].

So when in 1310 King Henry's leading opponents submitted to him, they did so to avoid being tried for treason and in the hope that

23 Philip of Novara, *Le Livre de Forme de Plait*, ed. cit., p. 100–101, 248–249.

24 *Chronique d'Amadi*, ed. cit., p. 267–269.

25 Ibidem, p. 272–275.

26 Philip of Novara, *Le Livre de Forme de Plait*, ed. cit., p. 112–113, 129; John of Ibelin, *Le Livre des Assises*, ed. cit., p. 455–457.

Henry would be lenient. The two men who tried to evade capture, the king's brother Aimery and the knight mentioned already named Philip of Ibelin *el giovene*, were treated exactly the same as the others who had surrendered as soon as their position had become hopeless. So there were no treason trials leading to their executions, and none of their heirs were dispossessed. Indeed, it is clear that by the mid 1320s Hugh count of Jaffa, the younger brother and heir of Count Philip who had submitted in 1310 and died in Kerynia castle in 1316, was a wealthy man and a prominent figure at the court of King Hugh IV; it has to be assumed that he had been able to keep his inheritance. Henry was probably under pressure from the Church and the Hospitallers to exercise a measure of clemency, and in any case he may have realized that a series of show trials and executions and the creation of a group of dispossessed within the higher reaches of the nobility might be seen as an attack on the aristocracy as a whole and could well cause a reaction among the very men who had campaigned for his restoration. Locked away in the cells in Kerynia, they all died in 1315 or 1316; ill-nourished and deprived of space for exercise, it may well be that they succumbed to infection[27]. Presumably the harsh conditions were a deliberate act on Henry's part, and they died 'out of sight and out of mind'. Their best hope would have been either that Henry would in time grant an amnesty or, on Henry's death, the new king would do so. It was not to be.

The fate of Henry's leading opponents should be contrasted with that of a group of knights who in 1311 were accused of plotting a coup that would bring Amaury of Tyre's son to power. Having confessed under torture, they were brought before the court and convicted of treason. The ringleaders were then taken out at night and drowned at sea, and a number of others who were thought to have been implicated were exiled[28]. John of Ibelin spoke of those guilty of treason being hanged, not drowned[29], but mode of execution again suggests that the authorities decided against making a public spectacle of it. Unfortunately for the historian, the use of torture to extract a confession is not a subject discussed by the legal authors.

27 *Chronique d'Amadi*, ed. cit., p. 397–398.
28 Ibidem, p. 392–393.
29 John of Ibelin, *Le Livre des Assises*, ed. cit., p. 229.

On Hugh IV's accession in 1324 there was a general amnesty for all those imprisoned for any reason[30], but soon afterwards he took action in the High Court against those men and their heirs who had been a Kormakiti and so by implication had been in arms against the king after his return to Cyprus. The description of this episode is replete with legal language:

> On 3 June the new king lodged accusations in court against the men who had offended his uncle King Henry, namely those who had been at Kormakiti, and he demanded justice regarding them. The court came to a decision and made recognition; it told the king that he had the requisite relationship, position and power and could request, act, grant and command with respect to any issue pertaining to his uncle King Henry, just as if his uncle were alive, and just as he could with respect to his own affairs. The court judged and gave recognition at once that they and their heirs should be disinherited as felons and traitors. So it came to pass that the king took possession of their fiefs and confiscated them[31].

The court had first to declare that Hugh, as Henry's nephew and heir, was a close enough relative to take action arising from offences committed against his deceased kinsman. The men who had been at Kormakiti had been in arms against the king, and presumably their guilt was so notorious that no witnesses were needed and no defence could be offered, but the passage nevertheless raises various problems. Why the delay, and why had Henry not taken this action himself? Are we to understand that the ruling concerned men who had just been freed from custody, and was it for that reason that their property but not their lives were forfeit? Did this process affect only those men–clearly the more minor figures–who were still alive? And how is this to be interpreted in the light of other evidence that even before the start of Hugh's reign there had been moves to heal the antagonisms within the nobility that dated from the events of 1306–1310[32]? Alas, most of these questions remain unanswerable,

---

30 *Chronique d'Amadi*, ed. cit., p. 401–402.

31 Ibidem, p. 403: *A dì 3 zugno, el novo re si querelò in corte contra li homini che offeseno il re Henrico, suo barba, zoè de quelli che erano stati a Cormachiti, et dimandò justitita di loro. La corte terminò et conobbe et disse al re che lui era in quel grado, stato et poder, et podeva dimandar, tuor, dar et commandar sopra tutte le cose che appartenivano al re Henrico suo barba, come se la persona del ditto suo barba fosse viva, et come propria cosa sua. Et inmediate, la corte terminò et conobbe che loro et loro heredi dovevano esser exheredati, come falsi et traditori, et così fu fatto, che il re si misse in possesso de li loro feudi et li ha confiscate.*

32 See for example, *Bullarium Cyprium*, éd. C. Schabel, J. Richard, and C. Perrat, Texts and Studies in the History of Cyprus, 64, 68, Nicosia, 2010, 2012, vol. 3, r-216, r-265;

although, as mentioned already, in Hugh's reign the heirs of Philip of Ibelin, count of Jaffa, were numbered among the wealthiest members of the nobility.

To conclude. There is a problem that needs to be highlighted concerning legal developments in Cyprus after 1300. The writings of the thirteenth-century authors continued to be copied on the island in the course of the fourteenth century, and, as is well known, a version of John of Ibelin's treatise was given official status in the High Court of Cyprus following the murder of Peter I in 1369[33]. On the other hand, the manuscripts alone prove nothing. To take an English analogy: in England the Anglo-Saxon legal codes continued to be copied in the late twelfth century, more than a hundred years after the Conquest and at time of extensive legal change. By then few people would have been able to understand Old English[34]. So these Anglo-Saxon codes would have been more of antiquarian interest than of practical use. That prompts the question of whether same was true, *mutatis mutandis*, in fourteenth-century Cyprus. One point about the surviving manuscripts of John of Ibelin, Philip of Novara and the other writers that deserves comment is the lack of marginal annotations that might indicate that they were being consulted by lawyers or litigants[35]. So we have to ask how far litigation among the higher echelons of society was coming to be conducted elsewhere, in what English legal historians would call 'prerogative courts', and an in accord with Roman Law procedures. I raise this point not because I know the answers, but as a topic for future investigation. What I hope this paper has shown is that, at least in the opening two decades of the fourteenth century, the *Amadi* narrative indicates that the language and procedures of the High Court as described by the thirteenth-century authors remained in use in Cyprus, and so, despite my *caveat*, it looks as if this legal system continued to flourish.

W. H. Rudt de Collenberg, « Les Ibelin aux XIIIe et XIVe siècles. Généalogie compilée principalement selon les registres du Vatican », *Επετηρίδα του Κέντρου Επιστημονικών Ερευνών*, 9 (1977–1979), p. 175.

33 For the manuscripts, see John of Ibelin, *Le Livre des Assises*, ed. cit., p. 5–10; Philip of Novara, *Le Livre de Forme de Plait*, ed. cit., p. 3–5.

34 See for example B. O'Brien, « An English Book of Laws from the Time of *Glanvill* », *Laws, Lawyers and Texts: Studies in Medieval Legal History in Honour of Paul Brand*, Leiden, Brill, 2012, p. 51–67.

35 A point brought to my attention many years ago by Dirk Heirbaut.

That does not mean that everything that happened in the years 1306–1310 could be justified on legal grounds. Violence and intimidation were certainly present, and in places the narrative of events reads like something straight out of *Game of Thrones* (or, as it is known in France, *Le trône de fer*). I have not considered the constitutional aspects, although the *ad hoc* assembly of vassals that declared Amaury of Tyre governor, or regent, in 1306 might arguable have had precedents in thirteenth-century Acre where, in the absence of ruler, the vassals would name one of their own number as *bailli*[36]. Here again there is scope for further consideration, and I have certainly not said all there is to be said about *Amadi's* portrayal of these years. Even so, *Amadi* does show that the legal traditions celebrated by John of Ibelin, Philip of Novara and the others continued to be cherished.

Peter EDBURY
Université de Cardiff

36 See J. Riley-Smith, *The Feudal Nobility and the Kingdom of Jerusalem, 1174–1277*, London and Basingstoke, Macmillan, 1973, p. 190–191, 215, 318 et *passim*.

L'INSTRUMENTALISATION DU MARIAGE DES VASSALES DANS LES *ASSISES DE JÉRUSALEM*[1]

Dans son célèbre ouvrage de 1748, *L'esprit des lois*, Montesquieu démontre combien le droit est la résultante des forces et intérêts dominants dans une société donnée, éléments qui sont en perpétuelle transformation[2]. Je pense que les différents livres des *Assises de Jérusalem* donnent une bonne illustration de cette judicieuse analyse.

Comme l'écrit très justement Peter Edbury, « il est fort difficile de reconstituer les structures sociales et les mentalités de l'Orient latin[3] ». Néanmoins il propose de se servir des traités juridiques du Royaume Latin qui « révèlent énormément en ce qui concerne les attitudes mentales[4]. » Il est évident que ces sources doivent être traitées avec prudence. Que l'on croie à l'existence des « Lettres dou Saint Sépulchre » ou que l'on considère comme une fiction le témoignage de Philippe de Novare à ce sujet, comme le pense lui-même Edbury[5], il apparaît, quoiqu'il en soit, que tous les traités juridiques composés après la bataille de Hattin (1187), de nature privée, incomplète et non officielle, sont partiaux, et reflètent avant tout les intérêts de la faction par/pour laquelle il ont été composés. Ces textes sont plus un témoignage arbitraire, voire tendancieux, qu'un compte-rendu exact des faits et de la pratique du droit

---

1 Je dédie ce texte à la mémoire des deux chercheurs exceptionnels qui ont été mes maîtres et amis très chers, Joshua Prawer de l'Université Hébraïque, et Jacques Le Goff, récemment disparu, de l'EHESS.

2 Montesquieu, *L'esprit des lois*, Genève, 1748 (première édition anonyme), Livre XIX et en particulier les chapitres XXI-XXVII.

3 P. Edbury, « Fief and Vassals in the Kingdom of Jerusalem : From the Twelfth Century to the Thirteenth », *Crusades*, 1 (2002), p. 50.

4 *Ibid.*

5 Lire à ce sujet, entre autres, P. Edbury, « Law and Custom in the Latin East : *Les Letres dou Sepulcre* », *Intercultural Contacts in the Medieval Mediterranean : Studies in Honour of David Jacoby*, London, Frank Cass, 1996, p. 71-79.

du Royaume Latin. Par contre, il est évident qu'il s'agit d'une source fondamentale en ce qui concerne les intérêts et les mentalités de leurs auteurs et de leur public.

Dans le Royaume Latin, « forteresse assiégée », tout seigneur, et en particulier le monarque, doit avant tout s'assurer d'un service sans faille de la part de ses vassaux, ainsi que d'un contrôle maximal de la dévolution des fiefs et de leurs revenus[6]. La précarité du statut de la femme, plus fragile encore qu'en Occident médiéval, offre un outil efficace dans la lutte du suzerain contre la prééminence des lignages et leurs stratégies anti-centralisatrices.

Ma brève analyse du mariage[7] dans les *Assises de Jérusalem* porte principalement sur le *Livre au Roi*, éventuellement comparé aux deux autres principaux traités de droit féodal d'Outremer récemment réédités scientifiquement par Peter Edbury : le *Livre de forme de plait* de Philippe de Novare et le *Livre des Assises* de Jean d'Ibelin[8]. Ces traités, et en particulier le *Livre au Roi*, contiennent un nombre important d'assises et de coutumes concernant les droits des femmes nobles et le mariage. J'ai démontré ailleurs[9] que le *Livre au Roi*, rédigé à l'initiative du roi Aimery de Lusignan (1197-1205), est avant tout l'expression de ses ambitions monarchiques. Aimery ne cherche pas à reconstituer dans ce traité la législation du premier Royaume, mais à la codifier, afin de la fixer à un stade où le roi jouissait de droits régaliens et féodaux lui

6 Comme le résume bien Edbury, les deux majeures caractéristiques de la situation du royaume sont le : « le manque de ressources humaines » et la « situation de guerre permanente ». *Cf.* P. Edbury, « Feudal Obligations in the Middle East », *Byzantion* 47 (1977), p. 351.

7 C'est ici que le « fait social total », concept élaboré par Marcel Mauss, nous vient en aide. Selon Mauss, les « faits sociaux totaux » sont ceux qui ébranlent la société dans son ensemble et qui se répercutent dans tous les domaines. Une analyse du mariage, défini comme « fait social total », sur la base des traités de droit féodal, peut donc nous permettre de décrypter la complexité de la société féodo-vassalique et les mentalités des Francs nobles dans le Royaume Latin. *Cf.* M. Mauss, *Sociologie et anthropologie, précédé d'une Introduction à l'œuvre de Marcel Mauss par Claude Levy-Strauss*, Paris, PUF, 1950, p. 145-284.

8 *Le Livre au Roi, introduction, notes et édition critique*, éd. M. Greilsammer, Académie des Inscriptions et Belles Lettres, XVII, Paris, 1995 ; Philippe of Novara, *Le Livre de Forme de Plait*, éd. et trad. P. W. Edbury, Nicosie, Cyprus Research Centre, 2009 ; John of Ibelin, *Le Livre des Assises*, éd. P. W. Edbury, Leiden, Brill, 2003. Pour les détails biographiques *cf.* Philippe of Novara, *Le Livre de Forme de Plait*, éd. citée, p. 331-333 et P. Edbury, *John of Ibelin and the Kingdom of Jerusalem*, Woodbridge, Boydell and Brewer, 1997.

9 *Le Livre au Roi*, éd. citée, p. 83-86.

assurant la supériorité vis-à-vis de ses vassaux et leur contrôle[10]. Tout en limitant les prérogatives de ses vassaux, cette compilation royale n'inclut pas de texte défavorable à la suprématie royale. Les illustres juristes Philippe de Novare et Jean d'Ibelin, comte de Jaffa[11], porte-paroles du droit du Royaume Latin et de Chypre et représentants de la haute noblesse d'Outremer, rédigent leurs œuvres respectives un demi siècle environ après le *Livre au Roi*[12]. Comme l'établit clairement Edbury, au delà de la mise par écrit de leurs connaissances légales et de leurs conseils pour plaider, ces différents auteurs ne livrent pas non plus une version impartiale des pratiques judiciaires, mais développent quant à eux, leurs conceptions arbitraires concernant les relations entre les féodaux et le roi[13].

La dernière monographie consacrée au mariage d'après les *Assises de Jérusalem*, est à ma connaissance la thèse de doctorat en sciences juridiques d'Edmond Deraze, publiée à Poitiers en 1910[14]. Un réexamen de ce sujet passionnant permet de mettre en valeur les énormes progrès dont a bénéficié l'historiographie médiévale depuis le début du XXe siècle, à la fois en ce qui concerne l'étude de la noblesse et du féodalisme, l'histoire du Royaume Latin et l'histoire des femmes. On ne sera pas étonné de constater combien le laborieux travail d'Edmond Deraze est aujourd'hui largement dépassé, précisément parce qu'il est antérieur aux nouveaux courants qui ont totalement transformé le « territoire de l'historien[15] ». Deraze écrit quelques années avant la « révolution » de l'École des Annales (1929) qui a totalement transformé notre façon de concevoir l'histoire. Après Marc Bloch, Lucien Febvre et Fernand Braudel,

---

10 Peter Edbury accepte cette thèse et écrit : « *The modern editor, Myriam Greilsammer, is undoubtly right to conclude that the book was connected with Aimery's program of re-establishing strong monarchy in the kingdom* », *cf.* P. Edbury, « *Fief and Vassals in 12th and 13th Century Jerusalem* », *Kingdoms of the Crusaders : from Jerusalem to Cyprus*, Aldershot, 1999, p. 356.

11 Edbury qualifie l'œuvre d'Ibelin d'*opus magnum*, *cf.* P. Edbury, John of Ibelin, *Le Livre des Assises*, éd. citée, p. 4 et le chap. 3.

12 Opposés à la suprématie royale et impériale, on ne s'étonnera donc pas qu'ils oblitèrent l'existence du *Livre au Roi*, en tentant de nous faire croire que la tentative de codification d'Aimery de Lusignan n'aboutit jamais.

13 P. Edbury, « The "Livre of Geoffrey Le Tort" and the "Assises of Jerusalem" », *Kingdoms of the Crusaders : from Jerusalem to Cyprus*, *op. cit.*, p. 4291-4297, et en particulier p. 4291.

14 E. Deraze, *Le mariage d'après les Assises de Jérusalem*, Poitiers, Imprimerie Blais et Roy, 1910.

15 L'expression est bien entendu reprise à E. Le Roy Ladurie, *Le territoire de l'historien*, 1-2, Paris, NRF Gallimard, 1973, 1978.

de grands médiévistes français comme mon maître Jacques Le Goff[16] et Georges Duby[17], pour ne citer qu'eux, ont considérablement enrichi notre connaissance du Moyen Âge, et en particulier notre compréhension et notre perception du féodalisme, du mariage, des classes sociales, de leurs perceptions et de leurs mentalités. De même, Joshua Prawer, dont j'ai été longtemps l'assistante à l'Université de Jérusalem, a totalement transformé les recherches consacrées au Royaume Latin, depuis lors étudié dans son véritable contexte géographique et physique, et dans une perspective novatrice et réaliste[18]. Enfin, dans le sillage de la révolution féministe des années 70, l'histoire des femmes a lentement conquis la place qui lui revenait. Les recherches consacrées à des sujets jusque là négligés comme la famille, le mariage, le corps et la sexualité, ont ouvert des perspectives novatrices. Pauline Schmitt-Pantel, Christiane Klapish-Zuber, Arlette Farge, Michelle Perrot, Nathalie Zemon-Davis, Francoise Héritier, Yvonne Verdier et tant d'autres, ont rectifié notre conception de l'histoire des femmes et du genre dans le passé. Sans nul doute, l'étude consacrée par Edmond Deraze au mariage il y a plus de cent ans doit être totalement révisée. Bien que d'importantes recherches aient déjà été consacrées aux femmes dans le Royaume Latin, notamment les travaux capitaux de Peter Edbury[19], je

16 Je ne peux citer qu'une sélection de son œuvre capitale : J. Le Goff, *Les intellectuels au Moyen Âge*, Paris, Le Seuil, 1957 ; *Id.*, *Marchands et banquiers au Moyen Âge*, Le Seuil, 1957 ; *Id.*, *La civilisation de l'Occident Médiéval*, Paris, Arthaud, 1967 ; *Faire de l'histoire*, Paris, Gallimard, 1974 ; *La Nouvelle Histoire*, Paris, Éditions Retz, 1978 ; J. Le Goff, *Pour un autre Moyen Âge. Temps travail et culture en Occident : 18 essais*, Paris, Gallimard, 1977 ; *Id.*, *La naissance du Purgatoire*, Paris, Gallimard, 1981, *Id.*, *L'imaginaire médiéval, Essais*, Paris, Gallimard, 1985 ; *Id.*, *La bourse et la vie*, Paris, Hachette littératures, 1986 ; *Id.*, *Histoire et mémoire*, Paris, Gallimard, 1986 ; *Id.*, *Saint Louis*, Paris, Gallimard, 1996 ; *Id.*, *Saint François d'Assise*, Paris, Gallimard, 1999.

17 G. Duby, *Le chevalier, la femme et le prêtre : le mariage dans la France féodale*, Paris, Hachette, 1981 ; *Id.*, *Mâle Moyen Âge : de l'amour et autres essais*, Paris, Flammarion, 1988 ; *Id.*, *Dames du XIIe siècle*, Paris, Gallimard, 1995-1996 ; *Histoire de la vie privée*, Paris, Le Seuil, 1985-1987 ; *Histoire des femmes en Occident*, Paris, Plon, 1990-1992.

18 *Cf.* par exemple J. Prawer, « La noblesse et le régime féodal du royaume latin de Jérusalem », *Moyen Âge* 59 (1965), p. 41-74 ; et ses *opera magna* : J. Prawer, *Histoire du royaume latin de Jérusalem*, CNRS, Paris, 1969-1971 et *Id.*, *The Latin Kingdom of Jerusalem, European Colonialism in the Middle-East*, London, Weidenfeld and Nicholson, 1972.

19 *Cf.* entre autres, P. Edbury, « Women and the Customs of the High Court of Jerusalem according to John of Ibelin », *Chemins d'outre-mer : études d'histoire sur la Méditerranée médiévale offertes à Michel Balard*, Paris, 2004, p. 285-292 ; A. V. Murray, « Women in the Royal Succession of the Latin Kingdom of Jerusalem (1099–1291) », *Mächtige Frauen ? Königinnen und Fürstinnen im Europäischen Mittelalter (11.-14. Jahrhundert)*, Vorträge und

propose d'étudier plus spécifiquement dans le cadre de cette recherche le mariage des femmes nobles d'après les textes des *Assises de Jérusalem*, principalement d'après le *Livre au Roi*.

L'analyse d'Edmond Deraze repose sur diverses prémisses totalement infirmées aujourd'hui. Tout d'abord, il étudie les différents livres des *Assises* comme s'ils étaient contemporains les uns des autres, ce qui empêche toute analyse de ces textes dans une perspective évolutionniste. Cette confusion peut en partie être expliquée par son erreur de datation, puisqu'il pense que le *Livre de forme de plait* de Philippe de Novare est le premier a avoir été composé, suivi du *Livre des Assises de Jean d'Ibelin* et du *Livre au Roi* (qu'il intitule le *Livre du Roi*). Il estime, comme le Comte Beugnot[20], que le *Livre au Roi* a été rédigé à la fin du XIIIe siècle[21].

Ensuite, comme la citation ci-dessus suffira à le démontrer, sa vision idéalisée et « romantique » de la féodalité et des réalités sociales et économiques des croisades et du Royaume Latin est aujourd'hui totalement dépassée :

> À cette époque où l'ennui pesait sur l'Europe, dotée par la féodalité d'une organisation militaire qui la faisait ressembler à un vaste camp retranché, où le paysan gémissait dans une étroite servitude [...] en proie à toutes les exactions [...] le rapprochement des classes sur le champ de bataille avait opéré une sorte d'égalité facile à comprendre chez des hommes partageant les mêmes fatigues, exposés aux mêmes périls[22].

Enfin, sa perception de l'institution du mariage, de ses réalités à la fois dans la société féodale et le Royaume Latin, ainsi que sa vue traditionnelle (pour ne pas dire réactionnaire) de l'histoire des femmes, doivent être révisés à l'aide des nouvelles perspectives développées dans les dernières décennies. Ceci me permettra d'analyser le mariage d'après les *Assises* dans une perspective évolutive et comparative. De plus, contrairement à Deraze qui ne différencie pas les intérêts seigneuriaux et royaux, je

---

Forschungen, 81, 2015, p. 131-162 ; N. Hodgson, « Nobility, Women and Historical Narratives of the Crusades and the Latin East », *Al-Masaq : Journal of the Medieval Mediterranean*, vol. 17, 1 (2005), p. 61-68.

20 *Assises de Jérusalem ou Receuil des ouvrages de jurisprudence composés pendant le XIIIe siècle dans les Royaumes de Jérusalem et de Chypre. Assises de la Haute Cour, Recueils des Historiens des Croisades, Lois*, éd. Le Comte Beugnot, Paris, 1841-1843. Pour ce qui est de la datation *cf. RHC, Lois*, I, p. LXVI.

21 E. Deraze, *Le mariage d'après les Assises de Jérusalem*, *op. cit.*, p. 17-19.

22 *Ibidem*, p. 6-7.

démontrerai que chacun des livres de droit des *Assises* reproduit les intérêts des pouvoirs ou de la classe sociale pour et par laquelle il a été composé. Je pourrai ainsi différencier les divers stades de cette instrumentalisation du mariage, à la fois dans l'espace chronologique et social, et quant aux relations entre les sexes, dans une société guerrière patriarcale comme celle du Royaume Latin.

LES TRAITÉS DES *ASSISES DE JÉRUSALEM*, PORTE-PAROLES DES INTÉRÊTS LIGNAGERS EN MATIÈRE DE MARIAGE ?

Première remarque : Le conflit entre les deux modèles de mariage, aristocratique et laïque, tel qu'il a été défini par G. Duby, se retrouve dans les trois traités de droit féodal qui privilégient les priorités lignagères laïques.

Pour l'aristocratie du XIIe siècle, l'autorité et les stratégies de mariage appartiennent au chef du lignage. Le but étant d'assurer la succession du fief, le code aristocratique est partisan de l'endogamie qui privilégie la réunification des terres, et rejette totalement la structure monogame. Elle encourage le divorce et le remariage en cas d'abscence d'héritier, s'opposant ainsi de plein fouet au modèle ecclésiastique, partisan comme on le sait de l'exogamie et de la monogamie[23]. L'Église a, quant à elle, retenu la conception consensualiste du mariage et fondé sa doctrine sur le simple accord de volonté des deux époux. Le droit canon s'oppose par là totalement à la volonté des lignages qui protègent jalousement leur monopole de décision concernant le mariage, puiqu'il ne requiert pas l'accord des détenteurs de la puissance paternelle et n'en fait pas une condition de validité du mariage. De même, les clercs défendent l'indissolubilité du lien matrimonial, ébranlant ainsi les fondements même de l'ordre féodal puisque, comme l'a bien expliqué Duby, le

23 L'ordre de la société aristocratique dépend du fait que seul l'aîné des mâles et héritier des fiefs par droit de primogéniture sera marié et aura des enfants légitimes. Les filles sont données en mariage dans le but de créer des alliances. *Cf.* G. Duby, *Medieval Marriage*, Princeton, Princeton University Press, 1978, p. 15-20.

chevalier est avant tout un héritier[24]. Rappelons que dès la moitié du XIIe siècle, avec le *Décret de Gratien*, est consacrée la suprématie de l'Église dans tous les domaines juridiques liés au lien conjugal[25], suscitant une situation conflictuelle entre les autorités religieuses à la recherche du salut éternel et de la suprématie économique et spirituelle, et les chefs de lignages, privilégiant leur propre intérêt économique et l'avenir de leur maison.

Le *Livre au Roi* illustre bien ce hiatus car il ne contient pas, à ma connaissance, de référence explicite à l'autorité ecclésiastique en matière de mariage, et prend uniquement en compte l'intérêt du monarque dans le cadre féodal, tout en ménageant quelque peu les prérogatives lignagères. Au contraire, les traités de Philippe de Novare[26] et de Jean d'Ibelin portent l'empreinte de l'avancée du modèle ecclésiastique : ainsi ils reconnaissent implicitement le monopole du droit canon en ce qui concerne les conditions de la célébration du mariage d'une vassale célibataire. Novare écrit que le seigneur ne peut la marier qu'à partir de douze ans : il se base bien entendu sur l'âge minimum requis par l'Église[27]. Jean d'Ibelin se réfère au même âge[28].

De même, alors qu'il n'y a aucune référence dans le *Livre au Roi* au monopole de l'Église en ce qui concerne la célébration d'un mariage canoniquement licite, cette prérogative est explicitement reconnue par Philippe de Novare cinquante ans plus tard, dans son chapitre concernant le mariage des vassales veuves ou pucelles[29]. Selon lui, le seigneur est tenu d'obéir aux prescriptions canoniques régissant la célébration du mariage : « Et le jour que l'en li done d'espouseir mari [...] ains doit estre jors en en tens et en saison que sainte yglise

24 *Ibidem*, p. 9.

25 D'autres éléments sont communs aux deux modèles comme l'importance de la famille, du couple, de l'institution du mariage, de la publicité de la cérémonie de mariage, la condamnation de toute pratique anarchique comme l'enlèvement ou les mariages secrets ou indésirables : la publicité est un élément fondamental pour les aristocrates et les gens d'Église. *Ibid.*, p. 20.

26 *Cf.* Philippe of Novara, *Le Livre de Forme de Plait*, éd. citée, p. 161.

27 *Ibidem.*, p. 161 : « Et tout aussi peut le seignor semondre et mener une pucelle qui ait fié qui deit servize de cors, pui que elle a .XII. ans complis, sauve la difference dou parage dou baron que la feme veve avra eu. »

28 John of Ibelin, *Le Livre des Assises*, éd. citée, chap. 154, p. 379 : « Et le seignor, puisque elle avra .XII. ans passés, la puit semondre de prendre baron. » ; *cf.* également ch. 155, p. 383.

29 Dans ce cas, elles détiennent un fief qui « deit servize de cors ».

a establi de faire mariages[30] ». Le premier terme (tens), se réfère bien entendu aux recommandations du quatrième concile de Latran (1215) concernant les formes et les délais minimaux souhaités pour la célébration du mariage. La seconde référence (saison) évoque les périodes de l'année où l'Église interdit les mariages, principalement pendant la période de l'Avent et du Carême, les trois semaines précédant la fête de St Jean-Baptiste, et aux vigiles des Saints[31]. Comme je viens de le démontrer, l'affirmation de Deraze qui écrit au sujet de Novare que son « traité de procédure féodale » est « étranger à toute notion de [...] droit canonique » est fautive[32] puisque ce dernier reconnait explicitement la seule autorité du droit canon en cas de mariage contracté par une vassale sans l'accord du seigneur[33].

Plus encore, dans le chapitre qui concerne la semonce d'un seigneur qui obligerait une de ses vassales âgées à lui donner son service de mariage alors qu'« elle a passé aage », une interpolation au *Livre* de Jean d'Ibelin nous renseigne incidemment sur la pénétration et l'influence de la morale des clercs dans le droit féodal[34]. Notons déjà que ce chapitre aboutit incidemment à limiter la toute puissance du suzerain. Le premier argument est purement féodal : une vassale ne doit plus ce service à son seigneur, puisque tout vassal de plus de soixante ans est libre de tout service : « que puis que l'on a .lx. anz d'aage passés que l'on est quitte dou servise de son cors[35] ».

Pour délégitimiser l'obligation du service de mariage dans ce cas précis, l'auteur se base également sur les arguments théologiques traditionnels concernant le mariage. Rappelons que depuis Saint Paul, l'Église qui a adopté la chasteté comme idéal, ne justifie le lien matrimonial que comme un pis-aller pour ceux qui ne peuvent résister à la concupiscence *melius nubere quam uri*[36] ou, dans la version d'Ibelin : « Qu'il est bien

30 *Cf.* Philippe of Novara, *Le Livre de Forme de Plait*, éd. citée, p. 161.

31 E. Deraze, *Le mariage d'après les Assises de Jérusalem*, *op. cit.*, p. 36.

32 *Ibidem*, p. 18.

33 *Cf.* Philippe of Novara, *Le Livre de Forme de Plait*, éd. citée, ch. 68, p. 161-162, p. 293.

34 John of Ibelin, *Le Livre des Assises*, éd. citée, p. 656-659, appendice 3.9.

35 L'auteur de cette insertion n'est pas connu. *Cf. ibidem*, p. 655 ; appendice 3.9, p. 656-659. Citation p. 656. Cette exemption de service apparaît déjà dans le *Livre au Roi*, éd. citée, chap. 47-48, p. 275-277 : « S'il avient que un chevalier home lige [...] ait passé aage de .lx. ans et ne se peut mais aider [...] il det aver son fié tout quitement sans servise, tant com il vivra, auci bien come c'il le deservist ».

36 *I Corinthiens*, VII, 9 : « Il mieux vaut se marier que de brûler. »

chose seue et veraie que mariage ne fu establi que por multeplier le ciecle sanz pechié[37] ». Dans ce cas, le chapitre se réfère à l'idéologie chrétienne traditionelle qui interdit les relations sexuelles « opposées à la nature[38] ». Étant donné que la seule justification des relations sexuelles dans le cadre du mariage chrétien est la procréation, l'Église prohibe la copulation lors des périodes non fertiles de la femme, qu'il s'agissent des menstruations, de la grossesse ou de la ménopause. Ainsi, afin de renforcer son raisonnement du fait que l'obligation du service de mariage n'existe plus pour les « vieilles » femmes, l'auteur adopte précisément le raisonnement théologique. Le mariage dans ce cas est prohibé, puisqu'il n'a plus aucune justification, étant donné que les femmes ne peuvent plus procréer « et si est bien clere chose el tels qui court orres et qui a ja coru lonc tens a, que feme qui a. lx. anz passés a perdue la porteure selonc nature[39] ». Selon les clercs, les relations sexuelles sans expectative procréatrice sont non seulement répréhensibles mais peccamineuses. Le service de mariage n'a donc plus cours pour une femme de plus de soixante ans qui opte pour la chasteté : « et puis que feme pert porteure selonc nature, se sereit bien contre dreit et raisson de constraindre la de prendre baron outre son gré, et sur que tot puis qu'elle viaut tenir chasteté a garder sei de péchié ».

Ainsi, toute vassale pouvant prouver qu'elle a atteint soixante ans, est libérée du service de mariage sans encourir de sanction[40]. Le texte exprime son accord avec cette prescription qui empêcherait, selon lui, les seigneurs peu scrupuleux de pouvoir déshériter les vassales ayant atteint un âge avancé sous la menace d'un mariage forcé.

Afin de justifier mieux encore l'immunité des femmes ménopausées, l'auteur se réfère à un topos mysogine structurel lié à la répulsion et à

37 John of Ibelin, *Le Livre des Assises*, éd. citée, p. 658.

38 Le texte dit bien : « Et si est bien clere chose el tels qui court orres et qui a ja coru lonc tens a ». *Cf.* la position d'Ambroise à ce sujet, *Corpus ecclesiasticorum latinorum*, vol. XXXII, 4, Leipzig, 1902.

39 Augustin défend cette position dans *L'excellence du mariage* (401) § 6 et 32 : « Les relations maritales dans le but de la procréation ne sont pas pécheresses [...] Voilà pourquoi la valeur du mariage pour toutes les races et peuples tient à l'objectif de la procréation et à l'observance fidèle de la chasteté ». *Cf.* D. G. Hunter, *The Works of St Augustine, St Augustine, Mariage and Virginity*, 1, 9, New York, 1999.

40 John of Ibelin, *Le Livre des Assises*, éd. citée, p. 658-659 : « Por quei, sire, madame tel voz fait assaveir que elle a .lx. ans passés et selonc nature perdue porteure, et si n'a talant ne volonté de mari prendre et a ferme propod de tenir chasteté de son cors et garder sei de pechié ».

la peur masculines du corps féminin vieillissant, déjà perçu par Pline l'Ancien comme empoisonné, donc dangereux[41] : « car se sereit contre Dieu et contre raisson, se seignor par destrece de servise peust marier les femes qui avroient .lxxx. ou .lxxxx. ou cent anz, qui seroient si descheues come c'elles fucent (demi) porries[42] ». L'auteur exprime ici le dégoût profond du corps féminin vieillissant[43].

Soulignons que le mutisme du *Livre au Roi* n'est pas dû au fait que le monopole de l'Église touchant au mariage ne s'est pas encore imposé en Occident vers 1200, bien au contraire. Il s'agit de la part du compilateur du *Livre*, d'une omission préméditée de l'autorité ecclésiastique en matière de mariage, comme je vais le démontrer rapidement à l'aide de deux autres exemples.

Dans le chapitre qui traite des chevaliers apostats, le *Livre au Roi*[44] établit le droit de remariage d'une vassale et épouse d'un chevalier qui a fui le Royaume, dans l'an et le jour après la conversion de l'époux à l'Islam. Tout d'abord, comme je l'ai expliqué ailleurs, il s'agit là d'une usurpation du monopole ecclésiastique en matière de législation matrimoniale au profit du roi-suzerain. Plus encore, on peut qualifier cette décision de subversive, puisque le compilateur du *Livre au Roi* choisit sciemment dans ce cas de légiférer contre le droit canon. En effet, depuis le XIIe siècle, l'apostasie de l'un des deux époux ne rompt plus l'indissolubilité du lien matrimonial[45]. Cette « mise à mort » symbolique de l'époux apostat dans le *Livre au Roi* est néanmoins inclue, dans le but de garantir au roi son service de mariage et son contrôle sur une vassale qui lui doit la moitié du service sur son fief. Le compilateur n'ignore certainement ni les conditions canoniques nécessaires à un mariage licite, ni la doctrine concernant son indissolubilité.

41 Pline l'Ancien, *Histoire naturelle*, édition et traduction du latin par S. Schmitt, Paris, Gallimard, 2013, livre XIII, 2-3.

42 John of Ibelin, *Le Livre des Assises*, éd. citée, p. 659.

43 Cette répulsion apparaît dans de nombreuses œuvres d'art. *Cf.* par exemple H. G. Baldung, *Les trois âges et la mort*, *c.* 1541, Musée du Prado, salle 55B, n° d'inventaire P02220.

44 *Le Livre au Roi*, éd. citée, chap. 23, p. 203-204.

45 Selon Brundage, le droit canon décrète dès le XIIe siècle que la séparation n'est pas permise en cas d'apostasie ou conversion au judaïsme ou à l'islam de l'un des deux conjoints. Depuis Alexandre III (1159-1181) la doctrine s'efforce d'empêcher au maximum la dissolution des liens matrimoniaux. Innocent II établi dans sa décrétale *Quanto* (mai 1199) que lorsque l'un des deux conjoints renonce au christianisme, leur mariage reste valide. *Cf.* J. A. Brundage, *Law, Sex and Christian Society in Medieval Europe*, Chicago, Chicago University Press, 1987, p. 333-334.

Au contraire, mû par d'autres objectifs et valeurs, le *Livre des Assises des Bourgeois* reconnaît quand à lui la seule compétence des juges ecclésiastiques concernant le mariage[46]. De même, Philippe de Novare et Jean d'Ibelin reconnaissent implicitement l'autorité des cours ecclésiastiques dans ce domaine[47].

Ajoutons qu'on peut établir avec certitude que le compilateur du *Livre au Roi* connaît bien les décisions du droit canon, puisqu'il choisit de les entériner lorsqu'elles corroborent ses conceptions, comme dans le chapitre qui traite du destin de la femme du chevalier atteint de la lèpre[48]. Dans ce cas précis, au contraire du précédent, le *Livre au Roi* légitime le principe d'indissolubilité du lien matrimonial défendu par le droit canon à la même époque[49] : les deux époux restent mariés bien qu'ils soient physiquement séparés. Le sort de l'épouse est irrémédiablement lié au destin de son mari lépreux. La magnanimité des mesures prises contre le vassal lépreux (il garde ses droits sur son fief et jouit de ses revenus, à condition de le faire déservir) ne concerne pas le sort de son épouse. Ce traité de droit féodal n'épargne en aucun cas à la femme saine du lépreux la perte de sa liberté. Qu'elle soit l'épouse du vassal lige ou elle-même la vassale du fief, elle perd obligatoirement le droit d'user de ses prérogatives et est incorporée de force dans les ordres[50]. Afin de ne pas contredire le droit féodal, le *Livre au Roi* ne dépossède pas la vassale de ses droits en tant que détentrice du fief : elle reste, jusqu'à sa mort, légalement la titulaire de son fief, qui ne peut être investi à un tiers sans son accord.

---

46 Il est établi clairement que la Cour des Bourgeois doit refuser d'entendre tout cas lié au mariage et qui appartient à la seule compétence des juges ecclésiastiques à ce sujet, *cf. Assises des Bourgeois, RHC*, Lois, 2, chapitre 181, p. 121, cité par J. A. Brundage, « Marriage Laws in the Latin Kingdom of Jerusalem », *Outremer : Studies in the History of the Crusading Kingdom of Jerusalem Presented to Joshua Prawer*, Jérusalem, Yad Ben Zvi, 1982, p. 266 et n. 47.

47 Philippe of Novara, *Le Livre de Forme de Plait*, éd. citée, p. 292 et n. 269.

48 *Le Livre au Roi*, éd. citée, chap. 42, p. 256-262 : « Ici orrés quel dreit on deit faire de celuy chevalier home lige qui devient mesiau, et quel dreit a yl puis en son fié despuis que ce mau li avint, et ou il det estre et maner. »

49 L'Église ne considère pas que la lèpre est une raison valable de dissolution. Alexandre III oblige les époux à avoir des relations sexuelles même lorsque l'un d'eux est malade de la lèpre. Il ordonne au conjoint sain de remplir son devoir conjugal dans une de ses décrétales et s'émeut du fait que les règlements des léproseries empêchent les époux de se rencontrer. J. Imbert, *Les hôpitaux en droit canonique (du décret de Gratien à la sécularisation de l'administration de l'Hôtel-Dieu de Paris en 1505)*, Paris, Vrin, 1947, p. 186-188 ; J. A. Brundage, *Law, Sex and Christian Society in Medieval Europe, op. cit.*, p. 380.

50 *Le Livre au Roi*, éd. citée, chap. 42, p. 258 : « Ains det estre sa moiller rendue en l'ordre des femes nounains ».

Comment expliquer que dans ce cas précis le livre inclu cette décision qui va à l'encontre même des intérêts du seigneur ? Celui-ci gagnerait à remarier sa vassale saine pour bénéficier de son service de mariage et du service de son nouvel époux pour son fief.

Il apparaît clairement que la liberté et les privilèges liés à son statut de vassale sont éclipsés par d'autres arguments. Dans ce cas précis, deux types de préjugés concernant la femme l'ont emporté sur les intérêts féodaux (service de mariage, service de cors). Le *Livre au Roi* témoigne de l'intériorisation de la croyance diffusée depuis le XIIe siècle par les traités de médecine que : « un homme peut attrapper la lèpre en copulant avec une femme qui vient de coucher avec un lépreux, la femme restant indemne[51] ». Cette croyance en l'immunité de la femme qui contamine néanmoins son partenaire (mythe de la femme vénéneuse), et le déni de permettre à la femme de se trouver dans une position de supériorité vis-à-vis de son époux, expliquent en définitive la décision paradoxale du *Livre au Roi* d'interdire le remariage à la vassale femme d'un lépreux, même si elle est saine. La retranscription de telles peurs issues des cultures populaires et savantes dans un traité de droit féodal mérite d'être soulignée. Ajoutons qu'un second type de préjugés scelle définitivement le sort de la vassale épouse d'un lépreux à qui le remariage est refusé : la croyance dans la nature inférieure de la femme. Il serait inconcevable de permettre à une vassale de vivre sans être soumise à son époux, même si celui-ci est relégué dans une léproserie, alors qu'elle pourrait faire déservir son fief par un mercenaire. Cette même méfiance de la femme libre sans contrôle masculin explique également que le *Livre* maintient la responsabilité du service dû pour le fief au mari lépreux, même si son épouse, de surcroît vassale du fief, est saine. La vassale saine n'est réinvestie de ses propres droits envers son fief qu'à la mort de l'époux lépreux. Cependant elle ne peut plus en user elle-même, si ce n'est en le léguant à son héritier. À défaut de jouir du service de mariage, le roi contrôle le fief de sa vassale désormais reléguée dans un monastère : il en reçoit le service et surveillera sa dévolution lorsque la vassale désignera son héritier devant la Haute Cour. Aïmery a fait inclure cette assise parce qu'elle lui garantit la meilleure solution possible, au vu des préjugés et des mentalités mysogines.

Notons qu'à ce sujet également la position du *Livre au Roi* s'oppose à celle des *Assises des Bourgeois* qui, au contraire, permettent le remariage

51 F. Bériac, *Histoire des lépreux au Moyen Âge*, Paris, Imago, 1988, p. 53.

d'un conjoint lépreux[52] : ce choix correspond aux priorités économiques et sociales des bourgeois du Royaume.

Les stratégies de mariage sont un instrument capital à la disposition du roi, qui s'oppose, parallèllement à l'Église, aux stratégies lignagères et à un possible renforcement de la prééminence sociale des grands féodaux et à la concentration de leurs possessions féodales. Il apparaît clairement que vers 1200, le roi vise à sauvegarder son droit de mariage et n'hésite pas à surveiller la conduite des héritières et vassales, en instrumentalisant des assises qui lui assurent l'obéissance à ses propositions de mariage. Toutefois, nous l'avons constaté, il existe des freins à la volonté d'instrumentalisation du mariage par le *Livre au Roi*, qui se trouvent hors du champ féodal. Dans le cas de la femme du lépreux, la croyance dans la contagion possible de l'épouse saine et les peurs engendrées par cette maladie, de même que les préjugés envers le sexe féminin, l'emportent en définitive sur la volonté du compilateur de renforcer les prérogatives royales[53]. Les mentalités mysogines ont la prépondérance sur les intérêts du roi-suzerain dans cette décision originale du *Livre au Roi* qui entérine cette fois le droit canon.

LES *ASSISES DE JÉRUSALEM*, TÉMOIGNAGES PRÉCIEUX DE L'ÉVOLUTION DU SERVICE DE MARIAGE DANS LE ROYAUME LATIN

Deuxième constatation : contrairement à la présentation linéaire d'Edmond Deraze, les différents traités nous présentent une vue différenciée et évolutive de la pratique du droit en ce qui concerne le mariage dans le Royaume Latin.

Je me servirai brièvement de l'exemple du service de mariage dû au seigneur, afin de démontrer que c'est moins la date de composition de chacun de ces traités qui explique leurs divergences que leur agenda politique.

52 *Assises des Bourgeois*, éd. citée, chap. 175, p. 118.

53 Comme le résume bien Claude Thomasset : « la lèpre crystallise et exprime toutes les craintes de l'homme [...] l'homme devient alors la victime impuissante de la femme » ; *cf.* D. Jacquart et C. Thomasset, *Sexualité et savoir médical au Moyen Âge*, Paris, PUF, 1985, p. 251-256.

Le droit successoral est reconnu dans le Royaume Latin compte tenu du privilège de masculinité et de primogéniture, comme le confirment à la fois le *Livre au Roi*, Novare et Ibelin. Duby a révélé combien toute l'ordonnance de la société féodale est fondée sur le mariage, « instrument de contrôle social[54] ». Si l'accord de la femme est théoriquement requis par l'Église dans le processus matrimonial, seuls les lignages possèdent la liberté de choix. Quant à l'héritière, elle est astreinte à préserver sa virginité et à obtempérer au choix du conjoint désigné par le chef de famille. Ces volontés lignagères contredisent souvent les priorités seigneuriales. En effet, dans la réalité du Royaume Latin, le seigneur préfère se garantir tous les services dûs pour le fief, même si la femme héritière peut théoriquement charger un mercenaire de déservir son fief[55]. La vassale lui doit donc le « service de mariage », considéré comme un *servitium* : le seigneur peut l'obliger à se marier. De plus, toujours dans le but de surveiller le service dont il jouira pour ce fief, la vassale ne peut contracter mariage qu'avec l'approbation de son seigneur.

Voilà pourquoi le chapitre 33 du *Livre au Roi*[56] préconise de déshériter la fille aînée et héritière d'un fief qui aurait failli à son obligation de service de mariage : si « il avient que la fille ainsnee a qui dut escheyr le fié et elle ait fait puterie en la vie de son pere et de sa mere sans leur seu, et ait fait gaster sa virginité, ou elle est grosse, ou ait eu enfant… »

L'héritière est avant tout condamnée parce qu'elle remet en question la structure féodo-vassalique, pour ne pas s'être soumise au contrôle matrimonial dû à son seigneur, lésant ainsi ses intérêts. S'il est question dans le texte de « la mauvaistié dou cors de l'héritière », c'est qu'elle

54 Afin de sauvegarder et de renforcer leur puissance, les chefs de lignages contrôlent la nuptialité masculine et permettent au seul fils aîné de se marier et d'avoir des héritiers légitimes. À défaut d'un héritier mâle, la fille aînée héritière doit impérativement être mariée au candidat choisi par la maison selon ses intérêts lignagers, économiques et sociaux. Le fait que le patrimoine et l'avenir du lignage dépendent de la conduite sexuelle des femmes a produit deux morales contradictoires. Alors que les fils et époux bénéficient d'une totale liberté en matière sexuelle, puisqu'elle ne met pas en danger l'avenir du patrimoine familial, la femme est surveillée et sévèrement condamnée en cas de toute conduite jugée répréhensible de sa part. Voir note 23.

55 *Cf.* Philippe of Novara, *Le Livre de Forme de Plait*, éd. citée, ch. 55-57, p. 269-274 : « Il y avait d'autres (règles) qui assuraient la performance du service, même dans le cas où le détenteur du fief était incapable de le faire en personne. Si une femme était détenteur de fief, elle avait l'obligation d'employer un mercenaire ». *Cf.* P. Edbury, « Feudal Obligations in the Latin East », *Kingdoms of the Crusaders : from Jerusalem to Cyprus*, *op. cit.*, p. 343.

56 *Le Livre au Roi*, éd. citée, chap. 33, p. 228-230.

n'a pas mis son sexe au service de la finalité imposée par son suzerain : préserver sa virginité dans l'attente d'un mariage avec le vassal choisi par celui-ci, selon ses critères propres. Le seigneur doit contrôler l'identité du futur mari destiné à être son vassal fidèle : « si est la honte qu'elle a fait a luy meysme de gaster l'onour de sa virginités en puterie don elle estoit tenue dou garder au marit que son seignor ou sa dame li eust douné. »

En définitive, ce chapitre qui paraît au premier abord avoir pour but de sanctionner une héritière coupable d'une conduite sexuelle répréhensible, cherche à punir toute désobéissance à l'obligation du service de mariage. Bien sûr, l'héritière est inculpée pour avoir porté atteinte à l'honneur de ses parents et de son lignage (« si est de la traïson et la honte qu'elle a faite a son pere et a sa mere et a tous les siens »). Le compilateur[57] se réfère dans ce cas aussi aux arguments théologiques la condamnant pour avoir péché et mis en danger le salut de son âme (« de la fornication et dou péché qu'elle a fait »). C'est cependant le troisième motif de cette accusation, tel qu'il apparaît dans ce texte, qui est primordial : l'héritière doit être fermement réprimée parce qu'elle a porté atteinte à l'intérêt seigneurial, qui prime sur l'honneur domestique, les intérêts lignagers et la morale des clercs.

Ici encore, ce texte vise bien plus à contrecarrer les stratégies matrimoniales des lignages qu'à appliquer la morale chrétienne, voire à lutter contre les conduites répréhensibles des héritières. En effet, bien que le texte parle de « puterie », il apparaît clairement qu'il vise non pas tant une « immoralité » notoire mais plutôt les unions fomentées par la famille, sans l'approbation du suzerain, voire contre son gré. En fait, le texte évoque lui-même cette contradiction entre la volonté du lignage et celle du seigneur lige, puisqu'il est enjoint à ce dernier de déshériter la fille déméritante, même contre la volonté de sa propre mère (comprenont du lignage) : « Ja soit se que sa mere qui remese est ne l'en veille deseriter por ce, si la peut deseriter le seignor ou la dame de sous cui elle est, par dreit et par l'asise, si que ja ne li rendra le dit fié. »

L'intérêt privilégié dans cette decision est, une fois encore, celui du suzerain-roi et de son droit au service de mariage et aux autres obligations féodales, d'autant qu'elles sont accompagnées de revenus non négligeables[58].

57 *Ibidem*, chap. 33, p. 229 : « Car la raison juge qu'elle a fait .iii. choses par quei deit estre deseritee a tous jors… »

58 Les sœurs de l'héritière déméritante ne perdent pas leurs droits sur le fief, à condition pour l'héritière nouvellement désignée de se plier aux désidératas du seigneur et à ses diverses obligations féodales.

Le service de mariage concerne non seulement le mariage des vassales célibataires mais également le remariage des vassales veuves liges. Le *Livre au Roi* décrit une fois de plus une situation totalement favorable au suzerain. La seule limite à son autorité est coutumière, et délimitée dans le temps : il ne peut exiger le remariage d'une veuve dans l'année et le jour qui suivent son veuvage, l'*annum luctum* ou *ten de plors* coutumier évoqué par Guillaume de Tyr (Philippe de Novare s'y réfère également[59]). Après cette période, il a le droit d'imposer à la veuve le choix entre les trois différents prétendants qu'il lui propose. Elle est obligée d'accepter l'un d'eux après trois semonces, à moins d'être déshéritée de son fief pour toujours[60].

Philippe de Novare et Jean d'Ibelin traitent du service de mariage d'héritières ou de veuves tenant le baillage de fiefs redevables du service de cors. Dans ce cas également, ces nobles juristes opposés à la suprématie royale, nous livrent une version divergente, beaucoup plus nuancée. Au contraire du *Livre au Roi*, ils présentent une diversification des cas et des peines et en conséquence une plus grande clémence dans certains cas d'espèce ignorés par le *Livre au Roi*. Il est clair que leur but est de témoigner de l'existence de certaines limitations au pouvoir d'intervention du suzerain.

Philippe de Novare nous présente une version évolutive du service de mariage dans le Royaume Latin. Il semble s'évertuer à démontrer les progrès obtenus en ce qui concerne le service de mariage, depuis l'anarchie totale causée par la liberté accordée aux épouses, jusqu'au stade ultime où les pouvoirs du suzerain sont contrebalancés par l'intervention des lignages concernés.

Il me semble que dans ce cas également nous rencontrons une version partisane et faussée du passé[61]. Comment croire au récit de Philippe de Novare qui décrit les premières années de la conquête du Royaume Latin, comme une période où les femmes jouissaient d'une pleine liberté quand

---

59 Philippe of Novara, *Le Livre de Forme de Plait*, éd. citée, ch. 68, p. 161 : « Le seignor ne peut nule veve esforcier de mari prendre tant que .i. an et .i. jor soit passé aprés la mort de son mari qui fu. Après la peut semondre d'esposer mari, et il en deit offrir .III. qu'elle preingne lequeil qu'ele vaudra [...] Et le seignor ne la deit desparagier se elle ne l'octroie. »

60 *Le Livre au Roi*, éd. citée, chap. 30, p. 219-222 ; cité p. 220. « Et elle est lors tenue de prendre l'un de seaus .III., par dreit et par l'assise. »

61 *Cf.* P. Edbury, *Fief and Vassals in the Kingdom of Jerusalem : From the Twelfth Century to the Thirteenth*, art. cité, p. 61.

au choix de leur conjoint : « Au comencement et grant tens après que la terre fust conquise se marioient les femes a leur gré et a leur volonté ».

Son récit n'est pas crédible car nous savons bien depuis Duby que malgré la théorie consensualiste qui requiert également l'accord de la femme et établit théoriquement l'égalité entre les deux époux au moment de la cérémonie de mariage, seuls les chefs du lignage décident du choix matrimonial. Leurs tactiques de mariage œuvrent dans le seul but de faire progresser économiquement et socialement leurs maisons. La liberté des femmes dans la société féodo-vassalique est une totale utopie, un leurre, et un anachronisme historique.

Il semblerait que Novare présente le passé sous un jour négatif, afin de pouvoir mettre en valeur les progrès obtenus à l'avantage des lignages. Lorsqu'il souligne le fait que cette liberté initiale (qu'il décrit comme une totale anarchie) à l'époque où : « la terre fust conquise », allait à l'encontre des intérêts de tous, seigneurs et lignages : « et souvent se marioient les femes liges en teil manière que le seignor esteit mal servi des maris, et les amis et parens des femes meismes s'en tenoient a mal paié et se couroussoient, et tout le pais en valeit de pis », il ne fait qu'exprimer un lieu commun[62]. Ce que redoutent à la fois les seigneurs et les chefs de lignage, c'est bien entendu l'anarchie et le désordre, portes ouvertes à des initiatives prisent par les « jeunes », les chevaliers non-chasés, « ravisseurs par excellence[63] » qui tenteraient de s'emparer d'une héritière par la violence, sans l'accord, et contre l'avis de son lignage et/ou de son seigneur.

Selon Novare, il apparaît clairement que le progrès va dans le sens d'une limitation des droits du suzerain en ce qui concerne le service de mariage. Il constate un premier progrès lors du passage de cette anarchie primitive et dangereuse, à un second stade où s'exerce la puissance du suzerain en conjonction avec le chef du lignage (« De ce avint que enssis fut establi que nule d'eles ne se peust marier sans le congié dou seignor et par le plus et le meaus des amis charneis de la feme »).

La troisième phase de l'évolution du service de mariage est totalement désaprouvée par Novare car le pouvoir du seigneur est illimité : « Après vint que le seignor prist si tout le poeir a sei, que il les marioit quant il voloit et a teis com il voloit ». La consultation du lignage dépend du

62 Philippe of Novara, *Le Livre des Assises*, éd. citée, chap. 68, p. 161.
63 G. Duby, *Medieval Marriage*, *op. cit.*, p. 12.

bon vouloir du monarque : « Aucune feis en parloient aucuns de lor amis ; aucune feis non ». Novare présente cette situation, telle qu'elle apparaît dans le *Livre au Roi* où la femme est obligée d'accepter l'un des trois prétendants proposés lors de trois semonces, sous peine de perdre son fief, comme négative. Il insiste sur le fait qu'elle crée des tensions entre le seigneur et ses hommes : « Tant corut ce que grant murmure en fu encontre le seignor ».

De ces conflits résulte finalement, selon Novare, un dernier développement plus équilibré, réalisé « par comun acort dou seignor et des homes liges[64] ». Novare témoigne de cette dernière étape, plus à l'avantage des lignages[65], où il leur est possible d'être partie prenante du choix du futur époux et de trouver une possibilité d'entente avec le suzerain, à condition de lui offrir des compensations financières : « la peut semondre d'esposer mari, et il en deit offrir .iii. qu'ele preinge lequeil qu'ele vaudra ». Le mari doit être du même rang que la veuve ou son époux, sauf si elle accepte volontairement un mariage hypogamique.

On constate donc clairement que les conditions du *Livre* de Novare sont beaucoup plus flexibles que celles qui sont décrites auparavant dans le *Livre au Roi*. Il existe chez Novare des possibilités offertes à la veuve de récupérer son fief, même si elle ignore les semonces, obtempère en retard aux désidératas de son seigneur, voire après avoir défié son autorité. De même, Novare témoigne des désaccords entre les divers experts des assises (« estoient en descort »), et chose plus signifiante encore, dit avoir été témoin de disputes concernant le choix d'un époux par une veuve (« de ce ai je oi et veu grant débat »). Il présente à ce sujet les opinions divergentes de trois experts des Assises, depuis Balian de Sidon qui préconise son déshéritement perpétuel, à la position de Jean de Beirout qui prévoit la saisine du fief par le seigneur, aussi longtemps que le mari usurpateur est en vie, avec la possibilité offerte à la vassale de se réconcilier avec son seigneur, et enfin, celle plus clémente de Raoul de Tabarie qui opte pour une peine maximale de saisine du fief pendant un an et un jour, à condition que le seigneur reçoive en définitive des compensations pour cette désobéissance, et l'assurance d'un service loyal

64 Edbury constate que nous ne savons pas à quelle date la couronne s'arrogea le contrôle des mariages des héritières et veuves. *Cf.* P. Edbury, « Feudal Obligations in the Latin East », *Kingdoms of the Crusaders : from Jerusalem to Cyprus*, *op. cit.*, p. 354.

65 Selon Edbury, il s'agit « clairement d'une concession à la noblesse, bien que ce changement ne puisse être daté ». *Cf. ibidem*, p. 354-355.

rendu pour son fief[66]. Cette pluralité de solutions présentées ébranle certainement la toute puissance du monarque et des grands feudataires.

Cependant, ne pourrait-on pas concevoir, comme l'a fait P. Edbury en ce qui concerne les *Lettres dou Sépoulchre*, que son récit concernant les transformations du service de mariage est une fiction juridique[67] ? Son but ne serait-il pas avant tout de légitimer l'opposition des grands barons aux tactiques matrimoniales du pouvoir royal, plutôt que de témoigner du passé[68] ?

On trouve la même tendance chez Jean d'Ibelin[69] qui présente lui aussi une version beaucoup plus à l'avantage des lignages, puisqu'elle limite l'arbitraire du seigneur[70] qui s'efforçait de garder pour un temps indéfini la saisine du fief « le seignor aime meaus qu'il le teigne que marier la damoiselle[71] ». Ibelin souligne clairement l'intérêt et la volonté du lignage de marier l'héritière « et les parens et les amis de la damoiselle veulent qu'ele soit mariée et que ele entre en son fié ». C'est clairement les propres intérêts économiques du seigneur qui expliquent selon Ibelin son peu d'empressement à obtempérer : « Et se le seignor ne fait lor priere, laquele je ne cuit pas qu'il face volentiers s'il n'est mour tenus a

66 Philippe of Novara, *Le Livre de Forme de Plait*, éd. citée, ch. 68, p. 161-164 et en particulier p. 161-162.

67 P. Edbury, « Law and Custom in the Latin East : les Lettres dou Sepulchre », *Kingdoms of the Crusaders : from Jerusalem to Cyprus*, *op. cit.*, p. 71-79.

68 Rappelons que Pierre I, roi de Chypre, est assassiné en 1369 pour avoir tenté d'imposer un mariage hypogamique inacceptable à l'un des grands lignages chypriotes. *Cf.* P. Edbury, « The Murder of King Peter I of Cyprus (1359-1369) », *Journal of Medieval History*, 6 (1980), p. 219-233.

69 John of Ibelin, *Le Livre des Assises*, éd. citée, p. 381 : « Que se autrement estoit, les seignors qui vodroient maliner en poroient tous tens mais tenir le bailliage des fiés des damoiseles quant il seroient en leur mains ».

70 Il expose divers cas liés au service de mariage d'une vassale qui dénient au seigneur tout droit d'exhérédation de son fief ou accordent la possibilité d'un possible appel. *Cf.* P. Edbury, « Women and the Customs of the High Court of Jerusalem According to John of Ibelin », *Chemins d'Outre-mer : études d'histoire sur la Méditerranée médiévale offertes à Michel Balard*, Paris, 2004, p. 285-292.

71 Toute héritière arrivée à l'âge de douze ans peut être forcée par son seigneur de se marier pour pouvoir hériter d'un fief qui lui revient, ou recevoir la garde du fief d'un tiers. Le refus de choisir son époux entraîne la confiscation du fief pendant un an et demi, renouvelable aussi longtemps qu'elle refuse son service de mariage. Elle ne doit ce service qu'à son seigneur lige. Ses autres seigneurs ne peuvent donc ni l'obliger à épouser leur candidat, ni ne peuvent prendre de mesures contre elle. Cependant, au cas où elle se marie sans l'accord de son seigneur lige, les autres seigneurs ont le droit de confisquer le fief qu'elle tient d'eux. *Cf.* la position de Jean d'Ibelin, *Le Livre des Assises*, éd. citée, ch. 154, p. 379-381 et en particulier p. 379.

iaus, porce que le fait des mariages est une des choses de quei le seignor peut avoir plus de profist et l'a souvent[72] ».

Le comte de Jaffa décrit une réalité et des pratiques où le lignage est tenu de rémunérer le seigneur afin qu'il consente à marier l'héritière :

> Sire, nos vos donrons tant se il vos plaist et soufrés que nos la marions et dient tel quantité de monoie que il puissent soufrir et que il entendent que le seignor le doit faire, et se faisant se il entendent que il la puissent bien marier a tel de qui soit le profist et l'ennor de la demoiselle.

Ces pratiques leur permettent d'exiger en retour du seigneur qu'il obtempère à leur demande. Ibelin émet un jugement vis-à-vis d'un seigneur récalcitrant qui « ne viaut finer a iaus de cel mariage ». Il établit qu'il s'agit d'un mauvais seigneur puisque « laquel chose bon seignor ne fera ja, se Dieu plaist ». En cas de refus du seigneur de lui proposer trois prétendant selon les formes requises, l'héritière est libre de se marier selon le choix du lignage[73].

J'ajouterai pour terminer, que le droit de correction est accordé au mari comme dans les autres droits féodaux en Occident médiéval à la même époque. Une femme battue par son époux ne possède pas le droit de se plaindre devant la cour ni de recevoir des compensations financières[74], tout

72 Ibelin souligne de quelle manière cette prérogative du lignage à marier l'héritière peut agir contre la volonté seigneuriale. *Cf. ibidem.*

73 John of Ibelin, *Le Livre des Assises*, éd. citée, ch. 154, p. 381 : « Se le seignor ne li eufre baron si com il doit dedens le dit terme, qu'ele après se peut marier a sa volenté sans ce que ele de riens mespreigne vers le seignor ». Mêmes dispositions au cas où une demoiselle de 12 ans ou plus requiert la garde d'un fief. *Ibidem*, ch. 155, p. 383. Le service de mariage n'est pas exigé pour l'héritière qui possède un douaire, toutefois l'accord pour son mariage est obligatoire. Le douaire est défini par Ibelin comme « la meyté de tout quanque son baron a a l'ore qu'il vait de vie a mort » mais ne concerne ni la reine ni les épouses des quatre baronnies du royaume. Notons que les droits des parents sont égaux en ce qui concerne le droit de bailliage du fief, sans référence à leur sexe. *Cf.* John of Ibelin, *Le Livre des Assises*, éd. citée, ch. 161, p. 396. Une femme qui possède à la fois son douaire et le bailliage sur la seconde moitié du fief peut échapper au service de mariage au cas où elle renonce au bailliage sur le fief et ne garde que son douaire. *Ibidem*, ch. 162, p. 397-398.

74 *Ibid.*, ch. 101, p. 265. Les gens appartenant à la maisnie n'ont pas le droit de porter plainte en se servant de l'assise du coup apparent : « Et se home bat ou fiert sa feme ou sa feme a lui, et se aucun d'eaus l'a fait a son fils ou a sa fille tant con ils sont familians, [...] ou a son serf ou a sa serve ou a sa chambrière, et il se claime par la dite assise, il ne ele n'est pas tenus de paier la paine desus devizee, por ce que tes manieres de gens ne se pevent clamer par la dite assise, car ils sont exceptés ». On en trouve un exemple révélateur quoique extrême dans un texte juridique de la ville d'Aardenburg, qui permet au XIVe siècle à l'époux de battre sa femme jusqu'au sang, à condition qu'il la recouse après

comme les autres personnes comprises dans la mesnie et sensées tomber sous la *patria potestas* du chef de famille[75].

Selon Jacques Le Goff, « le droit nous renseigne sur la vie intellectuelle et sociale[76] » et est un miroir des mentalités de la société qu'il régit. La partialité des traités de droit du Royaume Latin en ce qui concerne le mariage est apparue clairement. Les juristes nous livrent leur version personnelle, incomplète et partisane du droit hiérosolimitain, afin de défendre les intérêts particuliers de leur caste. Il faut donc concevoir ces différents traités de droit plus comme des fictions idéologiques que comme des témoignages historiques et impartiaux de l'évolution et de la véritable pratique du droit dans le Royaume Latin de Jérusalem. Enfin, j'ai cherché à démontrer que ces textes recèlent des informations souvent allusives mais néanmoins capitales concernant les préjugés négatifs vis-à-vis des femmes, de leur corps et de leur sexe[77]. Comme l'a bien dit Le Goff, « La civilisation mediévale s'appuie [...] sur le droit pour cerner les problèmes, et pour justifier les décisions[78] ». L'instrumentalisation de l'infériorité des femmes dans le droit canon et féodal a permis de consolider les prérogatives de la royauté, et par la suite les droits des grands feudataires dans le Royaume Latin.

Myriam GREILSAMMER
Université Bar-Ilan, Israël

les violences exercées contre elle, et qu'elle survive à ces sévices. *Cf. Coutume des petites villes et seigneuries enclavées de Bruges*, éd. G. Van Severen, t. I, Bruxelles, 1890, p. 152, § 9.

75 Je n'examine pas ici les chapitres qui traitent des droits judiciaires des femmes nobles mariées. Notons qu'une femme ne peut agir en justice sans l'accord de son mari, en cas de viol (« feme esforcee »), violences, vols et autres crimes capitaux, ou en tant que plaignante en ce qui concerne des litiges portant sur un fief ou d'autres possessions. *Cf.* John of Ibelin, *Le Livre des Assises*, éd. citée, p. 79-81, 84-188, chap. 166, 246-250.

76 J. Le Goff, *À la recherche du Moyen Âge*, Paris, 2003, Louis Audibert, p. 124-125.

77 Il apparaît clairement que les femmes sont désavantagées. Ainsi le chapitre 21 du *Livre au Roi* condamne tout vassal hérétique au bûcher et à la perte de son fief au profit du roi. La vassale hérétique est elle aussi condamnée au bûcher et à la confiscation de ses biens par le roi et son époux ne conservera que ses propres. Si c'est l'épouse du chevalier qui est héritière du fief, et qu'elle est restée de bonne foi, elle est condamnée à la perte de la moitié de son fief et devra le service en proportion de cette partie.

78 J. Le Goff, *À la recherche du Moyen Âge*, *op. cit.*, p. 124-125.

LA PROCÉDURE CRIMINELLE DANS LES *ASSISES DE JÉRUSALEM*

Alors qu'elles font l'objet d'un regain d'intérêt dans l'historiographie anglo-saxonne[1], les dispositions juridiques produites par les établissements latins d'Orient en général, et celles qui sont contenues dans les *Assises de Jérusalem* en particulier, forment un corpus de textes assez peu connus et étudiés par les historiens français de la fin du XXe et du début du XXIe siècle[2]. Comme le souligne Jérôme Devard dans l'argumentaire

1 C'est particulièrement vrai pour ce qui concerne l'édition ou la réédition scientifique de ces sources, notamment sous l'impulsion de P. Edbury : John of Ibelin, *Le Livre des Assises*, Leiden, Brill, 2003 ; Philip of Novara, *Le Livre de forme de plait*, Nicosia, 2009 ; *Cf.* aussi N. Coureas, *The Assizes of the Lusignan Kingdom of Cyprus*, Nicosie, Cyprus Research Centre, 2002 ; parmi les études, J. Prawer, *Crusader Institutions*, Oxford, Clarendon Press, 1980 ; P. Edbury, *Law and history in the latin East*, Farnham, Ashgate, 2014 ; *Id.*, *John of Ibelin and the Kingdom of Jerusalem*, Woodbridge, Suffolk, The Boydell Press, 1997 ; *Id.*, « Women and the Customs of the High Court of Jerusalem according to John of Ibelin », *Chemins d'Outre-mer : Études d'histoire sur la Méditerranée médiévale offertes à Michel Balard*, Paris, 2004, p. 285-292 ; *Id.*, « Philip of Novara and the Livre de forme de plait », *Praktika tou tritou diethnous kyprologikou sunedriou (Lefkosia, 16-20 Apriliou 1966)*, 2, Nicosia, Etaireia Kupriakou Spoudou, 2001, p. 555-569, *Id.*, « The Livre des Assises by John of Jaffa : the Development and Transmission of the Text », *The Crusades and their Sources : Essays presented to Bernard Hamilton*, Aldershot, Ashgate, 1998, p. 164-174 ; *Id.*, « Law and Custom in the Latin East : Les Letres dou Sepulcre », *Intercultural Contacts in the Medieval Mediterranean : Studies in Honour of David Jacoby*, London, Frank Cass, 1996, p. 71-79 ; *Id.*, « Feudal Obligations in the Latin East », *Byzantion*, 47 (1977), p. 328-356.

2 En dehors de M. Greilsammer, *Le Livre au Roi*, Paris, Académie des Inscriptions et Belles Lettres, 1995 ; ou de M-A. Nielen-Vandevoorde, « Un livre méconnu des *Assises de Jérusalem* : les *Lignages d'outremer* », *Bibliothèque de l'École des chartes*, 153-1 (1995), p. 103-130 ; *Id.*, *Lignages d'outre mer*, Paris, Académie des Inscriptions et Belles Lettres, 2003. À l'inverse, le premier XXe siècle avait vu un certain nombre de travaux d'historiens français s'attacher au droit des États latins, à la suite des éditons réalisées par le Comte Beugnot : *Livre de Philippe de Navarre, Recueil des Historiens des Croisades. Lois*, vol. 1, Paris, Académie Royal des Inscriptions et Belles-Lettres, 1841, *Livre des Assises de la Cour des Bourgeois, Recueil des Historiens des Croisades. Lois*, vol. 2, Paris, Académie Royal des Inscriptions et Belles-Lettres, 1843. – Un pionnier en la matière a incontestablement été M. Grandclaude, et son *Étude critique sur le livre des Assises de Jérusalem*, Paris, Jouve, 1923 ; *Id.*, « Caractère du Livre au Roi », *Revue historique de droit*

du présent colloque : « En France, de nos jours, même les spécialistes en histoire du droit passent sous silence cette source essentielle. Seuls quelques-uns lui reconnaissent le statut de "monument extérieur de l'histoire du droit français" ».

Outre qu'il fournit le prétexte de cette rencontre scientifique, ce désintérêt relatif présente l'avantage de conférer à la lecture de ces documents une certaine liberté d'analyse, qui n'a à s'encombrer ni d'*a priori* interprétatif ni de polémiques historiographiques antérieures. Libre de toute préconception, il est plus facile de considérer le *Livre des Assises* pour ce qu'il a été : une codification du droit réalisée de façon successive, et destinée prioritairement à favoriser le travail des praticiens et l'acculturation juridique des justiciables.

La question de savoir si les *Assises de Jérusalem* constituent un droit d'importation ne se pose donc pas ici, tout au moins à ce stade. La présente étude s'attachera surtout à envisager ce texte dans sa singularité de source autonome du droit, définie et construite pour un usage qui lui est propre. Cela ne signifie nullement que les *Assises de Jérusalem* ne fournissent pas d'utiles points de comparaison avec d'autres productions juridiques contemporaines. Au contraire : leur examen peut permettre de mieux cerner le droit coutumier français du XIIIe siècle ou l'évolution de la féodalité dans la seconde moitié du Moyen Âge. Pour autant, ces cadrages, parfaitement légitimes, n'ont pas orienté l'architecture générale du présent travail, essentiellement tournée vers la mise en évidence de ce qui fonde la spécificité des *Assises de Jérusalem.*

Pour préciser ce point, il importe au premier chef de replacer cette source dans son double cadre contextuel et discursif.

Le cadre contextuel est lui-même défini par la date de rédaction de l'ouvrage. Le *Livre des Assises* de Jean d'Ibelin a été écrit dans les années

---

français et étranger, 5 (1926), p. 308-314, *Id.*, « Classement sommaire des manuscrits des principaux livres des Assises de Jérusalem », *Revue historique de droit français et étranger*, 1926, p. 418-474, *Id.*, « Liste des assises remontant au premier royaume de Jérusalem (1099-1187) », *Mélanges Paul Fournier*, Paris, Société d'Histoire du Droit, 1929, p. 339 suiv. On peut citer également E. Deraze, *Le mariage d'après les Assises de Jérusalem*, Poitiers, Blais et Rôy, 1910 ; R. Marque, *Les successions testamentaires d'après les Assises de Jérusalem*, Thèse de droit, Poitiers, 1912 ; P. Christin, *Étude des classes inférieures d'après les Assises de Jérusalem*, Thèse de droit, Poitiers, 1912. Et plus récemment, en français : J. Prawer, « Étude sur le droit des *Assises de Jérusalem* : droit de confiscation et droit d'exhérédation », *Revue historique de droit français et étranger*, 39 (1961), p. 520-551 et 40 (1962), p. 29-42.

1264-1266[3], c'est à dire à un moment décisif dans l'évolution du droit occidental, caractérisé par des transformations procédurales majeures, notamment en matière pénale. Sous le double effet de la réception croissante du droit romain et de la progression de la culture écrite[4], la procédure d'enquête s'est généralisée depuis la seconde moitié du XIIe siècle, s'imposant au sein du for ecclésiastique sous les espèces de la procédure romano-canonique, tout en investissant aussi largement le champ purement administratif[5]. Or, dès les années 1250-1260, cette nouvelle manière d'administrer la justice est en passe de s'imposer également devant des juridictions laïques, en l'occurrence les justices royales, comme l'attestent les réformes initiées par Louis IX[6].

Si, dans ce domaine complexe des évolutions de la technique procédurale et de l'acculturation juridique, les changements s'effectuent le plus souvent de manière progressive, incitant le chercheur à ne pas majorer à l'excès l'influence des dispositions normatives, il n'en demeure pas moins que le milieu du XIIIe siècle correspond, en Occident, à une mutation du système judiciaire, où la primauté de l'inquisitoire sur l'accusatoire peut aussi être lue comme la traduction juridictionnelle de l'affirmation politique de la souveraineté royale[7].

3 John of Ibelin, *Le Livre des Assises*, éd. citée, introduction, p. 2.

4 Sur les progrès de la culture écrite au Moyen Âge, *cf.* notamment les travaux fondamentaux de M. Clanchy, *From Memory to Written Record : England, 1066-1307*, 3e édition, Oxford, 2013 ; *Id.*, « Parchment and Paper. Manuscript Culture, 1100-1500 », *A Companion to the History of the Book*, éd. S. Eliot and J. Rose, Oxford, 2007, p. 194-206.

5 *Cf. L'enquête au Moyen Âge*, Rome, École française de Rome, 2009 ; O. Canteaut, « Composer, ordonner, gracier : les pratiques d'un enquêteur-réformateur en Languedoc sous Charles IV », *Violences souveraines au Moyen Âge*, Paris, PUF, 2010, p. 187-194 ; M. Dejoux, *Les enquêtes de Saint Louis. Gouverner et sauver son âme*, Paris, PUF, 2014 ; J. Hilaire, *La construction de l'État de droit dans les archives judiciaires de la cour de France au XIIIe siècle*, Paris, Dalloz-Sirey, 2011.

6 Abondante littérature. *Cf.* notamment A. Esmein, *Histoire de la procédure criminelle en France et spécialement de la procédure inquisitoire depuis le XIIIe siècle jusqu'à nos jours*, Paris, L. Larose et Forcel, 1882, p. 66 suiv. ; *Id.*, *L'acceptation de l'enquête dans la procédure criminelle au Moyen Âge, Paris*, E. Torin, 1888 ; P. Guilhiermoz, « Saint Louis, les gages de bataille et la procédure civile », BEC, 48 (1887), p. 111-120 ; A. Laingui, « Accusation et inquisition en pays de coutumes au Moyen Âge (XIIIe-XVe) », *Liber amicorum, études offertes à Pierre Jaubert*, Bordeaux, presses universitaires, 1992, p. 411-429,

7 J. Théry, « *Fama*. L'opinion publique comme preuve judiciaire. Aperçu sur la révolution médiévale de l'inquisitoire (XIIe-XIVe) », *La preuve en justice de l'Antiquité à nos jours*, Rennes, PUR, 2003, p. 119-147. *Cf.* également les travaux de J. Hilaire, ainsi que les thèses récentes de P-A. Forcadet, *Conquestus fuit Domino regi. Étude sur le recours au roi de France d'après les arrêts du parement (1223-1285)*, soutenue à l'Université d'Orléans en 2012, Paris, De Boccard, 2018, de L. Tuttle, *La justice pénale devant la cour de Parlement de Saint Louis*

S'agissant du livre de Jean d'Ibelin, l'interrogation sur le contexte ne peut donc faire l'économie d'une analyse de la procédure décrite dans le *Livre des Assises*, pour mesurer à quel point l'ouvrage s'inspire ou s'écarte des évolutions contemporaines.

Le cadre discursif, pour sa part, est contenu dans le projet d'écriture présenté par Jean d'Ibelin dans le prologue des *Assises*, un texte riche de sens, qui met en exergue un certain nombre d'enjeux importants.

Le premier de ces enjeux est politique et idéologique. Il consiste à inscrire le code de droit qu'est le *Livre des Assises* dans le récit des origines du royaume de Jérusalem, liant de façon indissoluble l'administration de la justice, l'exercice du pouvoir et la mission eschatologique du roi. C'est ce que rappellent sobrement les premières lignes du texte : la conquête de Jérusalem fut d'abord une entreprise religieuse, menée par des « pèlerins » sur la prédication de Pierre l'Ermite[8]. Quant au refus du sacre exprimé par Godefroy de Bouillon, il répond à la thématique bien connue de l'imitation du Christ, le roi de Jérusalem ne voulant ceindre une couronne d'or là où le fils de Dieu avait porté la couronne d'épines[9].

C'est dans cette perspective mimétique Roi du ciel / roi de Jérusalem qu'on doit entendre l'attention particulière accordée à la justice par Godefroy, marchant sur les traces du justicier suprême. Le projet de compilation des usages judiciaires coutumiers, tel qu'il est relaté par Jean d'Ibelin, est présenté comme le premier acte du nouveau roi, celui par lequel il entend réaliser dans son gouvernement la promesse de concorde apportée par le Christ[10].

à Charles IV, soutenue à l'université de Paris II en 2014, et de V. Martin, *La paix du roi (1180-1328). Paix publique, idéologie, législation et pratique judiciaire de la royauté capétienne de Philippe Auguste à Charles le Bel*, Paris, LGDJ, Institut universitaire Varennes, 2015.

8 John of Ibelin, *Le Livre des Assises*, éd. citée, Prologue, p. 51 : « Quant la sainte cité de Jérusalem fu conquise sur les henemis de la croix et remise en la main et el pooir des feaus Jhesu Crist par les pelerins qui se murent a venir conquerre la par le preeschement de la crois, qui fu preeschee par l'enortement Pierre l'Ermite… ».

9 *Ibidem* : « Et ne vost estre sacré ne en oint a roy el dit royaume, por ce qu'il ne vost porter corone d'or la ou le roy des roys jésus Crist, le fis Dieu, porta corone d'espines le jor de la passion ».

10 *Ibid.*, p. 51-52 : « Il, qui fu moult ententif et mout curious a metre le dit roiaume en bon point et en bon estat que ses homes et son peuple et toutes manieres de gens alans et venans et demorans el dit roiaume fucent governés, gardés, tenus et maintenus, menés et justisés a droit et a raison, eslut par le conseill dou patriarche de la sainte Yglise de Jerusalem et par le conceill des princes et des barons et des plus sages homes, que lors pot avoir, sages homes a enquerre et savoir des gens des diverces terres, qui la estoient, les usages de lor terres. »

Entendu dans cette perspective, le *Livre des Assises* est pleinement un livre politique, où le comte de Jaffa articule rigoureusement exercice du pouvoir et respect du droit.

Le second des enjeux identifiables dans le prologue est juridique. Il s'agit de la conception que Jean d'Ibelin se fait du droit et qu'il développe de façon diffuse au long de son exposé. L'ensemble, relativement complexe, comporte plusieurs éléments qui méritent d'être identifiés.

En premier lieu, le droit n'est pas présenté comme un invariant immuable, un objet inerte qui traverserait l'histoire sans être affecté par ses bouleversements. Il est au contraire perçu comme une production sociale évolutive, dont la transcription formelle doit être régulièrement révisée. C'est le sens des remarques sur les amendements apportés de façon continue aux usages de Jérusalem par les rois qui se sont succédés depuis Godefroy de Bouillon. Si la compilation initiale est conforme au projet de bon gouvernement rappelé dans le prologue[11], la référence au contenu des usages n'a de sens que si des mises à jour fréquentes leur sont apportées. L'écrit coutumier doit être transparent à la pratique réelle observée dans les territoires qui composent le royaume et leurs moindres variations doivent faire l'objet d'amendements systématiques[12]. Ces modifications partielles constituent autant d'occasions d'adapter le droit écrit à la réalité du droit vécu, mais aussi de nourrir un dialogue politico-juridique entre le roi et les principales autorités religieuses, morales, sociales du royaume, puisque le titulaire de la couronne de Jérusalem n'est pas le créateur du droit mais le gardien attentif des coutumes.

En second lieu, le droit dont Jean d'Ibelin effectue une compilation minutieuse, est défini comme un objet de connaissance technique qui ne peut se maitriser sans un apprentissage long et exigeant. D'une manière générale, le discours sur le droit des *Assises de Jérusalem* est construit à partir d'un vocabulaire du savoir et de la connaissance qui ne peut manquer d'attirer l'attention : la décision de le recueillir est le fruit de

11 *Ibid.* : Godefroi « eslut [...] sages homes a enquerre et savoir des gens des diverces terres qui la estoient les usages de lor terres. Et tout quanque ceaus que ils orent esleu a ce faire, en porent savoir ne aprendre, il firent metre en escrit et apportèrent cel escrit au duc Godefroi. »

12 *Ibid.*, p. 53 : « Et après que les avant dites assises furent faites et les usages establis, le duc Godefroy et les rois et les seignors, qui après lui furent el dit roiaume, les amenderent par pluisors feis. Quar les choses que il veoient et conoissoient et qu'il lor senbloient bones a joindre ou a croistre ou a mermer es assises et es usages do dit reiaume, il le faisoient par le conceill dou patriarche et des barons et des haus homes dou dit reiaume et des plus sages gens que il pooient avoir, clerc et leis. »

divers « conseils », le travail d'enregistrement des usages en vigueur se fait sur « enquête » auprès des « hommes sages du pays », les juges doivent « savoir » le droit et l'auteur place nettement son propos sous le signe d'une transmission des connaissances juridiques indispensables aux praticiens. À une époque où l'enseignement universitaire des droits savants est en plein développement, le fonds coutumier subit lui aussi le tropisme de la culture écrite et ne se conçoit plus dans les termes d'une pure pratique[13] (si tant est que cette conception purement praticienne ait jamais vraiment prévalu). Dès lors, le *Livre des Assises de Jérusalem* peut être compris comme obéissant à une double fonction : normative et codificatrice mais aussi pédagogique et explicative.

Enfin, le droit est envisagé par Jean d'Ibelin comme un objet neutre, ni nécessairement bon, ni résolument mauvais, conformément d'ailleurs aux analyses développées par la glose savante au cours du XIIIe siècle. Sa qualité n'est pas attachée à une hypothétique nature intrinsèque, qui pourrait être fondamentalement vertueuse ou vicieuse. Elle dépend de considérations extérieures et accidentelles : les fins poursuivies par celui qui en fait usage et son degré d'expertise. Ainsi, Jean prie et conjure « de par Deu » ceux qui liront son traité « que il de chose que il y ait n'en usent malement a tolir ne esloigner le droit d'autrui, mais que il en usent a lor droit ou a celui d'autrui aprochier ou défendre, selonc ce que mestier lor sera[14] ».

Le discours moral présent dans l'ouvrage ne doit pas faire illusion : la moralité attendue ou décrite n'est pas celle du droit mais bien celle des juristes. Le droit des *Assises* est une création humaine qui peut produire la justice comme l'iniquité selon l'intention et l'habileté de ceux qui le mettent en œuvre. La technicité de l'outil l'emporte sur le moralisme du propos.

Au final, le *Livre des Assises* véhicule une vision nuancée du droit, porteuse d'influences diverses et où se perçoit même l'écho des querelles scolastiques contemporaines.

Face à cette richesse, les lignes qui suivent ne constituent qu'une première approche, dont les hypothèses et les intuitions devront être précisées, affinées et éventuellement corrigées par des analyses complémentaires.

---

13 En atteste la rédaction de nombreux coutumiers à partir du XIIIe siècle, comme par exemple le *Très Ancien Coutumier de Normandie* (1200-1220) et la *Summa de legibus* (circa 1240), ou *les Poines de la duché d'Orliens* (1235-1255), *Le Livre de justice et de plet* (v. 1260) et *les Établissements de Saint-Louis* (1271).

14 John of Ibelin, *Le Livre des Assises*, éd. citée, Prologue, p. 56.

En outre, pour ne pas gonfler à l'excès cette communication, le propos sera centré sur quelques aspects de la procédure criminelle présentée dans le *Livre des Assises*. L'accent sera mis, plus particulièrement, sur les modalités d'accès au prétoire des justiciables et sur le régime des preuves reçues devant la cour.

Dans l'espoir d'adopter une démarche aussi pédagogique que celle de Jean d'Ibelin, nous nous attacherons d'abord au cadre général de la procédure, en cherchant si elle est conforme au droit féodal le plus « classique ». Passant ensuite à certains points particuliers du déroulé du procès, nous les mettrons en en relation avec les mutations contemporaines d'un droit coutumier confronté à une exigence croissante de précision et de technicité.

LE CADRE PROCÉDURAL D'ENSEMBLE
Une justice féodale « classique » ?

Sans surprise, la procédure criminelle décrite par Jean d'Ibelin dans le *Livre des Assises* est globalement conforme à la structure d'un procès pénal en droit féodal. L'échange des arguments entre les parties se fait exclusivement de façon orale et dans un cadre accusatoire qui ménage un rôle éminent au seigneur. En outre, l'examen du régime des preuves fait apparaître la place remarquable réservée au duel judiciaire ou gages de bataille.

LE RÔLE ÉMINENT DÉVOLU AU SEIGNEUR FÉODAL

Comme son titre l'indique, l'ouvrage de Jean d'Ibelin décrit « les assises, les usages et les plaids de la haute cour du royaume de Jérusalem ». Il s'agit là d'une cour laïque, issue du traditionnel conseil féodal. À ce titre, elle est présidée par le roi de Jérusalem et composée de l'ensemble des chevaliers qui forment le groupe de ses vassaux. Elle se distingue de l'autre prétoire séculier institué au royaume latin de Jérusalem et appelé « cour de la bourgeoisie ». Les membres de celle-ci devaient prêter un serment d'entrée en fonction et leurs débats obéissaient à une procédure différente[15].

---

15 *Ibidem*, p. 52-53 : « Et y establi .ii. cours secuilliers : l'une la haute cour, de quei il (Godefroy) fu governeor et justisier ; l'autre la court de la borgesie, de laquel il establi

De façon constante, Jean d'Ibelin insiste sur le rôle essentiel joué par le seigneur de Jérusalem dans le fonctionnement de la cour mais aussi et surtout dans l'observation du droit, qu'il lie toujours à l'exercice du gouvernement. Plus précisément, il lui assigne deux fonctions majeures.

D'abord, et de manière générale, le seigneur est le principal garant du droit coutumier dans le royaume, en vertu du serment qu'il a prêté lors de son couronnement comme roi de Jérusalem[16], droit, justice et pouvoir étant toujours intimement liés. De façon symétrique, « tous les hommes du royaume doivent jurer aussi de garder les bons usages et les bonnes coutumes et assises de Jérusalem[17] ». Tout se passe comme si le droit des *Assises* formait une sorte de constitution coutumière du royaume, dont l'inobservation entrainerait la faillite politique et la dissolution sociale du système. Ainsi présentée, la coutume est le lien qui rassemble des territoires divers, soumis à de perpétuelles tensions : résultant d'un accord initial entre l'ensemble des acteurs juridiques locaux qui ont agréé ses contours et son contenu, elle dessine un espace d'unité et de rassemblement qu'il est fondamental de maintenir à tout prix.

Face à cet impératif catégorique d'unité, l'affirmation selon laquelle le respect du aux assises est plus important que celui qui doit entourer le droit romain et le droit canonique n'a rien d'étonnant[18]. Outre le fait que les droits savants, écrits, prestigieux, enseignés dans les universités et portés par la dynamique de la souveraineté étatique, constituent des concurrents mortels pour le modèle coutumier féodal des *Assises*, le droit romain comme le droit canonique constituent des produits

.i. home en son leuc a estre en governoer et justisier, lequel est apelé "visconte". Et establi a esre juges de la haute court ses homes chevaliers, qui li estoient tenus de foi par l'omage que il li avoient fait, et de la cort de la borgesie, borgeis de la dite cité des plus loiaus et des plus sages, qui en la dite cité fucent. Et lors fist jurer le sairement que les jurés de la cort de la borgesie jurent, lequel est devisé el livre des assises de la court de la borgesie. »

16 *Ibid.*, § 98, p. 258 : « Les assises doivent estre tenues fermement en toutes chozes, et de ce de quei on ne sera certain que soit assise doit on tenir selonc usage que la longue acostumance. Et de ce que court avra fait esgart ou conoissance ou recort qui soit assise doit estre tenu et maintenu come assise, car les assises ne pevent en plusors choses estre provees que par le lonc usage ou por ce que l'on a veu faire et user come assise. Et ce est maniere de la preuve et doit estre et est tenue ou reiaume de Jerusalem et de Chipre meaus que loys ne decres ne decretales, que le sire dou reiaume doit jurer et jure, ains que il soit receu a seignor, de garder et maintenir les assises ou us ou costumes. »

17 *Ibid.* : « Et tos les homes dou roiaume doivent jurer aussi de garder les bons us et les bones costumes et les assises dou roiaume. »

18 *Ibid.* : « Et ce est maniere de la preuve et doit estre et est tenue ou reiaume de Jerusalem et de Chipre meaus que loys ne decres ne decretales. »

d'importation dont l'application ou l'inapplication sont sans incidence directe sur la structure politico-social du royaume. Le droit des *Assises*, à l'inverse, résultat d'un compromis social et politique en recherche perpétuel d'équilibre (c'est la raison des amendements successifs dont il fait l'objet) assume une forte dimension identitaire qui ne peut être mise en cause sans conséquence grave pour l'ensemble du royaume.

Au demeurant, la cohérence de ce système coutumier est soulignée par l'auteur, lorsqu'il s'efforce de distinguer les notions voisines d'assises et d'usages. L'un des inconvénients majeurs de la coutume réside en effet en ceci qu'étant par nature orale, elle pose des problèmes de preuve. Il n'est pas toujours aisé de la différencier de la simple pratique qui, elle, ne constitue pas un phénomène juridique. Jean d'Ibelin propose donc de considérer comme « assises » (c'est à dire comme coutumes judicaires) soit les usages mis en œuvre de longue date et qui n'ont fait l'objet d'aucune contestation, soit les pratiques mises en œuvre par la cour et reçues par elle comme étant des assises. En d'autres termes, la juridiction, présidée par le seigneur, est à la fois gardienne et créatrice du droit qu'elle a la charge d'appliquer. Le droit des *Assises* résulte donc bien à la fois du consensus social qui canonise l'usage au terme d'un certain délai et de l'agrément juridictionnel qui en fournit une preuve incontestable.

Ainsi, le roi de Jérusalem joue doublement son rôle de garant en matière coutumière, d'une part en vertu du serment général qu'il prête au moment de son couronnement et d'autre part, par les décisions particulières qu'il est amené à prendre ou à solliciter comme président de la haute cour du royaume.

Ses fonctions, toutefois, ne s'arrêtent pas là, puisque le seigneur est sollicité pratiquement à chaque étape importante de la procédure, qu'il a pour mission de mettre en œuvre. Ainsi, par exemple, l'accès au prétoire ne se fait pas sans l'intervention du seigneur, qui octroie au justiciable un conseil pour l'assister dans son procès. Cette question du conseil, sur laquelle nous reviendrons, n'occupe pas moins de 11 chapitres dans le traité de Jean d'Ibelin (chapitres 2 à 12) qui envisagent successivement comment l'on doit solliciter le conseil, pour qui, contre qui, dans quel but, etc. La technicité même de la procédure rend le choix du conseil particulièrement stratégique et donc l'intervention initiale du seigneur décisive.

De même, lorsqu'il est cette fois question pour les parties de prouver leurs prétentions[19], notamment en faisant appel aux gages de bataille, c'est encore entre les mains du seigneur qu'il leur faut procéder et prêter les serments appropriés qui nouent irrévocablement le conflit et déclenchent le rituel du duel[20].

C'est toujours devant le seigneur présidant sa cour que sont énoncées les demandes des parties. C'est également au seigneur de veiller au bon déroulement du duel judiciaire, et c'est lui, enfin, qui prononce la sentence et fait exécuter la partie qui a succombé[21].

Ces interventions successives, qui scandent la procédure et fluidifient la marche du procès sont aussi l'expression du caractère féodal d'une cour composée des vassaux du roi. Son objectif premier est de ramener la concorde au sein d'un groupe d'égaux tiraillés par de nombreux conflits de territoires et de lignages. Au sein de cette justice collégiale, dont les membres se connaissent et sont sans doute partagés par les liens qu'ils entretiennent avec l'une et ou l'autre partie, le seigneur n'est pas un juge suprême, mais un arbitre chargé de faire respecter les formes prescrites et une certaine neutralité indispensable à l'administration d'une bonne justice[22].

On peut d'ailleurs considérer que Jean d'Ibelin nous décrit une phase intermédiaire dans le fonctionnement de cette justice féodale, où la force des relations interpersonnelles et la centralité des rapports d'homme à homme si caractéristiques de la féodalité, le disputent déjà à une forme de pré-professionnalisation du personnel judiciaire.

---

19 *Ibid.*, § 54-65 sur les preuves.

20 Sur le serment des garants : *ibid.*, § 61, 64, 65 : « Et lors le seignor doit faire apporter une évangile et dire as garans : "Venés avant et jurés qu'il est enssi con vostre avantparlier l'a dit por vos". Et il si doivent traire avant por le sairement faire. Et adonc celui contre qui il veulent porter la garantie, se il viaut aucun d'eaus contredire et geter de garantie, il le doit faire enssi come il est devant dit qu'on le doit faire ains qu'il portent la garantie ne qu'il facent le sairement. Et se il en viaut l'un torner par bataille, il doit a celui qu'il viaut torner par bataille laisser faire le sairement et lever le maintenant con parjur et torner con faus guarant et aerdre s'en a lui en la maniere devant devisee. » (§ 64, p. 180).

21 *Cf.* par exemple § 89, p. 239 « le seignor en doit faire justis com de murtrier ».

22 *Ibid.*, § 1, p. 58 : « le chief seignor dou reiaume de Jerusalem et tos les barons et seignors dou dit reiaume, qui ont cours et coins et justise, doivent estre sages, loiaus, droituriers et bons justisiers [...] Droituriers, que il facent, tieignent et maintieignent droiture droitement a chascun en leur cours et en leur seignories, selonc ce que chascun est en droit soi. Bons justisiers, que il n'espargnent aucun de justise quant il ne doit estre espargnés, cruex justisers la ou il s'afiert, et pitous et misericors en justise la ou il s'afiert. »

Cette étape transitionnelle est rendue, dans la structure même de l'ouvrage, par le fait que la description technique de certaines phases de la procédure est précédée par la peinture morale des qualités personnelles nécessaires au bon déroulement de celle-ci. Donnons-en deux exemples. Juste après le prologue, qui fixe les origines de la haute cour, et juste avant d'aborder la question du conseil de cour, Jean d'Ibelin insère un chapitre qui énumère les vertus respectivement attendues du seigneur, des juges et des plaideurs[23], en fonction des rôles qui leur sont dévolus dans le procès. Le roi de Jérusalem et tous les seigneurs qui tiennent leur cour au sein du royaume doivent ainsi être « sages, loiaus, droituriers et bons justisiers », conformément au rôle de garant qui leur est assigné. De même, on attend des plaideurs des qualités morales de loyauté, de transparence et de modération[24].

La tâche qui revient aux juges, quant à elle, requiert à la fois une exigence éthique d'impartialité[25] et des facultés intellectuelles de compréhension et de mémorisation. Jean insiste particulièrement sur ce point, en soulignant que la qualité de la justice rendue dépend pour une large part de la capacité des juges à se remémorer les paroles qu'ils ont entendues au long des débats : « car grant honte est a tos ceaus qui seent en la court quant parole i est dite et ele n'est bien retenue et droit recordée au jugement faire et droitement jugée ».

---

23 Le terme de « plaideur » (plaideor) ne renvoie pas nécessairement au justiciable lui-même. Il désigne techniquement celui qui a la compétence matérielle de plaider devant la cour.

24 John of Ibelin, *Le Livre des Assises*, éd. citée, § 1 p. 59 : « Et le plaideor doit estre loial et celable, que il doit bien et loiaument conceiller tos ceaus et toutes celes a qui conceill il est doné et plaideer por eaus leiaument au meaus que il savra contre toutes gens, ne mais que contre lui. Ne ne le doit laisser, por amor que il ait a ceui contre qui il plaidoie, ne por haine qu'il ait a celui a qui conceill il est doné, ne por dote, ne por poor que il ait d'avoir honte ne damage ne maugré, ne por don, ne por promesse que l'on li fase… » ; *cf.* aussi § 13, p. 78 : « Coment l'on doit plaideer en la haute cort. Qui plaidoie en la haute court do reiaume de Jerusalem ou en cele de Chipre, il doit plaideer sagement, leiaument et courtoisement… »

25 *Ibidem*, § 1, p. 58 « Et les homes qui sont juges de la haute court doivent estre loiaus et ententis d'oir et de bien retenir les paroles et les poins, que les plaideors dient en la court el plait, et juger le plus droit et le plus loiaument, que il poront ne savront, selonc les paroles que il avront oies et entendues. Que autrement il ne doivent juger ne por amor, ne por haine, ne por poor, ne por loer ne por autre chose. Il ne doivent laisser ajuger a lor escient ce que plus lor senblera raison, selonc les paroles qu'il avront oies et entendues el plait. Que chascun doit plus amer et douter Deu et s'arme et s'enor que home, ne gré ne maugré d'ome ne de feme, ne perte ne guaain d'avoir. »

En l'absence de formation professionnelle spécifique, seule l'habitude des procès et la connaissance approfondie des mécanismes procéduraux pouvaient assurer à ces juges une maitrise suffisante des diverses instances dont ils avaient à connaître, au point d'en mémoriser nettement toutes les phases. Toute féodale qu'elle demeure, cette cour de justice, par la technicité dont elle fait preuve, n'exclut donc pas une forme de préprofessionnalisation du personnel judiciaire.

Le second exemple d'évolution corrobore cette remarque en déplaçant l'observation vers la situation des plaideurs. Le chapitre qui les concerne prend place entre les développements relatifs au conseil (qui sont, en quelque sorte, préalables à l'instance proprement dite) et l'exposé consacré à la manière de plaider devant la cour. On y retrouve le mélange de qualités morales et techniques déjà évoqué à propos des juges. Qui plaide devant la haute cour, nous dit Jean d'Ibelin, doit le faire « sagement, loyalement et courtoisement[26] ». La sagesse renvoie au conseil dont le plaideur ne manquera pas de s'entourer et qui est sensé lui garantir la maitrise procédurale du sujet[27]. La loyauté et la courtoisie, quant à elles, désignent le refus des falsifications de preuves et de témoins, tout comme la modération des paroles, dans l'enceinte du prétoire.

Ainsi, l'exercice de la justice obéit à une forme de déontologie qui n'est pas le propre des juges, et qui tend à assigner un statut prédéterminé à chacun des acteurs de la scène judiciaire, d'où toute imprévision doit être bannie. La cour de justice, tenue par le seigneur, ne doit pas ouvrir la voie au risque et au dérapage. Elle n'est pas le lieu du surgissement d'une spontanéité incontrôlable, mais un monde ordonné où chacun se doit de remplir le rôle qui lui a été assigné et de prononcer les paroles que l'on attend de sa fonction.

---

26 *Ibid.*, § 13, p. 78. Ces points sont repris au chapitre 17, p. 84, « Il covient a celui qui est bon plaideor et soutil que il soit sage de sen naturel et que il ait prest sen et soutil engin et qu'il ne soit doutif ne esbay, ne hontous, ne hastif, ne nonchalant el plait et que il n'ait s'entente ne sa pencee aillors tant con il plaidoie et qu'il se garde de soi trop courocier ne ayrer ne esmovoir en plaideant que ces choses font tost home tressaillir de raison et li tolent sen et connoissance. »

27 *Ibid.* : « Sagement, que il se garnisse quant il viaut plaidoier ains que il comence a plaidoier dou plus sage conceill que il porra avoir et qu'il fase dire sa parole par son conceill ou par autre ce que miaus li senblera, et que il ne die chose en court qui li griege ne n'otroie chose de quei son aversaire li demande otroi, s'il ne le fait par le conceill de son conceill, et que il n'eufre en la court chose a prover qu'il ne puisse prover se son aversaire le noie, et que il n'esloigne plait que il doie ataindre, ne aproche plait que il doit fuir. »

UNE PROCÉDURE ORALE ET EXCLUSIVEMENT ACCUSATOIRE

Conformément à la dynamique du procès féodal « classique », la procédure criminelle décrite dans le *Livre des Assises* est orale et accusatoire. Cela signifie d'abord que le procès n'est pas autre chose que l'échange des arguments présentés par les parties sous la forme d'exposés contradictoires. La parole des parties y occupe la place centrale et constitue le moteur du procès. Le plaideur doit ainsi dominer une véritable technologie du discours, dont Jean d'Ibelin retrace les principaux éléments : la maitrise rhétorique qui permet de désarmer son exposé de toute aspérité susceptible d'être utilisé par l'adversaire ; l'attention aux paroles de la partie adverse, nécessaire pour en proposer une déconstruction point par point, la capacité à s'adapter aux péripéties oratoires du procès, de se taire lorsque c'est opportun et de répondre lorsque c'est nécessaire[28].

Alors que la nouvelle procédure inquisitoire, introduite par l'Église dès le milieu du XIIe siècle, s'appuie sur l'enquête, l'audition minutieuse des témoins, la production de preuves documentaires et un recours permanent à l'écrit au travers de l'échange de mémoires, de répliques, et de dupliques, la procédure accusatoire fait jaillir la vérité du procès du choc des paroles prononcées, réfutées ou accordées. D'où l'importance extrême accordée à la nomination précise des personnes en cause et à l'articulation rigoureuse des griefs dans le cadre d'un formalisme rigoureux. Ainsi, lorsque l'une des parties veut nier les accusations dont elle fait l'objet, elle doit le faire point par point, en utilisant absolument les

28 *Ibid.*, § 17, p. 84 : « Il covient a celui qui est bon plaideor et soutil que il soit sage de sen naturel, et que il ait prest sen et soutil engin, et qu'il ne soit doutif ne esbay, ne hontous ne hastif, ne nonchalant el plait et que il n'ait s'entente ne sa pencee aillors tant con il plaidoie, et qu'il se garde de soi trop courocier ne ayrer ne esmovoir en plaideant que ces choses font tost home tressaillir de raison et li tolent sen et conoissance. [...] Et doit estre bien et soutilment notant tos les dis de son adversaire, et bien pointeant chascun par soi que il sache respondre ce que mestier li est et trover raisons a desfaire ceaus des dis que son aversaire avra dis, que il verra qui facent a desfaire, et les desfase, se il porra par les raisons que il dira, et que il le preigne a point, se il peut, se il dit chose por quei il a point le puisse prendre. Et se il entent que son aversaire die mal, si n'en face senblant que son aversaire ne s'en parceive de sa faute et l'amende, mais court sinplement et sans faire senblant que il les veuille prendre a point sans otroy demander. » ; p. 8 : « Et bon plaideor doit savoir bien ataindre plait et bien fuir selonc ce que mestier li est, et doit savoir atraire la preuve a soy quant mestier li est doner la a son aversaire, et doit savoir prover la negative quant il voit que mestier li est. »

mêmes termes, faute de quoi sa dénégation ne portera pas. *A contrario*, dans les cas particulièrement complexes, il peut arriver que la cour entende mal les paroles qui ont pourtant été prononcées de la bonne manière. Comme le déplore Jean d'Ibelin, un tel défaut de communication entraine automatiquement des conséquences négatives, tant le lien entre l'oralité des débats et le jugement est étroit : « Que maintes fois avient que plaideor dit bien et soutilement ce qu'il doit et que la cort l'entent mal et recorde et juge les paroles autrement que il ne les a dites, par ce que la court n'a les paroles bien entendues[29] ».

D'autre part, que les parties soient ou non accompagnées d'un « avantparlier » qui s'exprime en leur nom, elles ont la responsabilité de la conduite du procès, qui se tient devant une cour spectatrice et non actrice. C'est là l'autre différence majeure avec la procédure inquisitoire, conçue, pensée et développée pour un pouvoir soucieux d'affirmer sa souveraineté sur des sujets obéissants et soumis. Le système accusatoire, quant à lui, dans son esprit comme dans sa dynamique propre répond beaucoup mieux aux logiques de confrontation horizontale d'une société d'égaux, telle que prétend l'être le monde féodal. C'est la raison pour laquelle le seigneur des *Assises de Jérusalem* ne joue que le rôle d'un garant veillant au respect du droit et à l'impartialité des débats, un rôle certes essentiel à la bonne tenue du procès, mais qui ne l'autorise jamais à prendre à son compte l'orientation d'une procédure qui demeure du début à la fin dans la main des parties. Ainsi, le procès est initié par la plainte (clain) d'un justiciable[30]. Il est nourri, dans le cadre des différents ajournements des parties, par leurs échanges verbaux mais aussi par la production des preuves qu'elles souhaitent apporter à l'appui de leurs prétentions. Il s'agit là d'un point capital car, comme le note Jean d'Ibelin « par bien prover ce que l'on eufre a prover en la cort se gaaignent les plus des plais et par faillir a prover se perdent[31] ».

Les *Assises de Jérusalem* mentionne trois grands types de preuve : par privilège, par record de cour et par garant[32]. La question du privilège, est assez vite réglée, l'auteur se contentant d'expliquer comment faire

29 *Ibid.*, § 70, p. 189.

30 *Ibid.*, § 20, p. 90 : « Qui se viaut clamer d'ome ou de feme qui est present en court, comment il le doit faire »

31 *Ibid.*, § 54, p. 162.

32 *Ibid.*, § 55-56, p. 164-165.

pour détruire ce type de preuve, s'il est produit par l'adversaire du plaideur[33].

Le record de cour consiste pour sa part à interroger le tribunal sur un point de droit ou une situation juridique sur laquelle il a déjà eu à se prononcer. À ce sujet, l'exposé du *Livre des Assises* consiste moins à expliquer la consistance et la portée de ce type de preuve qu'à neutraliser ses possibles effets négatifs au regard de celui des deux plaideurs qui se la voit opposer. L'exercice consiste essentiellement à écarter de la cour, (qui devient en quelque sorte la preuve du procès) les personnes qui pourraient être hostiles à la partie contre laquelle le record est sollicité : « Se vostre aversaire viaut prover contre vos par recort de court et il a en la court aucun home qui ne soit vostre per ou qui n'ait vois en la court que vos doutes qu'il ne porte cel recort contre vos, si le getes de la cort[34] ».

La question des preuves n'est donc pas abordée comme un système rationnel et hiérarchisé, capable de produire une vérité judiciaire incontestable, mais plutôt comme un ensemble d'arguments rhétoriques réversibles que l'habileté des plaideurs peut alternativement renforcer ou déconstruire.

C'est toutefois à la preuve par garants que Jean d'Ibelin consacre le plus de place. D'abord parce qu'elle appelle un certain nombre de précisions quant à la qualité et à la crédibilité des personnes venant en garantie. Ensuite et surtout parce qu'elle est directement connectée à la procédure des gages de bataille.

S'agissant du premier point, le *Livre des Assises* consacre d'assez longs développements aux critères d'admission des personnes appelées à prêter serment au bénéfice de l'une des parties à un procès. Il nous précise que ces jureurs doivent être chrétiens et au nombre de deux au moins[35]. La garantie qu'ils apportent ne peut avoir été sollicitée par la contrainte et il vaut mieux taire le nom des garants jusqu'à l'audience de façon à éviter que l'adversaire « ne les corrompe par loier ou par poour ou par aucune autre maniere ou qu'il ne porchasse chose par quei il les mete en tel point ains qu'il portent la garantie qu'il ne puissent cele garantie

---

33 *Ibid.*, § 59, p. 168. Bien que le texte de Jean d'Ibelin manque de précision sur ce point, l'on peut supposer que le « privilège » dont il est question renvoie concrètement à la production d'un écrit.

34 *Ibid.*, § 60, p. 169.

35 *Ibid.*, § 56, p. 165.

porter au jor que celui avra par court d'avoir ses garans amenés et de prover par iaus ce qu'il avra ofert a prover[36] ».

Conformément à l'esprit général du *Livre des Assises*, la suite des développements est surtout consacrée aux différentes manières de « tourner » les garants du parti adverse et de rendre inopérants les serments qu'ils prêtent[37].

Concernant cette question, le point remarquable réside toutefois dans l'importance considérable accordée au sujet des gages de bataille, qui permettent de mettre en échec la parole des garants. Possibles dans les affaires civiles excédant un marc d'argent, ils sont d'usage courant dans toutes les affaires criminelles. Jean d'Ibelin s'attarde longuement sur ce sujet en plusieurs passages de son ouvrage, relatifs à la procédure en général[38], à l'homicide[39], au rapt[40], à la trahison[41], mais aussi au duel judiciaire lui même[42]. La description des rituels qui scandent le déroulé des opérations, sous le contrôle du seigneur, est extrêmement précise, tout comme sont soigneusement énoncées les prescriptions relatives à l'armement des combattants[43], à l'ordonnancement du

---

36 *Ibid.*, § 57, p. 166.

37 *Ibid.*, § 61 et 62, p. 170-178.

38 *Ibid.*, § 61-65, p. 170-182.

39 *Ibid.*, § 75, p. 199, « Quant on viaut faire apeau de murtre par champion, comment on le doit faire » ; § 76, p. 200-204 : « Qui est en fers ou en liens amené en la court et on se claime de lui de murtre ou d'aucune autre malefaite, qu'il doit dire au seignor ains que il responde » ; § 77, p. 205-210 : « Qui viaut faire apeau de personne qui ait este tuee autrement qu'en murtre, qu'il doit faire por metre se en drois guages » ; § 78, p. 211-213 : « Quant home se claime de murtre et il ajont el clain homecide o le murtre, coment l'apelé s'en peut partir sans bataille » ; § 79, p. 214-216 : « Quant home apele autre de murtre, il n'est de ceaus vers qui l'on ne se peut defendre de respondre, coment l'on se doit defendre » ; § 80, p. 217-220 : « Coment et por quey l'apeau est grief a amener a bataille se le défendant s'en set garder et coment l'on le doit faire et coment l'on s'en doit garder » ; § 81, p. 221-222 : « Coment il peut avoir plusors batailles d'un home occis qui a plusors cos ».

40 *Ibid.*, § 91, p. 246-247 : « Coment l'on doit apeler home de rap »

41 *Ibid.*, § 82, p. 223-225 : « Quant on apele home de traïson qui n'est aparant et s'en eufre a defendre de son cors et tent son guage, coment et quant le seignor peut la bataille desfaire » ; § 83, p. 226 : « Qui appel home de traïson qui n'est aparant et il ne s'en viaut a lui aerdre, coment il doit faire » ; § 84, p. 227-229 : « Coment et de quey la traïson est aparant » ; § 85, p. 230-232 : « Qui viaut faire apeau de traïson aparant coment il le doit faire ».

42 *Ibid.*, § 88-90, p. 235-245 ; § 95, p. 252.

43 Par exemple, *ibid.*, § 89, p. 236 : « Les chevaliers qui se conbatent por murtre ou por homecide se doivent conbatre a pié et sans coife et estre roignés a la reonde, et vestus de cotes vermeilles ou de doubles ou de chemises de sendel vermeill, cortes jusques

champ de bataille[44] et à la mise à la mort de la partie qui succombe, par pendaison[45].

La minutie de ces énoncés ainsi que leur importance (une trentaine de chapitres au total) ne peut manquer de surprendre le lecteur, surtout si l'on rapporte l'ampleur matérielle de ces développements à ceux qui sont affectés à la procédure pénale proprement dite, de taille à peine supérieure. Serait-ce donc que la procédure pénale des *Assises de Jérusalem* réside essentiellement dans les gages de bataille ? Ou ne faut-il voir dans ces développements qu'un effet d'amplification lié aux buts politiques et idéologiques poursuivis par Jean d'Ibelin dans son traité ?

Plus globalement, le contexte de rédaction de l'ouvrage constitue une autre source d'étonnement. Le milieu du XIIIe siècle est en effet caractérisé par les progrès rapides de la procédure d'enquête, écrite, qui tend à remplacer de plus en plus le recours aux gages de bataille. On sait qu'en France, la réforme essentielle sur ce sujet fut introduite par Louis IX, précisément après son retour de Terre Sainte. Elle concerna d'abord, selon toute vraisemblance, la procédure civile[46], avant d'être

---

au genoill et les manches copees dessus le coude, et avoir chauces vermeilles de drap ou de sendel a estier sans plus... » ; § 90, p. 240 : « Et doivent estre armés el champ de haubers et de chauces et de heiaumes a visière et que chascun ait cote a armer et guanbeison se il viaut [...]. Et doit avoir .i. escu et une lance et .ii. espees, et que les lances soient d'un lonc et que les fers des lances et des espees soient tes come fers de lances et d'espees de chevaliers qui se conbatent en chanp guagué de bataille doivent estre. Et il doivent estre de tele façon con il vodront et de tel grant, mais qu'il ne soient pas tes qu'il puissent paser par les mailles dou hauberc sans tailler ou rompre maille. [...] »

44 *Ibid.*, § 89, p. 237-238 : « Et quant il seront andeus el chanp, le seignor i doit metre de ses homes por le chanp garder, et l'un de ceaus doit dire devant les autres a chascun des chanpions : "Choisisés vos armeures lesqués que vos vodrés avoir a la bataille faire [...]". Et aprés doivent faire jurer a chascun des chanpions qu'il ne porte brief ne charei ne sorcerie ne qu'il por cele bataille ne l'a fait ne fait faire, et ne autre por lui qu'il sache, ne n'a doné ne promis a autre persone [...]. Et se le murtré est en présence, il doit estre a une part dou chanp tout descovert [...]. Et aprés les guardes dou chanp doivent partir le souleill si qu'il ne soit contre le chiere de l'un plus que de l'autre. Puis doit dire l'une des guardes au seignor "Sir que comandés vos ? Nos avons fait quanque nos devons faire". Et le seignor lor doit lors dire : "Laissés les aller ensemble [...]" ».

45 *Ibid.*, p. 239 : « Les guardes do chanp se doivent [...] estre au plus pres qu'il poront (des champions) si que, se l'un dit le mot dou recreant, qu'il le puissent oïr. Et se il le dit et il l'oïent, il doivent maintenant dire a l'autre "Asés en aves fait" et maintenant celui prendre et livrer au comandement dou seignor. Et le seignor le doit maintenant de la faire trainer jusques as forches et pendre par la goule, et celui ausi qui avra este ocis, tot n'ait il dit le mot recreant. »

46 Ordonnance de 1254 introduite dans la juridiction du prévôt royal du Châtelet de Paris.

étendue en 1260 « en toutes querelles », c'est à dire notamment aux affaires pénales. Au duel judiciaire était substituée la procédure par enquête, déjà largement pratiquée au sein des tribunaux ecclésiastiques. Même si tout laisse à penser que l'abandon des gages de bataille ne se fit que très lentement au sein des justices féodales, l'exaltation exceptionnelle dont ils font l'objet dans le *Livre des Assises* ne peut manquer d'interroger l'historien du droit par sa concomitance chronologique avec les progrès décisifs de la procédure d'enquête, sur laquelle Jean d'Ibelin ne pouvait manquer d'être informé.

D'ailleurs, en matière de complicité de meurtre, Jean d'Ibelin fait état d'une procédure qui s'apparente à l'enquête, à propos de la recherche des éventuels complices. Le meurtrier est ainsi interrogé par le seigneur :

> L'on te met sus tel murtre. Coment ne por quei le feis tu, et qui fu o toi a faire le ? Et se il le conoist et nome aucuns qui fucent en sa compaignie, le seignor doit faire celui pendre come murtrier et les autres prendre et metre en prison, et enquerre le meaus que il porra se il est voir si con il a dit que il fucent o lui au murtre faire. Et se il en peut estre certain par autre que par celuy, il en doit faire de s'autorité justise. Que chascun bon seignor doit estre bon justisier et droiturier[47].

Par conséquent, de deux choses l'une. Soit les fortes spécificités des États d'Orient les placèrent complètement à l'écart des évolutions juridiques contemporaines relatives à l'enquête, au point d'en prendre délibérément l'exact contrepied. Soit il y a lieu d'interroger un possible décalage entre la procédure en usage dans le royaume latin de Jérusalem dans la seconde moitié du XIIIe siècle et la transcription qu'en fit Jean d'Ibelin dans son ouvrage.

Pour répondre à ces questions, il faut revenir une nouvelle fois sur le projet d'écriture exposé par l'auteur. À cet égard, l'ambition intellectuelle de l'ouvrage est frappante, allant bien au delà du simple mémento destiné aux praticiens.

47 John of Ibelin, *Le Livre des Assises*, éd. citée, § 72, p. 192.

LE PROJET D'ÉCRITURE DE JEAN D'IBELIN ET L'AFFIRMATION D'UNE PROCÉDURE COUTUMIÈRE « SAVANTE »

Le point de vue développé par Jean d'Ibelin à l'égard de son lecteur est variable. Tantôt l'auteur adopte une position de surplomb et propose un exposé aussi complet et informé que possible sur le droit en usage devant la haute cour de Jérusalem, avec cette idée que le respect des assises permet de « *bien et droiturierement governer*[48] ». Tantôt il renonce à toute neutralité discursive, descend dans l'arène et se mue en conseil fictif d'un lecteur/plaideur venu solliciter ses conseils[49].

En réalité, cette tension dans la construction structurelle de l'ouvrage est l'expression des intentions exposées par Jean dans son prologue : d'une part faire œuvre pédagogique auprès des plaideurs et leur fournir un arsenal de moyens alternativement offensifs et défensifs, selon la position du justiciable dans l'instance, la procédure obéissant ici à un principe de parfaite réversibilité[50]. D'autre part, proposer une vision normative de la procédure comme expression d'une identité collective[51].

LA DUALITÉ DES POINTS DE VUE. LE PROCÈS COMME COMBAT RHÉTORIQUE

Le champ du procès, tel qu'il est décrit par Jean d'Ibelin, est celui d'un combat à la fois réel et métaphorique entre deux vérités qui s'opposent point par point et entre lesquelles la cour doit trancher.

48 Par exemple, *ibidem*, fin du prologue, p. 57.

49 Nombreux exemples. *Cf. ibid.*, § 59, p. 168 : « Se vostre aversaire viaut prover contre vos par preveliges, soies gaitans de noter les poins dou prevelige savoir se vos par aucun point pes vostre aversaire accrocher a faire faillir sa preuve. »

50 *Ibid.*, p. 56 : « Car m'entencion n'a este ne n'est de cest livre faire que por enseigner a ceaus qui mestier en avront et avront droit et le requerront de savoir le approcher et desraigner et a ceaus a qui l'on le requerra ce qui est lor droit de savoir le esloigner et defendre. »

51 *Ibid.* : « Il me semble que il seroit mestier que les chiés seignors do dit roiaume fucent fort bien et droitement le dit roiaume et lor homes et lor peuple tenir et garder, maintenir et justisier si con il doivent, et ques il seroit mestier que les barons et les riches homes qui ont court et justice el dit roiaume fucent por lor baronnies et leur seignories et leur homes et leur peuple tenir et maintenir et justisier selon les assises et les usages dou dit reiaume, et ques les juges et les plaideors de la haute cour dou dit roiaume doivent estre por les plais bien plaideier et leaiaument juger. »

Cette conception est tellement présente dans le texte qu'elle induit une sorte d'artifice de présentation, chaque affirmation étant systématiquement analysée comme pouvant faire l'objet d'une réfutation immédiate. Ainsi, par exemple, en matière de meurtre, celui qui fait appel doit procéder de la manière suivante : « Sire, tel se claime a vos de tel qui la est qui a tel murtri et se il le noie il est prest que il le li preuve de son cors contre le sien, et qu'il l'en rende mort ou recreant en une hore de jor[52] ».

L'accusation ne se suffit pas à elle même. Elle envisage d'emblée sa propre réfutation, et c'est ce mouvement d'affirmation et de négation qui crée la dynamique du procès. Toute parole prononcée dans le cadre judiciaire appelle une parole contraire qui en est le symétrique exact. Ce processus d'inversion est particulièrement marqué dans la mise en scène des serments qui accompagne le déploiement des gages de bataille.

> Et le defendeor doit premier jurer sur sains a genous, la main destre sur l'evangile, et dire ensi li ait Des et les saintes évangiles qu'il n'a celui murtri, et le nome. Et l'apeleor doit dire qu'il ment et qu'il l'en lieve come parjur et prendre le par le poing et jurer maintenant qu'ensi li ait Dex et les saintes évangiles qu'il a cel murtri et le nome[53].

Il s'agit rigoureusement du même serment, prêté deux fois, dans les mêmes termes, si ce n'est que l'un accuse et que l'autre récuse. Le duel, dès lors, peut avoir lieu. Il se termine, de façon significative, soit par la mort sur le champ de bataille, soit par la pendaison « par la goule » de la partie qui a succombé, ce qui constitue certainement la manière la plus radicale de l'empêcher de parler[54].

Plus que la recherche d'une vérité objective, ce qui est visé ici c'est la victoire d'un énoncé sur un autre[55], chaque signe devant systématiquement être inversé, faute de quoi il s'imposerait immédiatement comme étant la vérité. C'est ce qui explique par exemple qu'en cas d'homicide résultant de plusieurs coups portés, les assises prévoient qu'il peut y avoir

---

52 *Ibid.*, § 74, p. 198.

53 *Ibid.*, § 89, p. 237-238.

54 *Ibid.*, p. 239 : « Et le seignor le doit maintenant de la faire trainer jusques as forches et pendre par la goule, et celui aussi qui avra este ocis, tot n'ait il dit le mot recreant ».

55 Sur cette question, *cf.* R. Jacob, *La grâce des juges. L'institution judiciaire et le sacré en Occident*, Paris, PUF, 2014, en particulier p. 409 et suiv. sur le rapport entre justice, procédure et vérité.

plusieurs duels. Chaque coup entraine une bataille[56], car les blessures du cadavre sont considérées comme formant autant d'unités de sens qu'il convient d'élucider et de résoudre afin de les relier à une vérité unique.

De même, si un justiciable veut fausser la cour, parce qu'il estime qu'elle n'a pas rendu une droite justice, il ne peut se contenter de dénoncer le jugement de façon globale. Il lui faut aussi combattre chacun des juges l'un après l'autre, puisque c'est la parole de chaque membre de la cour qu'il s'agit d'invalider et d'inverser.

Cette logique discursive de la procédure accusatoire organise rigoureusement la confrontation des énoncés et impose de ne jamais laisser une accusation sans réponse, faute de quoi la querelle est perdue : « Por ce que il est assise et usage el roiaume de Jerusalem que qui ne respont au clain que l'on fait de lui en cort ou il est présent [...] qu'il pert sa querele, se la cort se parte et il n'a aucune des avant dites choses faite avant que la court s'en parte[57] ».

Dans cette perspective, on perçoit mieux à quel point les preuves alléguées par l'une ou l'autre partie sont loin d'avoir un impact aussi décisif que dans la procédure inquisitoire qui, tend, quant à elle, à établir rationnellement la vérité par l'enquête[58]. Les privilèges peuvent être réfutés, les records de cour altérés, et les garants eux-mêmes, qui passent pourtant pour offrir le plus de crédibilité à la parole des parties, peuvent être récusés. Jean d'Ibelin décrit ainsi comment, en cas d'appel interjeté devant la haute cour dans une affaire d'homicide, le défendeur peut réfuter l'un des garants de l'accusation en amenant deux autres garants à l'appui de ses prétentions. Naturellement, ces seconds garants qui invalident les premiers peuvent à leur tour être « rebutés » par d'autres garants.

> Et se l'appelé de l'omecide rebute l'un des garants et dit que il n'est pas tel que il puisse garantie porter contre lui et l'eufre a prover si con la court esgardera ou conoistra qu'il le doive prover et la court esgarde ou conoisse qu'il le doit prover par .ii. loiaus garans de la loi de Rome, le garant que l'on enssi rebute s'en doit aleauter et peut torner lequel qu'il vodra des garans qui portent cele garantie contre lui et conbattre s'en a lui[59].

56 John of Ibelin, *Le Livre des Assises*, éd. citée, § 81, p. 221-222 : « Coment il peut avoir plusors batailles d'un home occis qui a plusors cos ».

57 *Ibidem*, § 49, p. 152.

58 *Cf.* la mise au point de R. Jacob, *La grâce des juges. L'institution judiciaire et le sacré en Occident*, *op. cit.*, p. 277 et suiv.

59 John of Ibelin, *Le Livre des Assises*, éd. citée, § 80, p. 220.

La vérité, que l'on pensait lester du poids d'une parole crédible, vacille à nouveau dans ce processus de réfutation qui semble ne jamais devoir finir.

Au final, c'est moins la considération des faits allégués dans une espèce qui importe que la capacité des plaideurs à tenir un discours qui ne puisse être contredit ou qui, du moins, n'offre à la contradiction d'un adversaire éventuel que le moins d'espace possible. La maîtrise de la procédure s'apparente ainsi la science du discours efficace mais aussi parfois, au choix d'un silence opportun, tout ici étant affaire de circonstances, mais aussi de sens dramatique et de virtuosité technique.

LA PROCÉDURE COMME CONSERVATOIRE SAVANT D'UNE IDENTITÉ COLLECTIVE

Telle qu'elle est décrite dans le *Livre des Assises*, la procédure en usage devant la haute du royaume de Jérusalem est d'un formalisme et d'une complexité tels qu'ils rendent absolument nécessaire le passage par un apprentissage spécifique. Jean d'Ibelin en convient explicitement à de nombreuses reprises, ne manquant jamais une occasion de souligner que le procès est avant tout une affaire de connaissances techniques. À ses yeux, le meilleur plaideur n'est pas celui qui défend le dossier le plus solide, mais celui qui, maitrisant le mieux les subtilités de la procédure est le plus en capacité d'en tirer parti en anticipant les réactions de son adversaire, voire en les provoquant :

> Et bon plaideor doit savoir bien ataindre plait et bien fuir selonc ce que mestier li est, et doit savoir attraire la preuve a soy quant mestier li est, et quant mestier li est doner la a son aversaire, et doit savoir prover la négative quant il voit que mestier li est. Et moult d'autres senblances de plait covient il que le bon plaideor sache, lesquels seroient trop longues et riotouses a escrire en cest livre ce que l'on en poroit escrire, ne nul ne les y poroit tous metre. Mais tant con le plaideor est plus soutil et meillor plaideor de l'autre, en treuve il plus, que je ne cuit que hom mortel les seust onques toutes ne que nul ja les sache. Car aussi con l'on ne peut savoir toute clergie, ne me senble il que l'on ne puisse savoir tout le plait, ne toutes les forces et les soutilances qui sont en plait mas qui plus en set meillor plaideor est[60].

La procédure relève ainsi d'un double savoir : un savoir théorique dont l'auteur se plait à souligner l'étendue et qu'il compare à la « clergie », et un savoir pratique, qui réside essentiellement dans l'appréciation des

60 *Ibidem*, § 17, p. 85-86.

circonstances de l'espèce (*cf.* la redondance des « quant mestier li est ») et dans la capacité à agir en opportunité, de façon stratégique, tantôt en avançant (« bien ataindre plait »), tantôt en reculant (« et bien fuir, selonc ce que mestier li est »). La technicité de la matière, parfaitement exposée et assumée, justifie au demeurant que le premier acte de procédure consiste précisément à demander au seigneur de désigner un conseil pour assister le plaideur dans sa tâche. Si l'accès au prétoire ne présente pas de difficulté particulière, dès lors qu'on est bien justiciable de la haute cour, *ratione personae*, l'accès au droit, lui, est avant tout affaire de médiation technique et d'expertise.

La question du savoir est donc logiquement au cœur du propos développé par Jean d'Ibelin, à la fois parce qu'il entend faire de son traité une aide pratique pour les plaideurs désireux de porter leur affaire devant la haute cour, mais aussi parce qu'à ses yeux, le droit est avant tout affaire de connaissance et de maitrise technique.

À ce stade de la réflexion, il apparaît que la longueur même du *Livre des Assises*, sa précision, sa minutie traduisent non seulement une volonté d'exhaustivité de l'auteur, mais aussi son désir de dresser un véritable monument au droit coutumier féodal, au moment où celui-ci apparaissait menacé par d'autres dynamiques juridiques, issues de la renaissance du droit romain et de la créativité du droit canonique.

De ce point de vue, les développements apparemment décalés sur les gages de bataille méritent d'être analysés à nouveaux frais. Selon toute vraisemblance, ils ne sont pas la transcription réaliste d'une pratique courante. Tout porte à croire, en effet, que dans la plupart des affaires traitées par la haute cour, une solution transactionnelle était recherchée et trouvée par les parties, ne serait-ce que pour leur éviter l'aléa d'un duel judiciaire. Pour autant, la rédaction, par un auteur aussi bien informé que Jean d'Ibelin, d'un exposé aussi long et détaillé sur une pratique judiciaire partout en recul au XIIIe siècle et qui fait l'objet de critiques récurrentes de la part des milieux universitaires ne peut être anodine. Elle doit être considérée comme fortement identitaire, et ceci d'un double point de vue.

L'évocation des gages de bataille est d'abord l'expression naturelle du monde féodal et aristocratique des *milites* qui composent la haute cour, ces vassaux royaux experts dans le maniement des armes qui les singularise au regard des bourgeois.

En outre, dans une perspective moins sociale et plus juridique, le duel judiciaire synthétise en quelque sorte la quintessence de la procédure accusatoire, qui érige l'incertitude des énoncés en moteur de l'action judiciaire et qui se construit par affrontement de prétentions rigoureusement antagonistes, sans que l'intervention d'un tiers puisse venir trancher le conflit (comme dans la procédure inquisitoire).

Les gages de bataille sont ainsi plus qu'un signe d'appartenance au groupe chevaleresque : le symbole d'une forme juridique à structuration horizontale, propre à une société d'égaux, et héritée d'un passé dont Jean d'Ibelin ne cesse de rappeler qu'il donne sens à un présent incertain. Né de l'accord de tous (c'est le sens du récit des origines qui prend place dans le prologue), le droit féodal décrit dans le *Livre des Assises* joue ainsi le rôle d'une sorte de constitution coutumière du royaume qu'il importe nécessairement de respecter pour bien gouverner.

La persistance de la procédure accusatoire signifiée par Jean d'Ibelin véhicule également un modèle politique collégial et horizontal (ou en tout cas fantasmé comme tel), alternatif au développement d'une souveraineté royale incarnée par Louis IX, le roi des croisades, et mise en œuvre par son parlement avec des ambitions sans cesse plus larges.

Enfin, la technicité assumée du discours et des pratiques judiciaires rapportés par le *Livre des Assises*, ainsi que ses références constantes à l'importance de la formation des juristes, font pièce à l'irrésistible montée du modèle des droits dits « savants », enseignés dans les toute jeunes universités et qui viennent bousculer le vieux fonds coutumier.

Ainsi, face aux évolutions juridiques et politiques contemporaines, l'ouvrage de Jean d'Ibelin est beaucoup plus qu'un placide mémorial des usages féodaux. C'est un véritable acte de résistance politique, sociale et culturelle.

Corinne LEVELEUX-TEIXEIRA
CESFiMA-POLEN
Université d'Orléans

LES *LIGNAGES D'OUTREMER*, UN TEXTE OU DES TEXTES ?

Les *Lignages d'Outremer* sont un texte généalogique, et donnent, sur plusieurs générations, la filiation de nombreuses familles ayant compté dans les États latins d'Orient. Si l'on s'en tient à cette définition succincte, cette source paraît hors sujet dans le contexte juridique des *Assises de Jérusalem*.

Le propos de cette contribution sera donc, après avoir brièvement présenté la nature et la composition du texte des *Lignages*, de s'interroger sur sa présence au sein de ce corpus juridique. Les questions qu'il pose sont nombreuses, et nous n'avons pas la prétention de pouvoir répondre à toutes : quelles ont pu être les motivations des compilateurs des *Assises* pour l'y intégrer ? Pourquoi a-t-il été jugé utile, et par qui ? Pourquoi certaines familles modestes y sont-elles mentionnées quand d'autres, plus illustres, ne le sont pas ?

On notera d'emblée la coexistence de plusieurs versions des *Lignages*, parfois franchement différentes de la version initiale, qui est probablement attribuable, on peut le dire tout de suite, à Jean d'Ibelin lui-même ou à son entourage. La question essentielle qui se pose, en raison de l'existence de ces différentes versions, est celle de la volonté d'une mise à jour d'un texte initial. Nous essayerons de montrer que cette volonté de renouveau s'affiche peut-être pour des raisons juridiques, mais surtout dans le but de créer et d'entretenir la *memoria* familiale, et ce dans une période de crise pour les États latins d'Orient.

Afin de le replacer dans son contexte, il est nécessaire de présenter rapidement le texte lui-même[1]. Ce texte, dont nous avons déjà souligné l'appartenance à la littérature généalogique telle que définie par les

1 Nous nous permettons de renvoyer, pour plus de précisions, à notre ouvrage, *Lignages d'Outremer. Introduction, notes et édition critique*, Académie des Inscriptions et Belles-Lettres, Paris, 2003.

travaux de Léopold Génicot[2], se trouve généralement juxtaposé, dans la plupart des manuscrits qui le proposent, à d'autres textes appartenant à un ensemble que l'on a coutume d'appeler, de manière assez impropre, les *Assises de Jérusalem.* En effet, sur la trentaine de manuscrits connus, datant du XIIIe au XVIIIe siècles, originaux ou copies, treize contiennent l'une ou l'autre version des *Lignages.* Le texte a été publié, très imparfaitement, en tout cas très partiellement, dans la grande entreprise du comte Beugnot au XIXe siècle[3], puis par nos soins. L'erreur des éditeurs du XIXe siècle a été de ne pas comprendre qu'ils étaient en présence non pas de plusieurs leçons d'un même texte, mais bien de plusieurs textes différents. Ils ont donc « pioché », selon des critères qui ne sont pas toujours faciles à percevoir, les chapitres tantôt dans l'une, tantôt d'autre l'autre version, si bien qu'aucun des textes n'est finalement édité dans son ensemble.

L'autre difficulté provient de la dispersion des sources, puisque les manuscrits les plus intéressants sont conservés à la Bibliothèque Marciana[4], à la Bibliothèque nationale de France[5], à la Bibliothèque vaticane[6], à la Bibliothèque d'État de Bavière[7] et au Matenadaran Machtots[8], certains par ailleurs inconnus de l'équipe dirigée par le comte Beugnot. Nous nous appuierons ici plus particulièrement sur deux versions différentes, celles contenues dans les manuscrits conservés l'un à la Bibiothèque Marciana à Venise, l'autre à la Bibliothèque du Vatican, les autres étant soit des variantes proches (cas du manuscrit de la Bibliothèque nationale de France), soit des extraits (cas d'un des deux manuscrits du Vatican et du manuscrit munichois, qui sont peut-être des copies à usage privé reprenant quasi exclusivement les généalogies royales à l'exclusion de toutes les autres; l'intérêt de ces deux manuscrits est réel, le choix de se concentrer sur les familles royales étant en lui-même un document, mais ils sont moins utiles pour notre propos), soit une partie d'une œuvre plus ample (cas du manuscrit arménien, œuvre complexe d'Héthoum

2 L. Génicot, *Les généalogies*, Turnhout, 1975.

3 *R.H.C. Lois*, Paris, Académie des Inscriptions et Belles-Lettres, 1841-1843.

4 Venise, Biblioteca Marciana, ms. Francese, app. 20[265].

5 Paris, Bibliothèque nationale de France, ms. Français 19026.

6 Bibliothèque vaticane, Vaticanus Latinus 4789 et Vaticanus Latinus 7806A [ce dernier en italien].

7 Munich, Bayerisches Staatsbibliothek, Codex Gallicanus 771.

8 Erevan, Matenadaran Machtots, ms. 1898 [ce dernier en arménien].

de Korykos, auteur de la *Fleur des Histoires de la terre d'Orient*, membre lui-même de cette aristocratie dépeinte dans les *Lignages*[9]). Par ailleurs il est évident que chacune de ces versions est intéressante, et qu'il est difficile de ne pas les envisager dans leur ensemble.

Notre texte se présente de manière plus que classique pour une généalogie ; ici il n'est pas, comme c'est le cas parfois, intégré à une chronique historique plus large ou en accompagnement d'un texte. On peut le mettre en perspective, par exemple, avec la *Chronique de Baudouin d'Avesnes*, dont la date de rédaction, vers 1270, est à peu près contemporaine de celle de sa première version. Il s'agit là d'une longue chronique universelle dans laquelle s'insèrent des notations généalogiques concernant la Flandre et le Hainaut[10] ; ce n'est donc pas un texte purement généalogique, encore moins un texte juridique même s'il a pu aussi avoir cette fonction. On peut également le rapprocher d'une autre source du XIIIe siècle, le célèbre *Miroir des Saxons*, ensemble de coutumes mises par écrit par Eike von Repgow vers 1230. Dans ce texte juridique, on trouve, au début du prologue, sous le titre *Vorrede von der Herren Geburt*, des notations à caractère généalogique, sous forme d'une liste des seigneurs de Saxe dont on donne l'origine. Sans avoir la précision du texte des *Lignages*, ce document, à la fois juridique et généalogique, est également à rapprocher de notre texte[11].

Celui-ci se divise en plusieurs chapitres dont le nombre varie selon les manuscrits entre moins de 20 et exactement 30. Ces différents chapitres bien individualisés ont chacun pour objet une famille seigneuriale

---

9 Il est intéressant de noter qu'Héthoum est le neveu de Jean d'Ibelin, qui a épousé sa tante Marie, sœur du roi Héthoum Ier. Il avait donc sans doute une connaissance approfondie des œuvres de son oncle. Sur ce personnage, *cf.* C. Mutafian, « Héthoum de Korykos, historien arménien. Un prince cosmopolite à l'aube du XIVe siècle », *Cahier de recherches médiévales*, 1 (1996), p. 157-176.

10 *Chronique de Baudouin d'Avesnes, Istore et chroniques de Flandres, d'après les textes des divers manuscrits*, t. II, éd. J. Kervyn de Lettenhove, Bruxelles, 1880, p. 555-696. Je remercie ici M. Godfried Croenen d'avoir attiré mon attention sur ses travaux, et en particulier : « Princely and noble genealogies, twelfth to fourteenth century : form and function », *The medieval chronicle : proceedings of the 1st International Conference on the Medieval Chronicle*, Driebergen/Utrecht, 13-16 juillet 1996, Amsterdam, 1999, p. 84-95. Il y développe, entre autres, l'idée que ces généalogies auraient pu avoir des fonctions juridiques, pour éviter les mariages consanguins par exemple.

11 Sur cette question, qui demanderait à être approfondie, *cf.* R. Lieberwirth, « Die Sachsenspiegelvorrede von der Herren Geburt », *Der Sachsenspiegel als Buch : Vorträge und Aufsätze* (*Germanistische Arbeiten zu Sprache und Kulturgeschichte* 1) Francfort, 1991. Je remercie M. Dirk Heirbaut de m'avoir signalé cette piste de recherche et ces travaux.

de l'Orient latin. Le point de départ de chaque famille est l'ancêtre le plus ancien, ou en tout cas le plus ancien connu, pour aboutir au point d'arrivée, c'est à dire l'héritier actuel. Comme cela devient courant pour les généalogies du XIIIe siècle, un certain nombre d'informations biographiques et historiques sont ajoutées aux filiations *stricto sensu*, si bien que ce texte s'inscrit clairement dans la tradition des textes à caractère historiographique[12].

Malgré de nombreuses erreurs (prénoms intervertis, générations qui se chevauchent, oublis...), certaines aisément décelables, d'autant plus fréquentes que l'on remonte dans le temps (ce qui laisse penser que la documentation à disposition de l'auteur n'était pas très abondante, voire purement orale), le texte prétend à une certaine exhaustivité. Outre la succession des tenants des fiefs, le texte cite, dès qu'il le peut, le nom des conjoints, ainsi que la liste des enfants, filles comme garçons, et ce d'une manière qui semble assez précise : en effet, il indique parfois que ces enfants sont morts en bas âge. Bien que n'ayant joué aucun rôle, ils ont leur place, tout comme les autres ancêtres, au sein de la famille et donc dans la généalogie. Par ailleurs, même si les garçons sont nommés avant les filles, l'ordre de naissance paraît, après cette différenciation, respecté autant que possible.

On ne reviendra pas ici sur l'intérêt que possède cette source, intérêt jusqu'à présent relativement ignoré des historiens. Qu'il nous soit permis cependant d'attirer l'attention sur l'immense banque de données onomastiques qu'il représente, avec pas moins de 1000 personnes citées sur une durée de deux siècles, faisant état de la permanence des noms de baptême dans le contexte particulier de l'Orient latin, et mettant en lumière des traditions propres à cette zone géographique et à cette catégorie sociale qu'est cette aristocratie dont on peut se demander si elle est transplantée ou assimilée[13].

Une première question se pose donc. D'où l'auteur (ou les auteurs ?) tire-t-il les informations qu'il cite ? La plupart d'entre elles proviennent

---

12 *Cf.* G. Croenen, « Princely and noble genealogies, twelfth to fourteenth century : form and function », art. cité.

13 *Cf.* I. Shagrir, *Naming Patterns in the Latin Kingdom of Jerusalem* (*Prosopographica et Genealogica*, 12), Oxford, 2003 ; M.-A. Nielen, « Families of Outremer : A Source of Traditional Naming Custom », *Personal Names Studies of Medieval Europe. Social Identity and Familial Structures*, Medieval Institute Publications, Western Michigan University, Kalamazoo, 2002.

sans doute, comme dit plus haut, de traditions orales, d'où les erreurs et les oublis inévitables. Peut-être a-t-on pu s'appuyer sur une généalogie écrite préexistante, ou sur des documents personnels, chartes de donation, contrats, testaments, permettant une assez grande précision[14]. Enfin, les chroniques ont pu aussi être sollicitées, en particulier pour ce qui est des éléments biographiques concernant les personnages les plus importants. Ainsi, les circonstances de la mort du roi Foulque d'Anjou, à la chasse au lièvre dans la plaine d'Acre, peuvent-elles se lire dans d'autres sources[15].

La deuxième question se pose pour savoir pourquoi ce texte, généalogique, se trouve inséré dans un corpus juridique alors même, comme nous l'avons dit plus haut, qu'il s'inscrit dans une tradition historiographique. Certes, il est à rapprocher d'un exemple comparable, celui du *Miroir des Saxons*, texte juridique comprenant des mentions généalogiques. Mais ici, outre que c'est l'inverse (un texte généalogique dans un corpus juridique), les généalogies sont beaucoup plus importantes et détaillées.

Il est connu que l'administration médiévale a aussi produit des généalogies, utiles dans bien des aspects juridiques et administratifs. Que ce soit pour les successions aux fiefs, pour éviter les mariages consanguins, pour définir le statut légal d'une personne, les généalogies ont toute leur place dans le contexte juridique. Mais est-on ici dans un contexte juridique ? Le fait est que les *Lignages* ont toujours été considérés comme faisant partie de ce vaste ensemble que sont les *Assises de Jérusalem*.

Ce qui nous frappe en effet tout de suite à la lecture du texte, c'est l'articulation des *Lignages d'Outremer* avec le *Livre* de Jean d'Ibelin : en effet, sauf dans le manuscrit italien du Vatican, qui est un fragment, et dans celui d'Erevan, qui est une œuvre plus ample, le texte ne se rencontre jamais seul, mais prend toujours la suite du *Livre* de Jean d'Ibelin ; pour ce qui est de la première version, il prend sa suite avec une phrase de transition, preuve que cette union n'est pas le fruit du hasard : « Puis que voz avés oy et entendu les assises… dreit est que nos

14 *Lignages d'Outremer*, Biblioteca Marciana, ms. Francese app. 20^{265}, f° CXCI. : « … sauve l'omage et le service de mesire Johan Goumans, que le rei retint a lui. ». On retrouve cette formule dans l'acte d'échange en latin du 31 juillet 1161 entre le roi Amaury et Philippe de Milly : « *cum servitio Johannis Gomanni…, salvo tamen servitio quod…* ». *Cf.* R. Röhricht, *Regesta Regni Hierosolymitani (1097-1291)*, Innsbruck, 1893, n° 366.

15 *Lignages d'Outremer*, Vaticanus Latinus 4789, f° CCLXXVII : « Li rois Fouques chasoit .I. livre au plain d'Acre et ces chevaus li chei sur le cors et fu mors ».

voz devisons les heirs qui descendirent et vindrent de celle bone gent, et de quei le pays est angié[16] ». On a donc ici la certitude que les différents compilateurs des *Assises*, les différents rédacteurs des manuscrits, avaient conscience d'avoir affaire à un seul et même texte, ou plutôt à un même groupe de textes, indissociables les uns des autres, d'où leur volonté de les réunir systématiquement malgré le caractère juridique de l'un, historiographique et généalogique de l'autre.

Enfin, une troisième question apparaît à la lecture de cette source. Pourquoi, selon les différentes versions, contenues dans différents manuscrits, certaines familles sont-elles très détaillées, faisant l'objet d'un chapitre entier, d'autres simplement citées, d'autres totalement absentes ? Qu'est-ce que l'auteur a éliminé ou retenu ? L'a-t-il fait sciemment ou par ignorance ? En fonction de quels critères a-t-il ordonné son travail ? Cette question est primordiale : en effet, le manuscrit le plus beau et le plus complet, datant du milieu du XIVe siècle, conservé au Vatican[17], présente les généalogies dans un ordre qui nous paraît extrêmement logique. Ainsi, il place en tête les familles royales et princières, c'est-à-dire les rois de Jérusalem, de Chypre et d'Arménie ; il poursuit avec les princes d'Antioche et les comtes de Tripoli, puis descend toute la hiérarchie sociale des lignages seigneuriaux, des plus prestigieux, comme les Ibelin, les Césarée, les Sidon, aux plus modestes : le dernier chapitre est consacré à la famille Le Petit, qui n'est guère connue ni pour ses faits d'armes, ni pour ses alliances brillantes...

En revanche, la première version du texte, que l'on peut dater de 1265-1270 environ, nous y reviendrons, nous apparaît au contraire, à la première lecture, très désordonnée. Démarrant comme un poème, « Madame Estefenie esteit flamengue, et son baron aveit nom Gui le franceis[18] », avec deux personnages assez modestes sur lesquels on n'a guère de renseignements, il n'aborde les rois de Jérusalem qu'à la fin, ce qui ne semble pas respecter l'ordre logique, et omet des personnages importants tel Renaud de Châtillon.

Avec une lecture plus attentive, on se rend compte cependant que ce désordre n'est qu'apparent, et que les motivations de cet ordre de présentation, au contraire fort logique, ont leur explication dans l'articulation

16 Marciana, ms. Francese 20^{265}, f° CXCI.

17 Vaticanus Latinus 4789.

18 Marciana, ms Francese 20^{265}, f° CXCI^r^.

du texte des *Lignages* avec le *Livre* de Jean d'Ibelin. De fait l'auteur, malheureusement inconnu (mais des hypothèses peuvent maintenant être formulées), donne les généalogies de toutes les branches, aînées ou cadettes, de la famille d'Ibelin, la plus illustre des familles de Terre sainte. Le texte retrace en effet tout d'abord la descendance du premier couple d'ancêtres connu, Guy et Stéphanie de Milly, c'est à dire Estefenie la flamande et son baron Gui, ce qui permet de passer très vite, avec le remariage de Stéphanie avec Baudouin de Rames, à la famille d'Ibelin, puisque la fille de ce nouveau couple, Helvis, épouse le premier Balian connu, décrit comme un « chevaliers d'outremer[19] » à qui le roi donne en fief la seigneurie d'Ibelin. Ils ont trois garçons, dont les filiations viennent ensuite : Hue, Baudouin et Balian. Elles sont suivies par celles des deux filles qu'Helvis eut de son second mariage avec Manassès d'Hierges, un personnage épisodique, cousin de la reine Mélisende ; il repartit très vite en Occident, mais il est jugé ici essentiel. En effet, ses deux filles, Fadie et Hodierne, furent souche de tout un baronnage connu en Terre sainte et plus tard en Chypre, les familles Gibelet, Brie, Mimars entre autres. On note donc avec intérêt que les *Lignages d'Outremer* semblent accorder une place importante, si ce n'est primordiale, à la succession matrilinéaire. C'est en soi une indication, celle de la prise en compte de la branche féminine dans une société fortement marquée par la guerre, par l'arrivée de nouveaux venus, par les retours de fortune et leur corollaire, les retours en Occident. De parenté en parenté, de mariage en mariage, de succession en succession, le texte aborde tous les descendants des premiers Ibelin, ce qui permet de donner un chapitre non seulement sur toutes les branches de cette famille proprement dite, nombreuses et possessionnées un peu partout (à Beyrouth, à Arsur, à Jaffa, en Chypre), mais aussi sur leurs cousins par le jeu des mariages et des alliances, les Césarée, les Sidon, les Gibelet, les Tibériade. On a donc un déroulé extrêmement logique, depuis les ancêtres directs, jusqu'aux cousins les plus éloignés, si tant est qu'il est possible de prouver cette parenté et dans la mesure où elle est un faire-valoir pour la branche principale.

À la fin du volume, l'auteur a donné également la généalogie des très grandes familles, les dynasties régnantes, c'est-à-dire les rois de Jérusalem, de Chypre et d'Arménie, ainsi que celles des princes d'Antioche et des comtes de Tripoli. Sans doute a-t-il voulu ainsi contextualiser son œuvre, et

19 Dans la version du ms. Francese 20^{265}, f° CXCI^{v}, il est appelé « Belleem a la Barbe ».

ménager aussi le pouvoir royal après une période de valorisation de celui-ci sur l'impulsion, sans doute, des nouveaux venus arrivant du royaume capétien, valorisation dont témoigne la rédaction, vers 1200, du *Livre au Roi*[20]. Ces chapitres étant placés à la fin, on a ici, essentiellement, une histoire généalogique de la maison d'Ibelin partie des ancêtres les plus directs pour finir par les parents les plus éloignés, simples alliés, faisant de ce texte un élément de la *memoria* d'une famille, puis d'un groupe social, que l'on replace dans le contexte plus large des États latins d'Orient.

Pour finir, se pose la question de la coexistence de plusieurs versions du texte, parfois franchement différentes les unes des autres. Pourquoi ces différentes versions successives, pourquoi ces mises à jour permanentes ? On doit donc ici envisager l'hypothèse que l'on est en présence non pas d'un texte ayant plusieurs versions, mais d'un genre littéraire à part entière, tant les motivations des auteurs, ou des continuateurs, semblent différentes, de même que le public auquel ces textes sont destinés.

La première version, que nous pouvons dater très précisément de l'année 1268, est une œuvre individuelle, rédigée par ou pour Jean d'Ibelin, en complément de son *Livre*. À dire vrai, il ne peut en être l'auteur, puisque le texte est rédigé sous le règne Hugues III de Lusignan, ce dont témoigne le fait qu'il y est plusieurs fois mentionné au présent comme étant le roi de Chypre, son accession au trône intervenant en décembre 1267, à la mort de son cousin Hugues II. Or Jean d'Ibelin, lui, est mort un an avant cet avènement, en décembre 1266. Il est d'ailleurs cité aussi, et au passé, par la formule « … Johan, qui fu conte de Japhe, pere de cestui Guiotin[21] », lui-même bien vivant à l'heure de la rédaction comme le montre l'emploi du démonstratif « cestui » quand le passé simple du verbe « fu » atteste du décès de son père. On peut néanmoins supposer qu'il en a été l'inspirateur, et peut-être même qu'il en rédigé lui-même les commencements. Il est mort avant d'avoir achevé son travail, et celui-ci a été repris et poursuivi par son entourage, ou par ses élèves, mettant ainsi en lumière l'existence d'une « école de Jean d'Ibelin » évoquée par Peter Edbury[22]. Cette mise

20 *Le Livre au Roi. Introduction, notes et édition critique*, éd. M. Greilsammer, Académie des Inscriptions et Belles-Lettres, Paris, 1995.

21 Marciana, ms. Francese 20[265], f° CXCII[v].

22 Je remercie ici M. Peter Edbury de m'avoir communiqué cette hypothèse à l'époque ou je rédigeais ma thèse d'École des Chartes. *Cf.* en particulier son livre *John of Ibelin and the Kingdom of Jerusalem*, Woodbridge, 1997.

en perspective explique la présence de ce texte toujours juxtaposé au *Livre* dans les différents manuscrits, considérés qu'ils ont été comme une seule et même œuvre, ou du moins l'œuvre d'un même auteur, qui a voulu donner ici non pas une histoire généalogique des familles d'Outremer, mais bel et bien une histoire généalogique de sa famille, la maison d'Ibelin. On est en présence, si ce n'est d'une œuvre de Jean, du moins d'un texte qu'il a inspiré, ou commencé, ou encore commandé. De même que les traités des autres juristes de l'Orient latin sont des œuvres individuelles, exprimant la force du milieu baronial face au pouvoir royal (*a fortiori*, comme nous l'avons dit plus haut, après la rédaction du *Livre au Roi*), on est ici en présence d'une œuvre identitaire, destinée à célébrer, à illustrer, à la manière d'un manifeste, la famille dont Jean est issu, mais aussi ce milieu aristocratique qui se reconnaît tant dans les traités de droit que dans ce texte généalogique.

Alors, comment passe-t-on de cette œuvre personnelle à une œuvre de portée générale ? La seconde version, rédigée elle vers 1305, se trouve insérée, toujours aux côtés du *Livre* de Jean d'Ibelin, dans un très beau manuscrit du milieu du XIVe siècle[23] qui est probablement la rédaction officielle du code de lois décidée en 1369 lors de la minorité du roi Pierre II. Ces deux textes, le *Livre* et les *Lignages*, ont dû paraître indissociables aux hommes liges chargés de la compilation et aux copistes, comme émanant d'un même auteur.

Cette seconde version des *Lignages* est cependant bien différente de la première ; elle a été en grande partie réécrite, et réorganisée. On peut en conclure que ses objectifs, ainsi que le public visé, ne sont pas tout à fait les mêmes que dans la version précédente. Beaucoup plus longue, puisqu'elle donne 30 chapitres, moins riche de souvenirs familiaux et se contentant d'une relation beaucoup plus distanciée des faits, elle traite de familles jusque-là absentes ou simplement évoquées, dont les liens de parenté avec les Ibelin sont plus ténus, voire absents. Surtout, elle recompose complètement l'œuvre initiale pour adopter un ordre « logique » plaçant en tête les plus illustres lignages, ceux des rois, pour descendre jusqu'aux petits seigneurs et terminer par eux.

On est donc passé, en une cinquantaine d'années, d'une œuvre personnelle à une œuvre officielle, de portée générale. On peut donc dès lors affirmer qu'il n'y a pas un texte, mais des textes, voire pourquoi

23 Vaticanus Latinus 4789.

pas, un genre littéraire à part entière. Qu'est-ce qui permet de justifier, cependant, le maintien de la juxtaposition de ces deux textes, le *Livre* de Jean d'Ibelin et les *Lignages d'Outremer*, dans des manuscrits, des œuvres même, de portée si différente ?

La clé de cette énigme se trouve, nous semble-t-il, dans la mise en place de ce qu'il est convenu d'appeler la *memoria*, ce que nous avons déjà évoqué pour les Ibelin. En effet, si les *Lignages* de Jean d'Ibelin ont pu avoir une portée juridique, servir d'éclaircissement aux *Assises*, il s'agit surtout d'une œuvre de promotion familiale, fortement identitaire. Généalogie familiale, et purement familiale comme nous l'avons montré, ce texte propose une composition particulièrement originale, que ce soit par sa présentation en branches successives, l'introduction d'éléments biographiques, sa structuration en ligne descendante partant de l'ancêtre le plus ancien pour aller au plus récent, l'intégration de personnages secondaires et *de facto* sans descendance, c'est-à-dire les enfants morts en bas âge, ou encore de personnages n'ayant laissé d'autre trace dans l'Histoire que dans ce texte mais qui semblent parfois avoir joué un rôle important dans la famille[24]. Il témoigne de la volonté de mettre en avant le lignage d'Ibelin en particulier (et tout le milieu baronial en général), en montrant de quelles illustres ascendances il pouvait se prévaloir, en se dotant parfois d'ascendances mythifiées servant à rehausser le prestige familial ou à asseoir la légitimité, de manière à faire apparaître clairement aux lecteurs ou aux auditeurs le caractère naturel et indiscutable des héritiers vivants. En ce sens, les *Lignages d'Outremer*, donnant à Jean d'Ibelin et à ses proches un ensemble d'ancêtres prestigieux, un véritable lignage au sens propre, pour eux dont l'origine est plus qu'obscure (ce nom de Balian, en latin *Barisanus*, habitant de Bari, dénote sans doute une origine italienne[25]), remplissent parfaitement une fonction idéologique, bien plus que juridique. Avec la mise ici par écrit

24 Nous pensons tout particulièrement à la « dame du Genido », citée deux fois dans le manuscrit de la Biblioteca Marciana (ms. Francese 20[265], f[o] CXCI[r] et CXCII[r]), mais aussi une fois dans la version italienne des *Lignages* (Vaticanus latinus 7806A, f° 245[r]). On ignore à peu près tout d'elle, notamment son prénom et la localisation de la seigneurie du Genido.

25 Sur la question des origines de la famille d'Ibelin, voir en particulier J. Richard, « La noblesse de Terre sainte (1097-1187) », *La noblesse dans l'Europe occidentale au Moyen Âge : accès et renouvellement*, actes du colloque, Paris, 14-15 janvier 1988. Lisbonne-Paris, Fondation Calouste Gulbenkian, Centre culturel portugais, 1989, p. 321-336 ; W.-H. Rüdt de Collenberg, « Les premiers Ibelins », *Le Moyen Âge* 71 (1965), p. 433-474.

de traditions familiales, de généalogies orales, on touche au plus près à cette fonction mémorielle remplie au premier chef par les livres, ou encore les cartulaires, voire les chartes, toute la production écrite qui a une fonction quasi sacrée dans la société médiévale. Le projet de Jean d'Ibelin et de son entourage est ici sans doute d'assurer la légitimité et la promotion de sa famille, et aussi de l'inscrire dans la durée en promouvant véritablement cette *memoria*. Celle-ci, à la fois souvenir et commémoration, permet à la famille la prise de conscience de son présent, de son passé mais surtout de son avenir, que ce soit pour un individu, tel Jean d'Ibelin, ou pour son groupe familial, cercle essentiel de la mémoire.

Lors du passage, entre 1305 et 1369, à une œuvre collective, les ressorts sont également ceux-ci : promotion, souvenir, commémoration, inscription dans la durée. L'introduction des *Lignages* l'annonce même ici plus clairement : « Pour ce que memoire d'ome est defaillant...pour ce convient a metre en escrit pour savoir les choses passees[26]... ». On a ici une véritable exaltation de l'écrit et du livre. Il n'est plus seulement question ici, cependant, de la *memoria* d'une seule famille, élargie à sa parentèle, mais de celle de tout un groupe social. La *memoria*, entretenue par la mise à jour du texte des *Lignages*, assure la vitalité d'un ensemble d'individus, renforce les relations au sein du groupe et la cohésion de celui-ci.

Il convient pour mieux percevoir ces enjeux de se replacer dans le contexte des années de règne de Pierre Ier ou peu après, où l'on assiste à une véritable restauration de l'esprit des premiers croisés. On voit, sous ce règne, la renaissance de l'idée de croisade, avec les expéditions du roi lui-même, la création d'un ordre de chevalerie, l'Ordre de l'Épée[27], la remise à l'honneur d'anciens titres nobiliaires faisant la part belle aux principautés de Terre sainte perdues : comte d'Édesse, comte de Tripoli, prince d'Antioche. Ces événements s'accordent parfaitement avec la mise à jour des *Lignages*. Ce contexte historique et politique, la création ou le renouvellement de cette *memoria*, permettent également d'expliquer la réorganisation du texte, mais aussi la présence ou l'absence de certains

---

26 Vaticanus latinus 4789, f° CCLXXVIr.

27 Sur l'Ordre de l'Épée, *cf.* M.-A. Nielen, « Un fragment méconnu de la règle de l'Ordre de l'Épée ? », *Gesta Dei per Francos, Étude sur les croisades dédiées à Jean Richard*, Aldershot, Ashgate, 2001, p 145-155.

lignages. C'est la noblesse des premières croisades, celle qui est arrivée en Terre sainte et à Chypre au plus tard à l'aube du XIIIe siècle, que l'on souhaite commémorer, fière qu'elle est de son rôle dans la création et la défense des États latins, pour assurer sa pérennité à travers le temps, ou peut-être même sa survie, d'une manière un peu incantatoire à un moment où la Terre sainte elle-même est perdue depuis longtemps et où l'île de Chypre voit se multiplier les dangers.

Loin d'être un texte juridique, même s'il a pu être utilisé comme tel, les *Lignages d'Outremer*, dans leurs différentes versions, mettent en scène l'exaltation d'un groupe social bien précis, réduit à une famille au départ puis élargi à l'ensemble du groupe seigneurial par la suite, dans une volonté d'exaltation identitaire. Dresser l'état de ces grandes familles, c'était s'assurer d'en perpétuer le souvenir. Pour faire le lien avec le rôle que le texte a peut-être joué sur le plan du droit et les raisons de son insertion dans les *Assises*, nous ajouterons que ce sont les familles dont les membres siégeaient dans les cours féodales où s'écrivait le droit qui sont ici commémorées : en ce sens, les *Lignages* jouent parfaitement leur rôle, qui est de définir ce qu'ont en commun les membres d'un groupe, celui, dans ce cas précis, où s'était élaboré le droit des assises et où il se perpétuait, et dans lequel ce groupe social se reconnaît. Nous citerons, pour finir, ce mot plein de morgue du prince Raoul de Tibériade, invité par le roi Aimery, à l'aube du XIIIe siècle, à prendre la direction de la mise par écrit des coutumes et ripostant qu'il « ne fera pas son égal Raymond Antiaume ou autre subtil bourgeois[28] ». À la fin du siècle, les Antiaume sont chevaliers et on les retrouve comme tels à Chypre, mais ils n'ont pas leur place dans les *Lignages d'Outremer*.

Marie-Adélaïde NIELEN
Archives nationales, Paris

28 J. Richard, « La noblesse de Terre sainte (1097-1187) », art. cité, note 37.

CONCLUSIONS

La société, le droit et l'imaginaire dans l'Orient latin… et ailleurs

Avant d'ouvrir la réflexion sur les apports intellectuels de cet ensemble de travaux, je me fais le porte-parole des participants, qui ont unanimement souhaité remercier Jérôme Devard et Bernard Ribémont pour l'excellence du colloque qui nous a réunis : aussi bien dans la conception scientifique que dans l'organisation pratique, les organisateurs ont su nous accueillir, encadrer, animer… de la plus amicale et de la plus efficace des manières, jonglant habilement avec les impondérables pour nous faire travailler dans les conditions optimales.

Il est d'usage de revendiquer son incompétence au moment de conclure. Je ne faillirai pas à la règle, sans fausse modestie : je connais les *Assises de Jérusalem* principalement à travers les extraits republiés constamment dans les recueils de documents pour travaux dirigés, et c'est dans le cadre de ces exercices à l'usage des étudiants débutants que s'est exercée toute ma sagacité… Mais je suivrai plutôt C. Leveleux, qui a revendiqué plus habilement sa qualité « d'oeil neuf », ce qui me permet de dissimuler mon ignorance. Je dois d'autant plus remercier J. Devard de son invitation à venir synthétiser les travaux qu'il a si bien suscités. Je soupçonne d'ailleurs ce jeune docteur de maîtriser déjà les arcanes de la vie universitaire aussi bien qu'un vieux routier des amphis, puisque, se sentant tenu de solliciter son directeur de thèse tout en connaissant son incompétence sur le sujet, il m'a élégamment attribué les conclusions, confirmant ce que tout le monde pense – un peu de rhétorique pallie beaucoup d'ignorance…

Un mot d'abord sur la conception même de ces travaux. J. Devard a eu l'excellente idée de réunir des spécialistes de diverses disciplines autour d'un corpus de textes ; c'est de bonne méthode – et B. Ribémont a signalé la dynamique réellement pluri-disciplinaire du laboratoire

POLEN –, même si, finalement, ce sont les praticiens qui se différencient plus nettement que les approches elles-mêmes, à cause de l'organisation administrative de la recherche et de sa force d'inertie. Ainsi, je ne suis pas sûr que la distinction, au sein de l'approche « historienne » *stricto sensu*, entre les aspects « politiques » et les aspects « sociaux » soit très nette, même si la résolution des conflits éclaire plus particulièrement la conflictualité, qui est au cœur du fonctionnement sociologique des hommes ; contre la tradition des « sciences politiques », il me semble que l'exercice de l'autorité constitue une forme particulière du lien social, certes plus fortement institutionnalisée et théorisée, mais pas totalement spécifique. De même, les approches littéraires sont fortement tournées vers les « représentations », qui sont plus immédiatement appréhensibles dans l'ordre du discours, mais les contributions dans ce domaine se distinguent avant tout parce qu'elles ont pris pour objets des textes plus séduisants dans leur forme que les coutumiers, ainsi que la manière dont ces textes sont composés – et on peut d'ailleurs regretter que les textes normatifs eux-mêmes ne fassent pas l'objet d'une analyse littéraire plus systématique, qui nous serait utile au plus haut point. Sauf à être victime du *linguistic turn*, ces représentations mentales sont partie intégrante (et non pas un contrepoint) de la « réalité » du passé, dans la mesure où elle nous est accessible. D'ailleurs, les juristes présents parmi nous se sont intéressés aussi bien à la tradition textuelle qu'aux pratiques sociales (notamment la résolution des conflits) et aux institutions présentes non seulement dans les coutumiers mais aussi dans des textes moins spécifiquement juridiques (« juristiques », si j'ose dire).

Il est heureux aussi que les sources complexes (et même les plus simples) soient polysémiques et puissent donc faire l'objet d'approches variées, y compris par des disciplines académiquement différenciées. La dimension mémorielle, en particulier, est présente dans tout écrit, ce qui a permis à J. Le Goff de développer son théorème du document « monument » – pour ma part, je dirais plutôt, pour éviter la focalisation sur les intentions de l'auteur, que tout document est un « instrument » entre les mains mêmes de ceux qui le produisent, mais aussi et surtout de ceux qui l'utilisent. Grâce à une analyse codicologique minutieuse (car tout historien sait bien que le Diable est dans les détails), M.-A. Nielen montre bien comment la diversité des fonctions d'un texte s'accompagne d'une pluralité des versions, surtout quand il s'agit de textes constamment remaniés et compilés ; c'est ainsi qu'un texte « purement » généalogique, donc à dimension *a priori* mémorielle, comme les *Lignages d'Outre-mer* s'intègre dans un corpus plutôt normatif, et ce dès l'origine, dans les manuscrits qui réunissent ces *Lignages* au *Livre de Jean d'Ibelin*. On est là au cœur du débat, soulevé plusieurs fois par les participants, sur la typologie des sources, dont il apparaît de plus en plus clairement qu'elle doit être non pas abolie mais enrichie par la prise en compte de l'*usage* des sources – et l'hypothèse d'une paternité commune des œuvres, dans ce cas, ne change pas fondamentalement le problème du rapport entre forme et fonction. Allant au-delà de la stratigraphie complexe des compilations coutumières, plusieurs contributions (A. Bishop, D. Heirbaut[1], F. Besson…) ont montré, grâce à une contextualisation très fine, que les Assises et les textes du même genre sont bien des instruments, et qu'il y a au moins autant de sens à *rassembler* des normes qu'à les produire.

Globalement, le sujet de ce colloque était le droit féodal, ou, plus exactement, le fonctionnement de la norme en contexte féodal. Je n'ai pas besoin de rappeler à quel point cette notion de féodalité, élaborée au XVIIIe siècle par des juristes, a été débattue et triturée en tous sens par les historiens[2] – qui seraient bien inspirés de lire les sources littéraires pour sortir des catégories institutionnelles qui marquent encore notre réflexion. On ne sait plus exactement de quoi on parle quand on évoque un « système féodal » – et je préfère à tout prendre le *féodalisme* marxiste, qui a clairement la vertu heuristique d'un modèle, à laquelle ne peut prétendre la féodalité. À cet égard, C. Leveleux, en historienne juriste, déplace très utilement le problème depuis le contexte social féodal vers la nature du droit, en se concentrant sur la réflexion de Jean d'Ibelin et en prenant en compte le contexte proprement juridique, c'est-à-dire l'évolution majeure que connaît alors la pratique juridique, depuis la procédure accusatoire (associée au pouvoir féodal) vers la procédure inquisitoire : le traité du juriste aurait aussi une fonction mémorielle, ce serait un monument élevé à une forme juridique en voie de disparition.

1 Malheureusement, la communication de Dirk Heirbaut, relative à un coutumier méconnu de l'historiographie française, le « Miroir des Saxons » (*Sachsenspiegel*), n'a pas pu être intégrée dans ce volume, mais nous y ferons allusion dans ces conclusions, pour ce qu'elle a apporté à la réflexion collective que je tente de résumer ici.

2 Malgré sa conception un peu trop « politiste », l'introduction de *Les féodalités*, Paris, Presses Universitaires de France, 1998, p. 3-12 offre un bon panorama de ces débats.

Même si les historiens accusent les juristes d'avoir sclérosé ce thème[3], il faut bien reconnaître que les spécialistes, en France, ne se bousculent pas dans l'étude de la féodalité d'Outre-mer, que les juristes eux-mêmes ont fini par abandonner ; par exemple, M. Greilsammer signale que l'étude précédant immédiatement la sienne date de 1910, et elle montre à quel point l'historiographie a évolué, aussi bien du côté des juristes historiens que de ceux que j'oserai qualifier d'historiens sociologues. Il est vrai que le droit féodal est un objet particulièrement incommode : les sources sont disparates et trompeuses (c'est le cas des coutumiers), on a du mal à cerner de véritables *jurisperiti* dans les cours – ceux que D. Heirbaut est obligé de qualifier de « semi-professionnels » du droit –, et l'intensité même des liens d'homme à homme rend très faible la représentativité des données (soit ponctuelles, dans les chartes, soit rassemblées, dans les traités, soit synthétisées, dans les lois) ; cela permet aux historiens de puiser dans ce matériau une collection de cas sans s'interroger sur la logique globale du système normatif.

Le choix de remettre en lumière un des grands monuments issus de ce contexte est donc heureux, même s'il rajoute plusieurs difficultés : la complexité d'une situation coloniale – qui pis est marquée par des conflits lourds entre grandes puissances régionales, les fameuses Croisades – et la faiblesse de la documentation de la pratique conservée pour l'Orient latin, laquelle interdit d'employer la méthode traditionnelle de croisement des sources normatives et pratiques. C'est donc tout naturellement – mais habilement et audacieusement, car ce n'est guère fréquent – que J. Devard propose de croiser une source législative et mémorielle avec des textes « littéraires » issus de l'imaginaire féodal « oriental ».

Commençons donc ces conclusions par le plat de résistance qui nous a été proposé par les organisateurs : les *Assises de Jérusalem*. Les concepteurs de cette rencontre ont parfaitement saisi l'intérêt de ces documents en les proposant à la sagacité à la fois des historiens, des juristes et des littéraires : les rapports sociaux concrets y sont présents en filigrane, la norme naît du conflit, et l'imaginaire des féodaux imprègne les situations évoquées – ainsi Jean d'Ibelin se complaisant dans le rituel de la bataille judiciaire, d'après M. Bonnaud. Autant dire que la *justice*,

3 *Cf.* par exemple le compte-rendu, par J. Demade, de l'ouvrage précédemment signalé dans *Annales, Histoire, Sciences sociales*, vol. 57, n° 5, 2002, p. 1209-1212.

dont les diverses cours du royaume de Jérusalem ont fourni les normes compilées dans les Assises, était au cœur de notre réflexion. Et elle l'était d'autant plus que le contexte est féodal ; comme le rappelle F. Besson, au contraire d'une justice souveraine unilatérale et descendante, relevant de la majesté et de la grâce, il s'agit plus d'apaiser les tensions et d'organiser la répartition du pouvoir que d'appliquer des principes intangibles – en d'autres termes, le tribunal est le théâtre de pratiques empiriques, certes rigoureuses et servant de références, et beaucoup moins de la mise en œuvre d'une idéologie.

Les sources écrites pratiques rédigées dans l'Orient latin sont en général, on l'a dit, très mal conservées, pour des raisons historiques (la disparition des institutions latines de ces régions), mais peut-être aussi pour des raisons mémorielles moins bien connues (le désir d'oublier une aventure malheureuse ?). En effet, la thèse d'une disparition physique des parchemins lors des événements violents est un peu facile, et c'est celle qui prévaut pour les fameuses *Lettres du St Sépulcre* lors de la prise de Jérusalem par Saladin en 1187. Passe pour des chartriers, mais des textes très référentiels, copiés généralement en de multiples exemplaires, sont rarement détruits en totalité et d'un seul coup ; c'est au moins autant l'incapacité postérieure des Latins à reprendre pied au Proche Orient qui a provoqué la disparition, à terme, d'écrits devenus sans utilité pour leurs gardiens (titres de propriété, registres administratifs). Comme le signale A. Djelida, l'adoption de la culture administrative orientale, en Terre Sainte comme en Sicile, engendre une documentation de type cadastral, mais, si l'on conserve le *catalogus baronum* normand pour l'Italie du sud (copié pour lui-même dans les registres angevins), son équivalent hiérosolymitain a disparu – il n'en subsiste que quelques notices insérées dans le livre de Jean d'Ibelin.

Ce qui a été soigneusement conservé, en revanche, ce sont les *gesta* rappelant les hauts faits des Francs – qui nous sont parvenus parce que leur fonction mémorielle allait très au-delà des seuls acteurs – et les écrits savants rédigés par les colons latins de Terre Sainte ayant gardé une utilité pratique (y compris comme des références abstraites). En ce qui concerne les compilations normatives, elles ont eu deux usages postérieurs principaux, d'ailleurs intimement liés, qui expliquent leur transmission : d'une part, les acteurs politiques les ont utilisées pour défendre leur pouvoir et leur conception de l'ordre social – j'y reviendrai –, d'autre part, les juristes, souvent au service des seigneurs – quand ils ne l'étaient pas eux-mêmes, comme Jean d'Ibelin –, y ont puisé des références, dans la perspective de traités doctrinaux (cas du livre de Jean d'Ibelin) et de manuels de procédure (cas du *Livre de forme de plait* de Philippe de Novare), ce qui explique leur usage postérieur plus ou moins intensif, principalement à Chypre.

On me pardonnera de signaler une telle banalité, mais ce genre de compilations réalisées par des juristes propose, au moins en filigrane, un *système* juridique, donc un idéal, même s'il est fondé sur une série de cas concrets ; P. Edbury n'hésite pas à parler de « système », et montre qu'un ensemble de coutumes disparates, voire contradictoires, peut être unifié par la procédure et déboucher sur un « esprit des lois » commun. Certes, M. Balard a rappelé, dans sa très complète introduction historiographique, que les textes des Assises parvenus jusqu'à nous sont le fruit d'un bricolage quelque peu chaotique, et qui relève plus de la glose que de la doctrine, en tout cas sans aucun caractère officiel ; surtout, M. Balard nous montre que caractériser uniformément un ensemble de traités disparate est très imprudent. L'origine, la tradition et la fonction de ces écrits restent l'objet de vives discussions, mais on peut penser que la patte des jurisconsultes du XIIIe siècle, imbus de codification, suffit à provoquer une certaine monumentalisation de ces œuvres, visant plus la mémoire et la référence que la restitution directe et exhaustive de rapports sociaux – c'est particulièrement le cas du *Livre au roi*, que l'on peut considérer comme un traité assez systématique, à l'inverse des *Assises* (dans ce cas bien mal nommées) *de la Cour des Bourgeois*, qui se rapprochent plus du « record » de coutumes –, sans qu'il faille négliger pour autant le tri et l'organisation réalisés par leur(s) compilateur(s).

À titre personnel, je regrette que ce dernier livre d'Assises n'ait été abordé que par A. Bishop, car, pour l'historien des sociétés, qui essaie d'atteindre la totalité des hommes, c'est le recueil le plus riche, comme nous le montrent très clairement les statistiques élaborées par M. Balard sur l'ensemble des « livres » composant notre corpus principal ; c'est là notamment qu'est formalisée une dimension essentielle de notre réflexion, ce que les historiens contemporanéistes appellent la « situation coloniale », c'est-à-dire les rapports entre immigrés et indigènes. N'oublions pas que ces fiefs, dont nous avons beaucoup parlé dans la perspective de la société politique des Latins, sont composés de biens et de revenus mis en valeur ou produits par les indigènes. Si les compilations normatives des Croisés – et même, dans une moindre mesure, les chroniques et les fictions relatives aux Croisades – excluent un pan immense de la réalité sociale (et notamment économique) pour se concentrer sur un milieu aristocratique quelque peu « hors sol », éludant le contexte géostratégique et culturel très particulier de l'Orient latin, cela nous autorise au moins à élargir nos réflexions à l'ensemble de l'Occident féodal, en ce qui concerne le rôle de la norme et l'imaginaire chevaleresque, comme nous l'avons suggéré par la boutade contenue dans le titre de cette synthèse conclusive.

Le rôle de la référence, particulièrement en matière juridique, pose le problème du *réalisme* social. Atteignons-nous des pratiques sociales effectives en décortiquant le corpus de sources qui a été soumis à la sagacité des auteurs ?

D'abord, les énonciations et surtout les codifications antérieures offrent des modèles ou plus exactement des *figures* (ce qui nous ramène à l'approche littéraire), figures que le juriste essaie d'introduire dans son corpus et de faire appliquer en justice, éventuellement aux dépens de pratiques en vigueur, accentuant la distance entre la norme du juge et l'infra-justice. Ensuite, les juristes, dans leurs écrits, s'adressent largement à d'autres juristes et visent plus la virtuosité ou au moins la technicité que l'efficacité – rappelons-nous *les Plaideurs* de Racine et leur passion pour la chicane… Enfin, et c'est là le plus important, la norme est au service du pouvoir ; on ne peut pas parler vraiment d'instrumentalisation, puisque, en monarchie, le prince ou une assemblée de seigneurs a toute légitimité à dire le droit, mais au moins peut-on dire que le travail des cours de justice, en tant que tribunaux, est largement utilisé par les *curiales* pour fonder et théoriser l'autorité des dirigeants. Les contributions qui étudient de près le texte même des Assises, et particulièrement celle de F. Besson, sont unanimes à relever que le *Livre au roi* porte bien son nom – c'est un manifeste pour le pouvoir monarchique –, alors que les autres expriment les ambitions des féodaux. Je n'ai pas grands mérite ni originalité à souligner que les textes législatifs éclairent l'idéologie politique et l'exercice du pouvoir !

Mais, même à travers une étude très technique de la lettre même des textes, comme celle que nous livre A. Bishop, on bute sur des problèmes socio-culturels passionnants et on ne peut plus concrets ; le droit étant une mise en ordre du monde, la *formulation* même des problèmes est essentielle, et cette formulation renvoie à des traditions textuelles portées par des milieux culturels caractérisés par leur appartenance ethnique et leur position sociale. Certes, dans les *Assises de la Cour des bourgeois*, même dans les citations manifestes, l'interpénétration entre Écriture sainte, corpus canonique et tradition romaniste interdit de retracer des cheminements textuels précis ; ce n'est que par leur usage qu'on peut considérer les droits canonique et civil comme nettement distincts, et il est évident qu'ils ont bu aux mêmes sources antiques, pratiquant ce que nos collègues littéraires appellent l'intertextualité. Mais cette confusion même révèle la vie sociale de la norme. Surtout, l'adaptation des lois romaines, comme la *lex Aquilia* sur les esclaves, semble renvoyer à un contexte social précis – comme la réduction en esclavage des débiteurs chez Jean d'Ibelin, évoquée par M. Bonnaud. D'ailleurs, ce contexte colonial donne lieu à des solutions identiques en Péninsule ibérique, où les normes relatives aux musulmans sont également inspirées par les législations antérieures sur les juifs – et on peut se demander s'il y a là pure coïncidence ou circulation entre juristes. En tout cas, le rapport entre la lettre et l'esprit du droit se trouve bien posé dans le refus du témoignage des indigènes : est-ce parce qu'ils sont esclaves, selon la lettre du corpus justinien, ou parce que qu'ils sont infidèles, selon l'esprit du droit canonique ?

Ces indigènes, presque absents dans la majorité des Assises, on les retrouve dans l'*Historia orientalis* de J. de Vitry, mais on ne peut pas en faire une analyse sociale, car le propos de l'auteur n'est pas réaliste mais idéologique, comme l'a bien montré M.-G. Grossel. Pour caricaturer les limites du croisement des sources et les cloisons typologiques, on peut dire que, dans le genre chronistique, on trouve une image idéale de la religion musulmane, alors que les normes compilées par les juristes devraient nous fournir plutôt des données sociales.

De son côté, M. Greilsammer suggère – comme F. Besson, mais à travers une situation sociale précise – que la sélection des normes relatives au mariage par les compilateurs a une signification politique majeure ; dans une société féodalisée, tout ce qui concerne l'aristocratie est affaire de pouvoir, et les rapports familiaux *sont* les rapports de pouvoir – J. Devard a écrit plus de 1 000 pages à ce sujet[4], et j'ai même dû

4 J. Devard, *Parenté et pouvoir(s) dans la* Matière de France *et le* Roman de Renart. *Approche socio-juridique de la représentation familiale aux* XIIe-XIIIe *siècles*, Université de Poitiers, 2014 (thèse inédite).

les lire attentivement... Dans les principautés des Croisés, la dévolution du fief est un enjeu majeur, parce que le fief fonde le service armé, plus rigoureusement qu'ailleurs ; or, plus que les féodaux, c'est le prince qui a le souci d'entretenir une armée efficace – et ceci dans un but sacré, qui est, comme le signale M.-G. Grossel, la défense d'une Terre Sainte. Le rôle des femmes dans la transmission héréditaire du fief est donc un véritable enjeu entre le roi et l'aristocratie. Une fois encore, les statistiques fournies par M. Balard nous montrent que les problèmes du fief et du service vassalique sont les seuls objets véritablement communs entre le *Livre au roi* et les autres grands traités ; on est là au cœur des rapports de pouvoir entre le prince et l'aristocratie. Cela dit, le problème du mariage nous ramène dans l'atelier du juriste, c'est aussi une affaire de droit savant, à cause de l'intromission de l'Église dans les affaires familiales ; on voit bien que le droit canon est instrumentalisé de diverses manières par les élites, tendanciellement contre tout ce qui peut troubler l'ordre social. Cet « ordre » consiste précisément dans les intérêts de ceux qui parlent, à savoir la domination sociale de l'aristocratie laïque – dont les rois de Jérusalem peuvent remettre en cause les modalités mais jamais le bien-fondé. Et cette organisation sociale s'articule étroitement avec une orientation patriarcale, dont M. Greilsammer ne manque pas de dénoncer la misogynie.

Ce sont là des portes étroites, qui imposent à l'historien d'éclairer des mentions allusives et décontextualisées au moyen d'un énorme bagage extérieur.

Globalement, les Assises nous fournissent plutôt l'image d'une société politique fictive, fantasmée, idéalisée par les auteurs mêmes des compilations, comme le signalent P. Edbury et M. Balard ; ces juristes réécrivent l'histoire institutionnelle d'une « terre sans roi ». Mais c'est une image plausible et non pas irréaliste, car le règlement des conflits, qui focalise ces écrits, est aussi bien au cœur de la vie des sociétés – sans qu'il faille d'ailleurs y voir une omniprésence effective de la violence, puisqu'il y a d'évidents effets de source dans ces textes. Nous ne sommes pas ici dans ces œuvres extrêmement abstraites et spéculatives qui pensent le monde sans l'évoquer.

Des diverses études consacrées plus spécifiquement aux normes énoncées ou évoquées dans ce corpus, il ressort quelques traits assez nets.

D'abord, les coutumes présentes dans les Assises sont relativement archaïques, telles que le duel judiciaire chevaleresque analysé par M. Bonnaud. Bien sûr, cet archaïsme s'explique par le phénomène même de compilation (une récapitulation, d'autant plus nécessaire ici qu'il s'agit de principautés en voie de disparition à partir du milieu du XIIIe siècle) ; mais il se peut que la société latine transplantée en Orient présente effectivement, comme toutes les sociétés coloniales, une tendance au conservatisme, liée à la position obsidionale des minorités immigrées au pouvoir : dans un but de défense culturelle, les colons cultivent fortement leur identité, laquelle réside dans la tradition.

Ensuite, au cœur de ces textes se trouve le jeu complexe entre l'aristocratie et la monarchie. Ce problème d'histoire socio-politique a focalisé une bonne partie des contributions qui précèdent, soit pour lui-même, soit en arrière-fond. Bien sûr, on sait que les princes, en Occident, finiront par domestiquer la noblesse laïque, et on a tendance, de façon quelque peu téléologique, à chercher l'explication de cette victoire dans les fondements mêmes de ces deux entités. L'aristocratie a contre elle de ne jamais réussir à s'unir – comme dans les films américains, les méchants finissent par perdre, car ils sont méchants entre eux. Mais la monarchie souffre de la discontinuité des règnes et des dynasties, particulièrement prononcée dans l'Orient latin, avec le cas bien connu de la véritable lutte des Atrides pour la succession de Baudouin IV[5]. À l'époque et dans les contextes géostratégiques où l'institution féodo-vassalique joue à plein, les institutions destinées à pérenniser, voire à développer, l'autorité monarchique ne font pas encore le poids. Mais rien n'est déterminé, rien n'est linéaire : l'autorité des princes de Terre Sainte au XIIe siècle contraste avec leur faiblesse au XIIIe, alors que, en Occident, l'évolution serait plutôt inverse – sans oublier que, au XIVe siècle, les aristocraties de diverses monarchies ont parfois repris la main, sous la forme plus discrète d'une « féodalisation rampante ». De toute manière, cette conception agonistique des rapports de pouvoir doit être nuancée ; au-delà du dogme de la compétition, érigée en ressort dominant des sociétés actuelles (et jusque chez nos collègues alto-médiévistes qui y ont consacré un programme de recherche[6]), C. Leveleux nous rappelle que

5 On n'est pas étonné que le cinéma hollywoodien ait réalisé son plus spectaculaire film de Croisades, *Kingdom of Heaven*, autour de cette histoire !

6 Voir le programme européen « La compétition dans les sociétés du haut Moyen Âge (VIe-XIe siècles) » à l'adresse *www.medieval-competition.eu/*

les coutumiers issus de ces rapports conflictuels visent un *équilibre* social, notamment en accordant une large place au seigneur dans la procédure ; à l'inverse, le *Livre au roi* entérine l'extension du pouvoir judiciaire des barons, si l'on suit A. Djelida. On a donc peut-être tort de présenter, comme on le fait généralement, les diverses versions des Assises comme les armes d'une véritable lutte. Au prétoire, le combat est de parole, à fleuret moucheté.

À peu près dans le même sens, il ressort de la contribution de F. Besson que les monarques hiérosolymitains ne manquent pas d'ambitions politiques et s'appuient, comme les autres rois, sur leur fonction de justicier – sans toutefois en revendiquer le monopole – et plus encore sur la mise en scène de cette fonction (fondamentalement à travers la procédure) pour asseoir leurs prétentions à contrôler l'ensemble de la société. Dans la mesure où le vrai roi est le garant des normes et s'y soumet lui-même (un vrai roi féodal), il n'est pas impossible, même et surtout au XIIe siècle, d'être pleinement roi là où le Christ est mort, contrairement à la thèse de notre collègue E. Crouzet-Pavan[7]. Ainsi, dans le *Livre au roi*, qui exprime un projet absolutiste, l'autorité royale est étendue à l'ensemble des sujets, par-delà les catégories sociales et même ethniques – et là encore, il est tentant de faire le parallèle avec Alphonse VI de Castille qui, à la suite de la conquête de Tolède, prend le titre « d'empereur des trois religions[8] ». Bien sûr, il s'agit d'un absolutisme social et non pas politique : la volonté du prince n'est pas la seule loi, et les rois de Jérusalem, même au XIIe siècle, ne peuvent pas, entourés qu'ils sont de contre-pouvoirs, invoquer les jurisconsultes romains – autrement dit, le droit romain peut inspirer le règlement de cas précis mais non pas le statut du prince.

Frédéric II n'aura pas la même prudence envers son aristocratie hiérosolymitaine. En effet, on oublie trop – et J. Devard le rappelle dans son étude sur Godefroy de Bouillon – que les troupes de la première Croisade ne comptent aucun roi dans leurs rangs, au moment décisif où sont fondées les principautés d'Orient ; c'est une chance pour ces dynasties orientales, qui tirent leur légitimité d'elles-mêmes et non pas de la possession antérieure d'un autre trône (cas de Frédéric II). C'est une légitimité très forte idéologiquement (la victoire et la conquête du

---

7 E. Crouzet Pavan, *Le mystère des rois de Jérusalem 1099-1187*, Paris, Albin Michel, 2013.

8 *Cf.* H. Sirantoine, Imperator Hispaniae. *Les idéologies impériales dans le royaume de León (IX-XII siècles)*, Madrid, Casa de Velázquez, 2012.

territoire que l'on gouverne) mais institutionnellement ambiguë, au point que la *Chanson de Jérusalem* préfère gommer l'élection de Godefroy par ses pairs au profit d'une élection divine. Dans ce cas, la propagande, au-delà de son objectif de mythification, renvoie à des enjeux de pouvoir bien concrets.

Cette rencontre propose aussi un beau sujet d'histoire des transferts culturels, non pas ceux, à la mode parce que politiquement corrects, entre Latins et orientaux, mais ceux entre régions de départ et régions colonisées, qui sont particulièrement abordés par M. Bonnaud et A. Bishop. La chevalerie franque installée en Orient prend contact avec un monde exotique, et elle en est incontestablement influencée dans certains domaines culturels, mais elle n'oublie pas ses origines et entretient d'étroites relations avec l'Occident latin ; suivant la critique faite par R. Boutruche à la thèse d'une féodalité de Terre Sainte « à l'état pur[9] », certaines communications ont non seulement montré les glissements juridiques de la métropole vers les colonies (même si ce vocabulaire est ambigu pour des royaumes politiquement indépendants mais non pas culturellement isolés), mais elles ont suggéré aussi des contaminations en sens inverse. La féodalité de Terre Sainte nous apparaît, dans les textes qui en sont issus, comme un modèle idéal, et elle a pu inspirer non seulement des juristes, à travers une circulation de textes, mais aussi des romanciers résidant en Europe : dans les matières de Bretagne et de France, l'image, totalement anachronique après 1250, d'un roi simple suzerain en chef a pu être entretenue, à travers des témoignages directs de voyageurs sur la faiblesse des rois d'Acre, et elle a même pu être réactivée ensuite par la lecture des Assises de Terre Sainte favorables aux lignages nobles.

Mais l'analyse des transferts ne résume pas toute l'histoire culturelle, d'autant que la marge d'incertitude est grande dans la traçabilité des textes médiévaux et plus encore des pratiques sociales ; une autre méthode fructueuse est l'établissement de parallèles entre des sources qui ne se recoupent pas ou entre des situations qui ne s'expliquent pas l'une par l'autre Je veux parler de l'histoire comparée, qui a été représentée ici particulièrement dans les contributions d'A. Djelida et D. Heirbaut ; de ce point de vue, d'ailleurs, les juristes, grâce à leur approche « littéraire »

9 R. Boutruche, *Seigneurie et féodalité* [2] *L'apogée (XIe-XIIIe siècles)*, Paris, Aubier, 1970, p. 342-353.

des sources et à leur souci de modéliser le réel, ont été plus hardis que les historiens, puisque les *Recueils de la Société Jean Bodin pour l'histoire comparative des institutions* sont publiés depuis 1936, et que des volumes « juridistes » plus ou moins récents continuent à jalonner, sur le thème de la féodalité, le chemin du comparatisme dédaigné par les historiens[10].

A. Djelida a résolu de confronter deux féodalités d'importation, en Sicile et en Syrie : la chronologie concorde, et le fond ethnique et culturel, complexe mais également marqué par la culture arabo-islamique, est identique ; en outre, il s'agit dans les deux cas de royaumes politiquement indépendants par rapport à la région d'origine de leurs fondateurs. Cette convergence rend d'autant plus sensible la divergence des solutions politiques, avec le choix de privilégier la notion « républicaine » chez les Normands en Sicile (mais aussi, dans une moindre mesure, dans la principauté d'Antioche) et la multiplication des liens personnels, à la manière carolingienne, chez les Francs de Terre Sainte, aux dépens du contrôle des fiefs. Cette méthode comparatiste révèle donc le poids des traditions culturelles des colons, plus que du milieu d'accueil. Toutefois, on peut se demander si la documentation orientale, biaisée par le poids des textes normatifs et narratifs, permet une véritable comparaison – et on peut regretter, du coup, que le programme de ce colloque n'ait pas pu nous offrir de parallèle entre les principautés latines elles-mêmes, notamment entre celles de Jérusalem et Antioche… Ce pourrait être l'objet d'une autre rencontre.

Le parallèle, proposé surtout par D. Heirbaut et M. Bonnaud, entre les Assises et d'autres compilations coutumières contemporaines est lui aussi éclairant : le comparatisme, comme l'interdisciplinarité, permet à la lumière de venir de l'extérieur. Au-delà de l'infinie diversité, sémantique et formelle, des énoncés normatifs, c'est une logique politique convergente qui semble présider à la rédaction du *Miroir des Saxons* et à celle des Assises les plus savantes : une « défense et illustration » des droits des vassaux contre ceux des suzerains, mais avec des nuances parfois sensibles selon les versions, nuances qui peuvent correspondre aux différents usages de ces textes par les praticiens du droit. Les spécialistes des textes « littéraires », narratifs ou fictionnels, connaissent bien ce problème de la réception des œuvres (ce qu'ils appellent très

10 L'ouvrage cité dans la note 2, qui adopte une approche résolument juridique et institutionnelle, offre un effort notable de ce point de vue.

judicieusement « l'horizon d'attente »), et nous aurions intérêt à leur emprunter cette préoccupation, si nous voulons faire de nos documents autre chose que des « monuments ».

Les sources normatives, surtout quand elles sont systématiques, ne suffisent jamais à la curiosité sociologique de l'historien ; il était donc judicieux, comme on l'a dit, de recouper l'image de la société latine de Terre Sainte donnée par les Assises avec celle fournie par d'autres sources. Outre le fait que ces « autres sources » ne sont pas légion, la présence de nos collègues spécialistes de littérature médiévale a orienté cette ouverture vers des beaux textes qui se caractérisent par leur qualité esthétique et morale. Par ignorance, j'aurai tendance à regrouper les études fondées sur ces sources, mais il faut souligner qu'elles sont tout à fait convergentes avec celles émanant d'autres spécialistes, étant donné que l'aristocratie occupe le devant de la scène dans toutes ces sources. D'ailleurs, si les œuvres narratives et fictionnelles s'éloignent formellement des sources normatives, signalons, comme l'a fait M. Greilsammer dans une discussion, que toutes sont des instruments de propagande, identiquement partiales – malgré l'objectivité que l'on a tendance à attribuer aux sources juridiques.

Ces « beaux textes », répétons-le, peuvent être étudiés dans ce qu'ils nous offrent de plus évident, un imaginaire. C'est ce que fait M.-G. Grossel, dont l'approche lexicale nous montre que, dans ces sociétés nées d'un projet religieux, l'écriture de l'histoire, en l'occurrence l'*Historia orientalis* de Jacques de Vitry, doit concilier, encore plus qu'ailleurs, l'histoire sainte et l'héroïsme païen des féodaux – j'ai rencontré les mêmes ficelles narratives dans un récit portugais beaucoup plus bref, celui de la bataille du Salado, mais qui vise lui aussi la même fusion de l'idéal de Croisade et des valeurs chevaleresques[11] : anonymat des combattants, mise en avant du prince, usage de notions ambivalentes (la « foi » dans l'*Historia orientalis*, le « service » dans le texte portugais, qui est plus tardif). L'auteur dépeint une société féodale idéalisée parce que à la fois synthétisée et disparue. Même si Jacques de Vitry, qui est un religieux, met forcément l'accent sur les dimensions éthique et

11 S. Boissellier, « Ideologia da guerra ou ideologia dos guerreiros ? Mais algumas interpretações do relato da batalha do Salado (1340) no *Livro de Linhagens* do Conde Dom Pedro », *Revista Diálogos Mediterrânicos*, 7 (2015), p. 84-103.

providentialiste des actions humaines, en se plaçant évidemment dans la tradition de l'*Histoire ecclésiastique* d'Eusèbe de Césarée, il entrevoit le problème essentiel qui s'est posé dans toute société féodale : l'ordre des combattants, qui a une fonction sociale décisive, est incapable de constituer un corps uni (une *militia*) et ne peut, de ce fait, remplir les hautes missions que lui assigne l'Église (la paix, la propagation de la foi, la défense d'une terre sacrée). Les Assises, tout en défendant cette classe aristocratique, donnent la même image de compétition interne, phénomène qui fait le lit de l'autorité royale, efficace parce qu'unique, comme on le voit clairement dans le *Livre au roi*.

Mais, comme je le disais plus tôt à propos des frontières disciplinaires, personne n'est propriétaire de ses sources, et les spécialistes des différentes disciplines ont navigué sans vergogne entre les divers types d'écrits. J. Devard, juriste spécialiste de la parenté, nous livre, sur la base de textes fictionnels, une contribution éclairante sur la culture et sur les pratiques politiques de l'élite chevaleresque : la mythification de Godefroy de Bouillon, personnage plutôt falot et en tout cas éphémère, est une instrumentalisation qui utilise à fond le mythe des origines ; c'est parce qu'il est le premier, le fondateur, de la principauté de Jérusalem qu'on le pare d'une extraction surnaturelle et qu'on lui attribue le corpus politique fondateur de l'ordre social (un ordre monarchique, bien sûr), les fameuses « Lettres du Saint Sépulcre » – et je me permets de signaler, là encore pour tirer la couverture à moi, qu'on trouve plusieurs cas d'origines féeriques de fondateurs de grandes familles dans les « livres de lignages » portugais[12].

Autre cas d'utilisation de sources non normatives : dans sa conférence magistrale, le Prof. Edbury, éminent connaisseur des *Assises*, est allé chercher dans un texte narratif, la chronique dite d'Amadi, des données sur le conflit pour le trône à Chypre au début du XIVe siècle, données qui éclairent la façon dont le corpus législatif semble rester en usage, et ce d'autant mieux que l'auteur de cette chronique semble être un praticien du droit. À l'inverse, un texte normatif peut constituer la clé de compréhension d'événements politiques précis – et non pas seulement du jeu politique global, ce qui est bien connu. À travers l'étude minutieuse

12 *Livro de linhagens do Conde D. Pedro*, éd. J. Mattoso, Lisbonne, Academia das Ciências de Lisboa, 1980 ; quelques uns de ces récits sont traduits en français dans *Récits mythiques du Moyen Âge portugais. Anthologie*, trad. Irene Freire Nunes e.a., Grenoble, Ellug, 2008.

de quelques cas, le recoupement de ces deux types de sources éclaire le fonctionnement concret de la norme, même si les procédures évoquées dans un texte narratif ne sont pas forcément les plus représentatives, notamment à cause du contexte politique des années 1307-1310 à Chypre ; c'est le cas des duels judiciaires (déjà évoqués par M. Bonnaud) et des condamnations à mort appliqués aux chevaliers. Cela confirme que l'on est bien dans un contexte où les conflits se résolvent à la manière féodale : dans le système juridique en vigueur dans les Assises – et pas seulement dans les contextes troublés –, les normes sont des références, par rapport auxquelles le « juge » positionne son jugement ; autrement dit, elles sont faites aussi pour ne pas être appliquées. Et on touche là peut-être la limite d'une étude (sociale) de ces textes pour eux-mêmes.

Finalement nous avons très bien fait notre métier : nous sommes revenus aux sources, nous nous sommes intensément interrogés sur leur nature, leurs objectifs ; je ne suis pas sûr que nos idées en soient plus claires, mais nous avançons plus prudemment et quand même plus sûrement. C'était un exercice de typologie, et le croisement disciplinaire nous a fait énormément progresser. Nous avons observé que les frontières disciplinaires sont floues ; c'est devenu un lieu commun de le dire, mais quand on constate l'ignorance mutuelle qui, au-delà des déclarations d'intention, persiste entre des disciplines pourtant parallèles et convergentes, on ne peut que se réjouir de la façon dont la sauce a « pris » au cours de ce colloque, et s'attrister que cela n'arrive pas plus souvent. Il y a certes des « spécialistes », mais ils sont capables d'aller au-delà de leur spécialité, et c'est tant mieux.

Stéphane BOISSELLIER
Université de Poitiers – CESCM

BIBLIOGRAPHIE

ALBERT D'AIX, *Histoire des faits et gestes dans les régions d'Outre-mer*, Paris, 1824.

ALEXANDRE DE TELESE, *Ystoria Rogerii regis Sicilie, Calabrie atque Apulie*, éd. L. De Nava et D. Clementi, Rome, Istituto storico italiano per il medio evo, 1991.

ALEXIS COMNÈNE, *Alexiade*, trad. fr. B. Leib, Paris, Les Belles Lettres, 1945.

Assises d'Ariano, éd. F. Brandileone, *Il diritto romano nelle leggi normanne e sveve del Regno di Sicilia*, Rome, 1884.

Assises de Jérusalem ou recueil des ouvrages de jurisprudence composés pendant le XIIIe siècle dans les royaumes de Jérusalem et de Chypre, éd. A.-A. Beugnot, Paris, Imprimerie royale, 1841.

Assises du Royaume de Jérusalem (textes français et italien) (Les), vol. 1, part. 1 : *Assises des Bourgeois*, éd. V. Foucher, Rennes, Blin, 1839.

Assizes of the Lusignan Kingdom of Cyprus (The), éd. N. Coureas, Nicosia, Cyprus Research Centre, 2002.

AUBÉ, Pierre, *Godefroy de Bouillon*, Paris, Fayard, 1985.

BALARD, Michel, *Croisades et orient latin (XIe-XIVe siècles)*, Paris, A. Colin, 2001.

BISHOP, Adam, « Usâma ibn Munqidh and Crusader Law in the Twelfth Century », *Crusades*, n° 12 (2013), p. 53-65.

BISHOP, Adam, *Criminal Law and the development of the Assizes of the Crusader kingdom of Jerusalem in the thwelfth century*, Ph. D, Toronto, Université de Toronto, 2011.

BRESC-BAUTIER, Geneviève, *Le Cartulaire de chapitre du Saint-Sépulcre de Jérusalem*, Documents relatifs à l'histoire des croisades, 15, Paris, 1984, n° 172, p. 329-330.

BRUNDAGE, James A., « Marriage Laws in the Latin Kingdom of Jerusalem », *Outremer : Studies in the History of the Crusading Kingdom of Jerusalem Presented to Joshua Prawer*, Jérusalem, Yad Ben Zvi, 1982, p. 258-271.

Bullarium Cyprium, éd. C. Schabel, J. Richard, and C. Perrat, Texts and Studies in the History of Cyprus, 64, 68, Nicosia, 2010, 2012, vol. 3, r-216, r-265.

CAHEN, Claude, *Orient et Occident au temps des Croisades*, Paris, Aubier, 1983.

Catalogus Baronum, éd. E. Jamison, Rome, Istituto storico italiano, 1972.

Chanson d'Antioche (La), éd. et trad. B. Guidot, Paris, Champion, 2011.

Chanson de Jérusalem (La), éd. N. R. Thorp, The University of Alabama Press, 1991.

Chanson de Roland (La), éd. C. Segre, Genève, Droz, 2003.

CHARPENTIER, Hélène, « Histoire, droit et morale du lignage dans l'œuvre de Philippe de Novare », *Les relations de parenté dans le monde médiéval*, Université de Provence, CUERMA, 1989, p. 323-334.

Chétifs (Les), éd. G. M. Myers, The University of Alabama Press, 1981.

Chrétienté Corbaran (La), éd. P. R. Grillo, The University of Alabama Press, 1984.

CHRISTIN, Pierre, *Étude des classes inférieures d'après les Assises de Jérusalem*, Thèse de droit, Poitiers, 1912.

Chronicle of Amadi (The), trad. N. Coureas and P. Edbury, Nicosia, 2015.

Chronique d'Amadi, éd. R. de Mas Latrie, *Chroniques d'Amadi et de Strambaldi*, Paris, 1891-1893, vol. 1.

Corpus ecclesiasticorum latinorum, vol. XXXII, 4, Leipzig, 1902.

CROUZET-PAVAN, Élisabeth, *Le mystère des rois de Jérusalem*, Paris, Albin Michel 2013.

DEMURGER, Alain, *Croisades et croisés au Moyen Âge*, Paris, Flammarion 2010.

DERAZE, Edmond, *Le mariage d'après les Assises de Jérusalem*, Poitiers, Imprimerie Blais et Roy, 1910.

DODU, Gaston, *Histoire des institutions monarchiques du Royaume latin de Jérusalem*, Paris, Hachette, 1894.

EDBURY, Peter W., « Culturel encounters in the Latin East : John of Jaffa and Philip of Novara », *Cultural Encounters during the Crusades*, Odense, University Press of Southern Denmark, 2013, p. 229-236.

EDBURY, Peter W., « Feudal Obligations in the Middle East », *Byzantion* 47, 1977, p. 328-356.

EDBURY, Peter W., « Fief and Vassals in the Kingdom of Jerusalem : From the Twelfth Century to the Thirteenth », *Crusades*, 1 (2002), p. 49-62.

EDBURY, Peter W., « Law and Custom in the Latin East : *Les Letres dou Sepulcre* », *Intercultural Contacts in the Medieval Mediterranean : Studies in Honour of David Jacoby*, London, Frank Cass, 1996, p. 71-79.

EDBURY, Peter W., « Philip of Novara and the Livre de forme de plait », *Praktika tou tritou diethnous kyprologikou sunedriou*, t. 2, Nicosie, Etaireia Kupriakou Spoudou, 2001, p. 555-569.

EDBURY, Peter W., « The 'Livre' of Geoffrey Le Tor and the 'Assises' of Jerusalem », *Historia administrativa y ciencia de la Administracion comparada. Trabajos en homenaje a Ferran Valls i Taberner*, Barcelona 1990, p. 4296-4297.

EDBURY, Peter W., « The *Livre des Assises* by John of Jaffa : the development and transmission of the text », *Law and History in the Latin East*, Farnham 2014, n° IV.

EDBURY, Peter W., « The Livre des Assises by John of Jaffa : the development and Transmission of the Text », *The Crusades and their Sources : Essays presented to Bernard Hamilton*, Aldershot, Ashgate, 1998, p. 164-174.

EDBURY, Peter W., « The Murder of King Peter I of Cyprus (1359-1369) », *Journal of Medieval History*, 6 (1980), p. 219-233.

EDBURY, Peter W., « Women and the Customs of the High Court of Jerusalem according to John of Ibelin », *Chemins d'Outre-mer : études d'histoire sur la Méditerranée médiévale offertes à Michel Balard*, Paris, 2004, p. 285-292.

EDBURY, Peter W., *John of Ibelin and the Kingdom of Jerusalem*, Woodbridge, Suffolk, The Boydell Press, 1997.

EDBURY, Peter W., *Law and History in the Latin East*, Ashgate Publishing Limited, 2014.

EDBURY, Peter W., *The Kingdom of Cyprus and the Crusades, 1191-1324*, Cambridge, CUP, 1991.

EDBURY, Peter W., *William of Tyre : Historian of the Latin East*, Cambridge, 1988.

Enfances Godefroi (Les) and *Le Retour de Cornumaran*, éd. E. J. Mickel, The University of Alabama Press, 1999.

Fin d'Elias (La), éd. J. A. Nelson, The University of Alabama Press, 1985.

FLORIO BUSTRON, *Chronique de l'île de Chypre*, éd. René de Mas Latrie, *Collection des documents inédits sur l'histoire de France, Mélanges historiques*, 5, 1886.

FOUCHIER DE CHARTRES, « Historia Iherosolymitana », *Recueil des historiens des croisades. Historiens occidentaux*, Paris, Imprimerie impériale, t. 3, 1866.

FRIEDMAN, Yvonne, *Encounter Between Enemies : Captivity and Ransom in the Latin Kingdom of Jerusalem*, Leiden, Brill, 2002.

GANSHOF, François-Louis, « Compte rendu de l'*Étude critique sur les Livres des Assises de Jérusalem* », *Revue belge de philologie et d'histoire*, vol. 4, n° 2 (1925), p. 520.

GRANDCLAUDE, Maurice, « Caractère du Livre au Roi », *Revue historique de droit français et étranger*, 5 (1926), p. 308-314.

GRANDCLAUDE, Maurice, « Liste des assises remontant au premier royaume de Jérusalem (1099-1187) », *Mélanges Paul Fournier*, Paris, 1929, p. 329-345.

GRANDCLAUDE, Maurice, *Étude critique sur les livres des Assises de Jérusalem*, Paris, Jouve, 1923.

GUILLAUME DE TYR, *Histoire des Croisades*, Paris, 1824.

HILL, George, *A History of Cyprus*, vol. 2, Cambridge, CUP, 1940-1952.

Historia Ierosolimitana of *Baldric of Bourgueil (The)*, ad. S. Biddlecombe, Woodbridge, Boydell Press, 2014.

HODGSON, Natasha, « Nobility, Women and Historical Narratives of the Crusades and the Latin East », *Al-Masaq : Journal of the Medieval Mediterranean*, vol. 17, 1 (2005), p. 61-68.

JACQUES D'IBELIN, *Assises de la Haute Cour*, II, *RHC*, *Lois* I, Paris, Imprimerie Nationale, 1841.

JACQUES DE VITRY, *Histoire orientale, Historia orientalis*, éd. J. Donnadieu, Turnhout, Brepols, 2010.

JACQUES DE VITRY, *Lettres de la cinquième croisade*, éd. R. B. C. Huyghens, traduit par G. Duchet-Suchaux, Turnhout, Brepols, 1998.

JACQUES DE VITRY, *Libri duo, quorum prior Orientalis*, éd. F. Moschus, Douai, 1597.

JACQUES DE VITRY, *Traduction annotée de l'Histoire Orientale de Jacques de Vitry*, trad. M.-G. Grossel, Paris, Champion, 2005.

JEAN D'IBELIN, *Le Livre des Assises*, éd. P. W. Edbury, Leiden, Brill, 2003.

JOHN, Simon, *The creation of a First Crusade hero : Godfrey of Bouillon in history, literature and memory, c. 1100 – c. 1300*, Ph. D, Université de Swansea, 2012.

JOHN, Simon, « Godfrey of Bouillon and the Swan Knight », *Crusading and Warfare in the Middle Ages : Realities and Representations. Essays in Honour of John France*, Farnham, Ashgate Publishing Limited, 2014, p. 129-142.

KEDAR, Benjamin Z., « The Tractatus de locis et statu sancta terre », *The Crusades and their Sources. Essays Presented to Bernard Hamilton*, Aldershot, Ashgate, 1998, p. 123-131.

« La Chronique de Salomon Bar-Siméon » publiée par Shlomo Eidelberg, *The jews and the crusaders, The Hebrew Chronicles of the First and Second Crusades*, 1978.

LA MONTE, John L., « Three questions concerning the *Assises de Jérusalem* », dans *Byzantina Metabyzantina*, 1/1 (1946), p. 201-211.

LA MONTE, John L., *Feudal Monarchy in the Latin Kingdom of Jerusalem, 1100-1291*, Cambridge, Mediaeval Academy of America, 1932.

La traduction de l'Historia Orientalis de Jacques de Vitry, édition, traduction notes et glossaire de C. Buridant, Paris, Klincksieck, Bibliothèque française et romane. Série B. Éditions critiques de textes 19, 1986.

Livre au Roi (Le), éd. M. Greilsammer, Paris, Académie des Inscriptions et Belles-Lettres, 1995.

Livres des Assises et des Usages dou Reaume de Jerusalem sive Leges et Instituta Regni Hierosolymitani (Les), éd. E. H. Kausler, Stuttgart, Adolf Krabbe, 1839.

LOUD, Graham A., « The Assise sur la Ligece and Ralph of Tiberias », *Crusade and settlement. Papers reads at the First Conference of the Society for the Study of the Crusades and the Latin East and presented to R. C. Smail*, Cardiff, University College Cardiff Press, 1985.

MARQUE, Robert, *Les successions testamentaires d'après les Assises de Jérusalem*, Thèse de droit, Poitiers, 1912.

MAYER, Hans-Eberhard, « John of Jaffa, his Opponents and his Fiefs », *Proceedings of the American Philosophical Society*, 128/2 (1984), p. 134-163.

MEYNIAL, Edmond, « De quelques particularités des successions féodales dans les Assises de Jérusalem », *Nouvelle revue historique de droit français et étranger*, vol. 16 (1892), p. 408-426.

MURRAY, Alain V., « Women in the Royal Succession of the Latin Kingdom of Jerusalem (1099–1291) », *Mächtige Frauen ? Königinnen und Fürstinnen im Europäischen Mittelalter (11.-14. Jahrhundert)*, Vorträge und Forschungen, 81, 2015, p. 131-162.

MUTAFIAN, Claude, « Héthoum de Korykos, historien arménien. Un prince cosmopolite à l'aube du XIVe siècle », *Cahiers de recherches médiévales* 1 (1996), p. 157-176.

Naissance du Chevalier au Cygne (La), éd. E. J. Mickel et J. A. Nelson, The University of Alabama Press, 1977.

NIELEN, Marie-Adélaïde, « Families of Outremer : A Source of Traditional Naming Custom », *Personal Names Studies of Medieval Europe. Social Identity and Familial Structures*, Medieval Institute Publications, Western Michigan University, Kalamazoo, 2002.

NIELEN, Marie-Adélaïde, *Lignages d'Outremer*, Documents relatifs à l'histoire des croisades publiés par l'Académie des Inscriptions et Belles-lettres, Paris 2003.

PHILIPPE DE NOVARE, *Geste des Chiprois*, éd. G. Raynaud, Genève, Imprimerie Flick, 1887.

PHILIPPE DE NOVARE, *Guerra di Federico II in Oriente (1223-1242)*, éd. et trad. S. Melani, Naples, Liguori Editore, 1994.

PHILIPPE DE NOVARE, *Le Livre de forme de plait*, éd. et trad. P. W. Edbury, Nicosia, Cyprus Research Centre, 2009.

PIGEONNEAU, Henri, *Le Cycle de la Croisade et la famille de Bouillon*, Saint-Cloud, Belin, 1877.

PRAWER, Joshua, « La noblesse et le régime féodal du royaume latin de Jérusalem », *Moyen Âge* n° 59 (1965), p. 41-74.

PRAWER, Joshua, « Les premier temps de la féodalité dans le royaume latin de Jérusalem », *Revue d'histoire du droit*, vol. 22 (1954), p. 401-424.

PRAWER, Joshua, « Social Classes in the Latin Kingdom : the Franks », *A History of the Crusades*, vol. V, *The Impact of the Crusades on the Near East*, Madison, University of Wisconsin Press, 1985, p. 117-192.

PRAWER, Joshua, *Crusader Institutions*, Oxford, Clarendon Press, 1980.

PRAWER, Joshua, *Études sur les droit des Assises de Jérusalem : droit de confiscation et d'exhérédation*, Paris, Recueil Sirey, 1962.

PRAWER, Joshua, *Histoire du royaume latin de Jérusalem*, CNRS, Paris, 1969-1971 ; rééd. 2007.

PRAWER, Joshua, *The Latin Kingdom of Jerusalem, European Colonialism in the Middle-East*, London, Weidenfeld and Nicholson, 1972.

PRAWER, Joshua, *The World of the Crusades*, Jérusalem 1972.

Prise d'Acre (La), *La Mort Godefroi*, and *La Chanson des Rois Baudouin*, éd. P. R. Grillo, The University of Alabama Press, 1987.

Regesta Regni Hierosolymitani, éd. R. Röhricht, Oeniponti, Innsbruck, 1893-1904.

RICHARD, Jean et TYL-LABORY, Geneviève, « Philippe de Novare », *Dictionnaire des lettres françaises : le Moyen Âge*, Paris, Fayard, 1992, p. 1148-1149.

RICHARD, Jean, « La féodalité de l'Orient latin et le mouvement communal : un état des questions », *Structures féodales et féodalisme dans l'Occident méditerranéen (Xe-XIIIe siècles), Actes du colloque de Rome (10-13 octobre 1978)*, Rome, École française de Rome, 1980, p. 651.

RICHARD, Jean, « La noblesse de Terre sainte (1097-1187) », *La noblesse dans l'Europe occidentale au Moyen Âge : accès et renouvellement*, actes du colloque, Paris, 14-15 janvier 1988, Lisbonne-Paris, Fondation Calouste Gulbenkian, Centre culturel portugais, 1989, p. 321-336.

RICHARD, Jean, « Les listes de seigneuries dans le livre de Jean d'Ibelin », *Revue historique de droit français et étranger*, 1954, p. 566.

RICHARD, Jean, *Histoire des croisades*, Paris, Fayard, 2012.

RICHARD, Jean, *Le Royaume latin de Jérusalem*, Paris, PUF, 1953.

RILEY-SMITH, Jonathan, « The Assise sur la Ligece and the Commune of Acre », *Traditio*, t. XXVII (1971), p. 184-185.

RILEY-SMITH, Jonathan, *The Feudal Nobility and the Kingdom of Jerusalem, 1174-1277*, Londres, Macmillan, 1973.

RÖHRICHT, Gustave Reinhold, *Regesta Regni Hierosolymitani (1097-1291)*, Innsbruck, 1893.

RUDT DE COLLENBERG, Wipertus Hugo, « Les Ibelin aux XIIIe et XIVe siècles. Généalogie compilée principalement selon les registres du Vatican », *Επετηρια του Κεντρου Επιτημοικων Ερευνων*, 9 (1977-1979), p. 117-248.

RUDT DE COLLENBERG, Wipertus Hugo, « Les premiers Ibelins », *Le Moyen Âge* 71 (1965), p. 433-474.

TAILLANDIER, Alphone-Honoré, « Dissertation sur les *Assises de Jérusalem* », *Thémis*, t. VII, 10e livraison, p. 1-20.

TAKAYAMA, Hiroshi, *The Administration of the Norman Kingdom of Sicily*, Leiden, Brill, 1993.

THAUMAS DE LA THAUMASSIÈRE, Gaspard, *Coustumes de Beauvoisis, par Messire Philippes de Beaumanoir, Bailly de Clermont en Beauvoisis. Assises et bons Usages du royaume de Jérusalem, par Messires Jean d'Ibelin, comte de Japhe & d'Ascalon, S. de Rames & de Baruth* [...], Bourges-Paris, 1690.

« The *Constitutiones* of King Roger II of Sicily in Vat. lat. 8782 », *Rivista Internazionale di diritto comune*, 21 (2010), p. 35-54.

TIBBLE, Steven, *Monarchy and Lordships in the Latin Kingdom of Jerusalem 1099-1291*, Oxford 1989.

USÂMA IBN MUNQIDH, *Des enseignements de la vie. Souvenirs d'un gentilhomme syrien du temps des Croisades*, trad. André Miquel, Paris, Imprimerie Nationale, 1983.

USÂMA IBN MUNQIDH, *The Book of Contemplation : Islam and the Crusades*, trad. P. M. Cobb, London, Penguin, 2008.

USÂMA IBN MUNQIDH, *Chroniques arabes des Croisades*, réunies par F. Gabrieli, Paris, Actes Sud, 1996.

VENDRAND-VOYER, Jacqueline, « Thaumas de la Thaumassière Gaspard », *Dictionnaire des juristes français XIIe-XIIIe siècle*, Paris, PUF, 2007, p. 735-736.

ZOUACHE, Abbès, *Armées et combats en Syrie de 491/1098 à 569/1174 : analyse comparée des chroniques médiévales latines et arabes*, Damas, IFPO, 2008, p. 337-338.

INDEX DES AUTEURS

INDEX DES ŒUVRES

RÉSUMÉS

Jérôme DEVARD, « La “légendarisation” de Godefroy de Bouillon. Étude d'un processus de mythification (XIIe-XIIIe siècle) »

À partir de son élection en tant qu' « Avoué du Saint-Sépulcre », Godefroy de Bouillon a été au centre d'un processus de mythification de la part des auteurs, qui tentèrent de lui octroyer une légitimité plus en adéquation avec son nouveau statut. Ainsi ils revisitèrent sa généalogie en lui donnant à la fois une ascendance épique et féérique, mais également en modifiant sa vie pour essayer de lui donner un peu plus de prestige sans toutefois réussir à en faire un personnage de premier plan.

Ahmed Djelida, « Le contrôle de la féodalité par le roi au XIIe siècle. Les cas hiérosolymitain et siculo-normand »

À Jérusalem comme en Italie méridionale, les conquérants introduisent à la fin du XIe siècle une féodalité dite d'importation. Dans les deux cas, en vue de contrôler le système féodal, le roi dispose de moyens juridiques dont l'efficacité est fortement liée au modèle d'origine.

Marie-Geneviève GROSSEL, « L'image de la féodalité dans l'*Historia Orientalis* de Jacques de Vitry »

L'étude porte sur l'image de la noblesse, première utilisatrice des textes du droit, et s'appuie sur l'*Historia Orientalis* de Jacques de Vitry. Puisqu'il s'agit d'une compilation, c'est dans le style et dans l'art d'écrire (avec ses *abbreviationes* ou ses *amplificationes*) que l'on peut chercher les conceptions d'un milieu, d'un état et – avec beaucoup de prudence – d'une pensée.

Jérôme DEVARD, « Aux origines du péché originel quant à la mauvaise utilisation des *Assises de Jérusalem*. L'édition de Gaspard Thaumas de la Thaumassière (1690) »

Nous devons l'une des premières éditions françaises des *Assises de Jérusalem* à Gaspard Thaumas de la Thaumassière au XVIIe siècle. Si le discours tenu par le juriste y est des plus orienté, c'est néanmoins sur la base de ce document que reposa la position de l'école traditionnelle qui ne se soucia guère de rechercher les réelles intentions du juriste quand elle décida de publier ce texte. Ce faisant, elle commit les mêmes erreurs d'interprétation que l'avocat berruyer.

Florian BESSON, « La justice, le souverain, et le pouvoir dans le *Livre au Roi*. De l'arbre au rhizome »

Le *Livre au Roi*, rédigé dans les premières années du XIIIe siècle, propose une articulation originale entre le roi et la justice, en cherchant d'une part à réaffirmer avec force l'autorité d'un roi justicier et d'autre part la force proprement souveraine de la loi écrite, incarnée dans la volonté collective de la Haute Cour. Le texte participe dès lors de la construction d'une culture politique complexe, qui privilégie la circulation de la parole de justice afin de permettre une circulation du pouvoir, à la fois symbolique et effective.

Adam M. BISHOP, « *Les Assises de la Cour des Bourgeois*, la question de leurs sources »

Les historiens se sont souvent questionnés sur l'identité de l'auteur des assises de la cour des bourgeois de Jérusalem et de Chypre, la date de leur composition et leurs sources. Cette communication examine les divers types de droit – romain, canonique, germanique – ayant une influence sur les *Assises des Bourgeois*, afin de montrer qu'elles sont écrites par différentes personnes utilisant diverses sources au cours des XIIe et XIIIe siècles, avant d'être compilées en un seul traité.

Muriel BONNAUD, « Le règlement des conflits dans le *Livre des Assises* de Jean d'Ibelin »

Le *Livre* de Jean d'Ibelin est à la fois un témoignage sur la culture juridique de son auteur et sur les aspirations de cette aristocratie d'outre-mer. Au sein d'une société ne connaissant que la guerre, la violence y est érigée en art de vivre. À ce titre, ce traité reflète les illusions perdues, celles d'une aristocratie sûre de son pouvoir et reléguant aux marges l'autre, le non noble, le non franc.

Peter W. EDBURY, « The *Assises de Jérusalem* and Legal Practice. The Political Crisis in Cyprus in the Early Fourteenth Century »

Dans quelle mesure la *Chronique d'Amadi*, qui relate la crise politique à Chypre dans les années 1306-1310, préservent les échos de la littérature légale du XIIIe siècle de l'Est latin, en particulier les travaux de Jean d'Ibelin et de Philippe de Novare ? Bien que le récit nous soit parvenu dans une traduction italienne, il semble évident que son auteur originel connaissait le droit hiérosolymitain administré dans la Haute-Cour au milieu du XIIIe siècle, encore appliqué par le royaume de Chypre au début du XIVe siècle.

Myriam GREILSAMMER, « L'instrumentalisation du mariage des vassales dans les *Assises de Jérusalem* »

L'étude du mariage dans les *Assises de Jérusalem* permet de mettre en valeur les énormes progrès dont a bénéficié l'historiographie médiévale depuis le début du XXe siècle, à la fois en ce qui concerne l'étude de la noblesse et du féodalisme, l'histoire du Royaume Latin et l'histoire des femmes.

Corinne LEVELEUX-TEIXEIRA, « La procédure criminelle dans les *Assises de Jérusalem* »

Le *Livre des Assises* de Jean d'Ibelin a été rédigé à un moment décisif dans l'évolution du droit pénal occidental : alors que la procédure inquisitoire était en train de s'imposer dans le reste de l'Occident, Jean d'Ibelin présente une procédure criminelle encore fortement accusatoire. Ce décalage peut être expliqué par le projet d'écriture de l'auteur qui révèle à la fois des enjeux politiques et idéologiques.

Marie-Adélaïde NIELEN, « Les *Lignages d'Outremer*, un texte ou des textes ? »

Texte généalogique, les *Lignages d'Outremer* paraissent hors sujet dans le contexte juridique des *Assises de Jérusalem*. Cet article s'interroge donc sur la présence de ce texte atypique au sein de ce corpus, les motivations de son intégration, les raisons de la présence ou de l'absence de certaines familles. La coexistence de plusieurs versions, la première étant attribuable à Jean d'Ibelin lui-même, semble traduire la volonté d'une mise à jour, mais est-ce pour des raisons juridiques ou en manière de *memoria* ?

TABLE DES MATIÈRES

DEUXIÈME PARTIE

REGARDS CROISÉS

IMPRIM'VERT®

Achevé d'imprimer par Corlet Numérique,
à Condé-sur-Noireau (Calvados), en mai 2018
N° d'impression : 148348 – Dépôt légal : mai 2018
Imprimé en France